CHANTAL RINGUET

UN PAYS OÙ LA TERRE SE FRAGMENTE
Carnets de Jérusalem

D1513201

Ouvrage publié sous la direction de Maurice Forget

Révision et correction d'épreuves : Sophie Imbeault

Mise en pages : WildElement

Design : Debbie Geltner

Photo de la couverture : Richard-Max Tremblay

Citation en exergue : Copyright Éditions Galilée, Hélène Cixous, *Correspondance avec le Mur*, 2017, p. 56.

Catalogage avant publication de Bibliothèque et Archives Canada

Ringuet, Chantal, auteur

    Un pays où la terre se fragmente : carnets de Jérusalem / Chantal Ringuet.

Publié en formats imprimé(s) et électronique(s).

ISBN 978-1-988130-44-6 (couverture souple).--ISBN 978-1-988130-45-3 (HTML)

    1. Ringuet, Chantal--Voyages--Moyen-Orient. 2. Femmes--Moyen-Orient--Conditions sociales. 3. Moyen-Orient--Conditions sociales. I. Titre.

PS8635.I567Z46 2017   C848'.603   C2017-900239-2
                                                        C2017-900240-6

Imprimé au Canada.

Dépôt légal – Bibliothèque et Archives Canada et Bibliothèque et Archives nationales du Québec, 2017.

Nous remercions le Conseil des Arts du Canada, le Fonds du livre du Canada, et la Société de développement des entreprises culturelles du Québec (SODEC) du soutien accordé à notre programme de publication.

Linda Leith Éditions

Montréal

www.lindaleith.com

RECYCLÉ
Papier fait à partir de matériaux recyclés
FSC® C100212

CHANTAL RINGUET

UN PAYS OÙ LA TERRE SE FRAGMENTE

Carnets de Jérusalem

ESSAI

À Lilach
À Ameera

Ne pas oublier l'extrême beauté des pierres blondes qui ceignent les murailles et les bâtiments, ne pas oublier le langage étrangement émouvant des oliviers qui écrivent leurs très vieilles branches en tors et en courbes comme s'ils parlaient hébreu.

Hélène Cixous,
Correspondance avec le Mur

NOTE AU LECTEUR

Cet ouvrage se divise en vingt-deux chapitres qui se définissent comme autant de contre-chants. Sa forme est inspirée des deux œuvres maîtresses d'Homère, *L'Iliade* et *L'Odyssée*, structurées chacune en vingt-quatre chants ou rhapsodies, d'après le nombre de lettres composant l'alphabet grec. En me basant sur l'alphabet hébreu, qui comprend vingt-deux lettres « ordinaires », j'ai choisi d'organiser l'ouvrage en contre-chants, en faisant le pari que les points de vue féminins représentés ici se distinguent clairement des discours masculins qui les ont précédés. Par ailleurs, l'idée de contre-chant fait allusion au contrepoint, une forme d'écriture musicale datant de la Renaissance et où se superposent plusieurs lignes mélodiques. *Un pays où la terre se fragmente* se caractérise en effet par la superposition harmonieuse de plusieurs voix : à la voix principale de la narratrice s'ajoutent les voix secondaires des écrivaines, des voyageuses et des citoyen(ne)s du Proche-Orient qui sont cité(e)s, ainsi que les voix entendues, dont celles du *khresterion*, le chœur grec.

Préambule

LA PAROLE DES FEMMES
ET LE PROCHE-ORIENT

La parole des femmes demeure largement occultée dans les écrits qui portent sur Jérusalem et sur le Proche-Orient. Il suffit de feuilleter quelques ouvrages disponibles à portée de main, dans une bibliothèque, pour constater l'envergure du phénomène. Non seulement la majorité des auteurs sont des hommes, mais les portraits historiques de Jérusalem et des cités qui sont brossés dans ces ouvrages retracent surtout les exploits de nombreux « Grands », qu'ils soient rois, généraux ou architectes. On dit souvent que c'est une question de tradition : la culture juive, comme les cultures musulmane et chrétienne, est une culture patriarcale... En cette première moitié du XXIe siècle, cet argument tient-il encore la route ?

Dans son ambitieux ouvrage intitulé *Jérusalem. Biographie* (2011), Simon Sebag Montefiore relate d'entrée de jeu la contribution de certains individus à l'histoire de Jérusalem. Après le patriarche Abraham, il est d'abord question de David, de Salomon, des rois de Judée. Apparaît ensuite la « putain de Babylone », figure mystérieuse de l'Apocalypse de Jean. La liste des éminents personnages se poursuit dans les chapitres suivants : Cyrus le Grand, Alexandre le Grand, Antiochus le Grand, Simon Le Juste… Même si la « putain » de Babylone ne fait pas directement référence à une femme, il est frappant de constater que la principale mention à un nom féminin est celle de « putain ». Les noms masculins, eux, sont qualifiés de « Grands » et de « Justes », avec la majuscule. Malgré les fondements historiques sur lesquels s'appuie Montefiore, cette vision de la ville de Jérusalem apparaît caduque, car elle perpétue une tendance affligeante qui a dominé au cours des siècles passés : raconter l'histoire exclusivement du point de vue des hommes.

En 1976, l'écrivain américain Saul Bellow fait paraître *To Jerusalem and Back*, un récit personnel de l'unique voyage qu'il a fait à Jérusalem. En lisant ce livre, on ne peut qu'être frappé, ici encore, d'y rencontrer surtout des noms masculins. Durant son périple, Bellow ne fréquente pratiquement que des hommes : Teddy Kollek, un vieil ami qui a fait *aliyah*, qui a émigré en Israël, le maire de Jérusalem, le patriarche arménien de Jérusalem, certains professeurs de l'Université hébraïque, jusqu'à son massothérapeute. Des femmes illustres telles que Golda Meir, première ministre d'Israël de 1969 à 1974, et Leah Goldberg, poète de renom et professeure de littérature à l'Université hébraïque, n'attirent guère son attention. L'écrivain né à Lachine et récipiendaire du prix Nobel de littérature s'adonne à des considérations politiques tout autant qu'à des tableaux de la vie quotidienne. À le lire, on croirait que Jérusalem est une ville peuplée d'hommes qui monopolisent le discours dans la *polis*, la cité. Malgré une longue tradition patriarcale, Jérusalem comprend aussi bon nombre de femmes qui jouent un rôle déterminant dans la sphère sociale et littéraire. En 1994, l'écrivain canadien Mordecai Richler fait paraître son récit journalistique *This Year in Jerusalem*, dans lequel il aborde des questions et des enjeux similaires à ceux qu'avait soulevés avant lui Bellow : le conflit, les Arabes, les territoires occupés, les Juifs canadiens qu'il a connus et qui ont fait *aliyah*, les tensions entre les Israéliens et les ultra-orthodoxes... À peu de choses près, Richler ne s'intéresse pas davantage que son prédécesseur à la parole des femmes.

———

Du haut de ses quatre mille ans d'histoire, le peuple juif compte peu de figures féminines emblématiques de son destin. En effet, il n'existe aucune grande conquérante, ni grande prêtresse ou fondatrice d'une institution dominante. Dans la Bible, les femmes occupent souvent la place d'épouse (Sarah, Rachel, Ruth, Bethsabée), de mère (Sarah), de fille (Tamar), de sœur et de prostituée. Certaines se distinguent de leurs consœurs, telle Deborah, prophète, juge et guerrière, et Yaël, qui a assassiné le général cananéen Siséra avec un pic de tente. Il en va de même pour Esther, qui a sauvé son peuple des mains d'Amman. Les matriarches, elles aussi, ont joué un rôle de première importance, en influençant à plusieurs reprises la destinée du peuple juif. Par exemple, en s'opposant à l'aveuglement d'Isaac, Rebecca l'a persuadé de donner la bénédiction du premier-né à Jacob, et non à Esaü. De manière générale, cependant, les femmes occupent une place secondaire dans l'exercice des rituels, dans l'interprétation des lois et dans les prises de décisions communautaires qui s'inscrivent au cœur du judaïsme.

Au cours du XXe siècle, grâce à l'essor du féminisme dans la culture juive laïque, cette situation s'est considérablement améliorée. Mais la tendance demeure trop répandue d'aborder Jérusalem et le Proche-Orient en reléguant les femmes dans l'ombre, alors qu'elles participent pleinement aux sociétés et aux cultures de cette région. Il en va de même dans la culture arabe, où leur situation a progressé beaucoup depuis les dernières décennies, entre autres grâce à l'accès à l'éducation. Faut-il le rappeler ? Sans elles, ces sociétés seraient menacées de s'éteindre. Pour cette raison, le temps est venu de valoriser davantage la parole des femmes, en l'inscrivant au cœur de cet ouvrage. Pour autant, on ne négligera pas la parole des hommes : elle trouve sa place dans cet essai. Mais on ne pourra s'empêcher de critiquer les auteurs qui ont tenté de raconter à leurs contemporains l'histoire récente de Jérusalem et la vie qui s'y déroule dans le difficile contexte du conflit israélo-palestinien, en omettant la présence de leurs consœurs.

TRÊVE D'HOMOLÂTRIES !

JE SUIS VOTRE GUIDE, votre Artémis des temps modernes.

———

Suivez-moi au Proche-Orient, venez découvrir ces pays où la langue se réinvente, se prête à de multiples jeux, à d'innombrables emprunts, à travers les voix de celles et ceux qui en assurent la sauvegarde et la continuité. Voix dont les résonances se font entendre dans l'entrelacs des jours de bronze et des nuits d'acier, pendant que sommeille la divine parole dans le ventre de la Terre sainte, où les hommes souffrent et se bagarrent tout en se croyant exaucés, où ils se détestent jusqu'à monter aux barricades, jusqu'à sacrifier leur entourage ainsi que leur prochain. Nous irons là où les mots se bousculent, où les sons s'entrechoquent, où les écritures se déploient, tandis que sur la place publique règne un tumulte incessant, souvent déguisé en joie de vivre.

Nous nous écarterons des chemins fréquentés, je vous le promets, pour scruter les écritures qui s'imbriquent les unes aux autres, formant des strates où se juxtaposent les influences et les courants qui reflètent des croisements de sens dans le corps de la ville et au-delà. Nous entendrons les gémissements, les lamentations et les balbutiements d'êtres égarés qui n'ont pas accès à la parole, et dont l'existence est vouée à la finitude. Parfois, au fil de notre trajet, nous distinguerons une sourde rumeur qui nous transportera aux frontières du langage, dans un champ sonore ponctué de rires, de pleurs et de cris. Grâce à un enserrement du temps et de l'histoire, la Babel mythique, majestueuse, mais bien réelle se révélera à nous, par le biais d'un médium dont les résidus s'accumulent dans les replis d'une mémoire souveraine.

À l'interstice du langage, nous creuserons le puits d'où jaillira l'eau de la source éternelle. Nous apprendrons que certains hommes boivent les mots, qu'ils s'en nourrissent davantage que du sommeil. Mieux : nous déplierons la chair des mots, syllabe après syllabe ; nous goûterons leur sève et nous abreuverons de leur sel, jusqu'à ce que dans le lointain, la peau des astres qui veillent sur leur destin depuis des millénaires s'use peu à peu.

Je suis votre guide. Suivez-moi au Proche-Orient.

Venez en morte-saison, après les combats, lorsqu'on entend encore l'écho des bombes et des roquettes fendre le silence qui enveloppe les montagnes et les cours d'eau, les vallées et le désert. Nous découvrirons qu'au cœur du jour, le soleil au zénith brûle la chair de sensations nouvelles, dont l'acuité est renforcée, de temps à autre, par la crainte d'une nouvelle tragédie.

Nous plongerons notre regard dans les pigments du crépuscule qui surplombe la Mosquée Al-Aqsa et l'Esplanade du Temple, où la démesure se fixe à l'éther dans un dégradé cosmique.

PRÉAMBULE

Nous visiterons les archives et les bibliothèques de la Babel mythique où a grandi, au cours des siècles, le talent des scribes et des érudits. Nous nous rendrons dans cette ville où se sont déversés les espoirs, les rêves et les aspirations de milliers d'écrivains et de savants renommés. Nous franchirons le seuil d'établissements illustres où le savoir est roi, et où la connaissance et l'érudition sont les maîtres qui assurent le salut des âmes les meilleures.

Suivez-moi au Proche-Orient. Je vous guiderai pas à pas, lettre après lettre, de calligraphie en toponymie. Tantôt nous marcherons dans des sentiers éclairés, tantôt nous emprunterons des corridors assombris. Je vous enseignerai la danse des langues, je vous révélerai la musique des archives. Je vous apprendrai le métier de scriptographe.

Il est temps d'y parvenir, avant d'affronter le Déluge.

À Jérusalem

ARTÉMIS I

Je suis l'archère qui guette les fauves, la bruyante Artémis aux flèches d'or, la déesse au cœur vaillant. J'habite les confins, je déambule sur les frontières mal assurées entre le monde sauvage et le monde civilisé. Aujourd'hui, je caracole dans les sentiers obscurs qui sillonnent les collines de Yerushalayim.

M'élever vers la connaissance, tel est mon souhait. Cela, n'en déplaise à Hippolyte, cet admirateur naïf qui, cherchant par tous les moyens à conserver son enfance intacte, croit stupidement que les femmes sont un mal qui offense la lumière. Si la femme savante est celle qui, parmi toutes, soulève le plus son indignation, il se heurtera ici à l'absurdité de ses jugements. Il en va de même de mon frère Apollon, qui, avec ses confrères, m'a refusé l'accès au savoir, sous prétexte que celui-ci serait réservé aux hommes. Qu'il aille au diable, lui et les siens ! Quoi qu'ils en pensent, je m'absenterai du monde des bêtes sauvages pour m'élancer vers la source lumineuse de la connaissance universelle. Pour cela, je n'ai pas le choix : je dois quitter le territoire de l'Europe démembrée. J'accours vers l'Orient et ses terres fertiles. Oui, il me faut séjourner chez les Hébreux, dans la terre du Proche-Orient. C'est là, dit-on, que tout a commencé. En ce lieu, la terre a tremblé pour la première fois. C'est là, aussi, que l'écriture a émergé, il y a de cela quatre mille ans. Les Grecs n'ont fait que copier, reproduire, adapter l'écriture alphabétique pour fonder leur propre littérature. Et c'est ainsi que les hommes se sont érigés en maîtres de notre destin. En créant l'esthétique, ils ont fait miroiter un idéal de la beauté – et ils nous ont trompés.

Je délaisserai temporairement mon héritage grec, où règnent l'ordre et la civilité, pour sonder celui des Israélites. Cette décision relève de mon propre chef. Elle ne m'est imposée par personne, pas même par les dieux, comme ce fut le cas d'Ulysse. Je pars de mon plein gré, maudissant sur mon passage les hommes et les êtres inférieurs qui croient que les femmes sont dangereuses lorsqu'elles s'émancipent du territoire qui leur a été assigné depuis des siècles. Lorsqu'elles délaissent foyer, mari et enfants ; lorsqu'elles se détournent des régions peuplées de faunes et de pousses qu'elles devraient guetter de leur œil vaillant (ou des espaces où elles seraient, dit-on, domestiquées), les femmes sont sujettes à l'opprobre.

Et justement : J'explorerai ce pays à la terre ridée, j'en sillonnerai les nombreuses dénivellations. J'arpenterai ses excroissances et ses escarpements ; j'en sonderai les écritures majestueuses.

EN FUYANT LE TRAIN CITYPASS

Ce jour-là, il faisait une chaleur torride à Jérusalem. C'était le début du printemps et je me préparais à faire une promenade en solitaire. J'avais prévu visiter l'Institut français Romain Gary afin d'explorer la bibliothèque. Pour m'y rendre, je prendrais le CityPass, le nouveau train de Jérusalem dont j'avais beaucoup entendu parler. Il avait été mis en service un an auparavant, en 2011, à la suite de travaux de construction qui avaient duré plusieurs années, au point de décourager plus d'un Hiérosolomitain à pouvoir utiliser un jour, dans leur propre ville, ce moyen de transport si répandu en Europe.

Rue Jaffa (*Yaffo*), je suis descendue à la station City Hall, qui donnait sur les jardins Daniel en bas de l'hôtel de ville. C'était l'un des endroits les plus achalandés du centre-ville. Au bout de la rue, à l'est, le bel édifice de l'Hôpital français Saint-Louis occupait le côté nord et le parc national, derrière lequel se trouvait le Collège des frères, occupait le côté sud. En regardant dans cette direction, on apercevait le mur de la vieille ville. À l'ouest, celui-ci était entouré par le hall Mamilla, le centre commercial huppé à ciel ouvert qui avait été conçu, notamment, par

l'architecte montréalais Moshe Safdie. J'ai regardé longuement les jolies constructions récentes en pierre beige, puis
mes pas m'ont amenée dans une autre direction.

J'ai marché vers l'Institut Romain Gary. Celui-ci était
hébergé dans de beaux locaux qui faisaient partie d'un
complexe récent situé tout près de la station. En y entrant,
j'ai découvert que l'endroit était pratiquement inoccupé.
Au fond d'une grande salle lumineuse, seule une dame d'un
âge respectable était en train de feuilleter un magazine. Je
me suis dirigée vers les rayons de la bibliothèque. De petite
taille, celle-ci faisait la part belle aux auteurs français et israéliens, dont les œuvres étaient disponibles dans leur langue
d'origine et en traduction. J'ai choisi plusieurs ouvrages sur
les rayons, puis je me suis installée confortablement à une
table dans la salle de lecture. Je m'émerveillais alors de la
situation privilégiée qui était mienne : je pouvais vaquer
en toute liberté dans Jérusalem et me consacrer à la lecture
dans cette jolie bibliothèque où l'on parlait français. Bref,
l'après-midi s'annonçait des plus agréables et j'y ai pris un
réel plaisir, au point d'y rester deux bonnes heures. Ravie
de mes découvertes, je me suis abonnée à la bibliothèque
pour la durée de mon séjour. Cela m'a permis d'emprunter plusieurs documents : des romans de Zeruya Shalev et
Aharon Applefeld, des recueils de poèmes de Leah Goldberg
et Dahlia Ravikovitch et quelques exemplaires du *Magazine
littéraire*. L'employée de l'Institut était sympathique. Elle
m'a accueillie avec générosité et m'a invitée à passer aussi
souvent que je le souhaitais, entre autres, pour participer
aux soirées littéraires. J'ai enfilé à l'épaule mon sac au logo

de l'« Institut français de Jérusalem Romain Gary », puis je l'ai saluée. D'un pas décidé, j'ai emprunté le passage étroit qui menait à la station City Hall, en songeant aux courses que j'irais faire au mont Scopus, la jolie montagne de Jérusalem, afin de préparer le repas du soir.

————

Rue Jaffa, de nombreux voyageurs étaient massés devant le train immobilisé. On distinguait clairement trois groupes : touristes américains, juifs ultra-orthodoxes et Arabes. Des deux côtés de la rame, j'ai aperçu des contrôleurs. Il semblait y avoir une interruption de service. « Bah, qu'importe ! », me suis-je dit. Cet incident sans importance n'allait pas gâcher le reste de ma journée. J'ai décidé de me rendre à la librairie Vice-Versa, l'unique librairie francophone de la ville, histoire de passer le temps avant la reprise du service. J'allais poursuivre mon chemin, quand un contrôleur m'a interpellée en hébreu :

— …

Je connaissais déjà les rudiments de cette langue, car je l'étudiais depuis quelques semaines à l'Institut Rothberg, l'école des langues de l'Université hébraïque de Jérusalem. Et pourtant, je ne saisissais pas un traître mot de ce qu'il me disait. D'un air candide, je lui ai demandé :

— *Do you speak English ?*

— *You can't pass. The road is blocked,* a-t-il répondu.

— *Oh*, ai-je soupiré, déçue. *When will the train start again ?*

— *We don't know. The police are searching for a bomb in the train.*

— *What ?*

Spontanément, j'ai reculé de quelques pas. De l'autre côté de la rue, j'ai aperçu quatre grosses voitures identifiées « *mishtara* », c'est-à-dire « police ». À leurs côtés, des policiers se démenaient avec énergie. Oui, j'avais bien entendu : ils cherchaient une bombe dans le train. Tout à coup, mon cœur s'est mis à battre la chamade. Que devais-je faire ? Où pouvais-je aller ? Il me fallait quitter les lieux au plus vite. NE PAS FAIRE COMME CES BADAUDS qui attendent stupidement devant le train, alors qu'il pourrait exploser d'une minute à l'autre. Ou d'une seconde à l'autre, pendant que l'équipe d'escouade tactique allait procéder à une fouille dans l'urgence. P A R T I R.

Pour la première fois, j'ai ressenti un danger imminent : à une vingtaine de mètres, un wagon de train allait peut-être sauter. Si l'explosion survenait au cours des prochaines secondes, comme je l'imaginais, mon nom apparaîtrait sans doute sur la liste des individus « gravement blessés » au cours de cet incident. À moins qu'il ne figure sur l'autre liste, celle des passagers pour qui le train de 15 h 15 serait inéluctablement « le dernier tram », celui qui ne les aurait pas manqués. C'était une habitude de longue date, chez moi, que d'imaginer le pire dans toutes les situations potentiellement dangereuses. Sans parler de ces listes…

Un défilé d'images dramatiques m'a happée intérieurement. Explosion, feu, bruit de verre qui vole en éclats ; corps projetés, calcinés, démembrés ; cris des victimes… Je me suis dirigée en courant vers le boulevard King David afin de héler un taxi.

À JÉRUSALEM

À Jérusalem, de nombreuses voitures de taxi circulent en permanence. Depuis longtemps, c'est-à-dire depuis la première Intifada (1987-1991), les touristes ne se pressent plus dans la ville. Ainsi, les chauffeurs sont toujours en quête de clients. Souvent, ils ne se gênent pas pour héler ou klaxonner des passants. Il faut lire le petit livre *En taxi dans Jérusalem* de Sabine Huynh pour avoir une idée de leur attitude... Mais en cette fin d'après-midi, il n'y avait aucune voiture de taxi dans ce boulevard situé à quelques mètres du carrefour de l'hôtel de ville, un lieu achalandé en permanence, hormis durant le *shabbat*. J'ai pensé : « C'est bien la première fois que les taxis désertent cette artère principale ! » Que faire ? Je suis descendue lentement sur le boulevard, où les voitures affluaient dans les deux sens. Elles étaient si serrées les unes contre les autres qu'il était pratiquement impossible à un piéton de se frayer un chemin pour traverser. Du reste, il n'y avait pas de rue transversale que j'aurais pu emprunter, une fois que j'aurais atteint l'autre côté du boulevard. C'était un véritable cul-de-sac.

Un peu désemparée, j'ai continué de descendre. Au moment où je désespérais de trouver un taxi, je me suis heurtée à l'absurdité de ma quête : si je montais dans une voiture, n'allais-je pas me retrouver captive d'un tel embouteillage ? Au bas mot, il m'en coûterait quelque quatre-vingts shekels, soit trente dollars canadiens, pour aboutir trois rues plus loin dans une vingtaine de minutes ! Or, je pouvais franchir cette distance à pied en moins de dix de minutes... J'ai donc rebroussé chemin. À l'angle des rues Jaffa et King David, les policiers continuaient d'examiner le wagon immobilisé. La petite foule que j'avais croisée dix minutes plus tôt avait gagné en importance. Devant son ampleur, mon étonnement grandissait. J'ai pensé : « Ça alors ! Ces individus s'empressent vers un éventuel massacre ». On connaît la capacité de refoulement des masses, Freud nous a bien mis en garde, mais sait-on à quel point les badauds se portent volontaires pour courir vers leur propre mort ? Vrai, ceux-là ressemblaient à une bande d'automates qui n'exerçaient plus aucun contrôle sur leur propre destinée, tant ils étaient stigmatisés par l'arrêt de la circulation. Le danger potentiel que représentait une explosion de train, ça ne leur disait rien ? C'était pourtant une réalité tristement familière dans ce pays, non ?

Au bord du trottoir, je me suis sentie très seule soudain. J'avais l'estomac noué et les jambes molles... Je devais ressembler à une chasseresse en perte d'équilibre au-dessus de l'abîme. Ne disposant d'aucune barricade où me réfugier, je redoutais au plus haut point le sentiment océanique qui risquait de m'envahir. Cette sensation de perte des limites, de l'abolition du sens critique et de la conscience de soi que procure la foule, Freud en discutait longuement dans le *Malaise dans la civilisation* et dans ses *Essais de psychanalyse*. Nulle part, je n'avais lu ce qu'il était approprié de faire dans de telles circonstances : ni dans les guides touristiques ni dans les romans israéliens ou palestiniens, encore moins dans les essais sur le conflit au Proche-Orient. Indécise, j'ai envisagé la première option qui se présentait : monter dans le prochain train. Était-ce une bonne ou une mauvaise idée ? Je l'ignorais complètement. J'ai fermé les yeux. Puis, je me suis posé la question secrètement à moi-même : DOIS-JE MONTER DANS LE TRAIN SUIVANT ? Dans mon for intérieur, une voix stridente m'a interpellée :

« *Que fais-tu là ? Es-tu donc la fille de Zeus, Artémis, la chevaucheuse de taureaux, celle qui guide tout en protégeant ses semblables ?*

Non, jamais de toi-même, ô fille de Zeus, tu ne t'es égarée au point de rejoindre le troupeau !

Allez, marche ! Quitte le chemin où tes pas se figent. Promène-toi dans cette cité de collines, jusqu'à ce que tu retrouves la montagne d'où tu viens. Marche ! »

――――

Le *khresterion* avait parlé, il ne me restait qu'à obéir.

J'ai traversé le carrefour en direction de la porte de Damas. Appelée jadis « porte de Sichem » (*Sha'ar Dameseq*) ou « porte du pilier » (*Bab al'Amoud*), celle-ci avait été bâtie en 1537 et elle était située au centre de la muraille nord. Autrefois, elle menait aux fortifications de la vieille ville. Ensuite, j'ai emprunté la voie piétonne qui bordait le chemin de fer. Sur ma route, j'ai croisé des individus dont le visage exprimait un air de gaieté insouciante : des enfants juifs riaient, tandis que des femmes arabes bavardaient en souriant. À les regarder, la vie semblait paisible à Jérusalem en cette journée radieuse. Cela m'a fait une drôle d'impression. Étais-je la seule qui saisissait la fragilité des choses à cet instant précis ? L'oracle m'avait mise en garde contre le désastre à venir. D'une minute à l'autre, tout pouvait basculer. Alors une autre voix s'est imposée :

« Mais que fais-tu ? Si une bombe éclate à ta hauteur dans le train suivant, tu seras bien avancée ! »

Ne pouvant distinguer si cette voix appartenait au chœur ou au chef, j'ai poursuivi mon chemin d'un pas hésitant.

« Marcher en bordure de la rame de fer, n'est-ce pas la pire chose à faire ? », a-t-elle repris. « C'est pratiquement comme si tu étais *dans* le train… ».

« Et qui sait ? », a enchaîné une autre voix, « peut-être le prochain train sera-t-il un convoi funèbre ? »

Mon sang s'est glacé soudain.

Alors j'ai compris : il fallait que je m'éloigne de la voie du train dès que possible. L'artère piétonne que j'avais empruntée avait été construite en parallèle à la voie ferroviaire pour relier deux carrefours importants : City Hall et Damascus Gate. Aucune voie transversale ne la rejoignait, de sorte que je devais marcher jusqu'à Damascus Gate avant de pouvoir emprunter une autre rue et changer de quartier. Pendant un bon moment, donc, j'étais obligée de poursuivre cette marche absurde en parallèle avec la voie du train.

Malgré la chaleur accablante, je marchais d'un pas rapide. En sens inverse, quelques femmes arabes transportaient des sacs d'épicerie. Le soleil au zénith était aveuglant et des gouttes de sueur perlaient sur mon front. Lorsque je les ai essuyées du revers de la main, j'ai regardé vers le sol : celui-ci était jonché de morceaux de poulet crus extraits de leur emballage en plastique, véritable festin qu'une cohorte d'oiseaux était en train de dévorer. J'ai abouti à un parc en bordure de l'autoroute où jouaient de petits Arabes. À quelques pas de ma destination, j'étais confrontée à une impasse : si je quittais l'artère piétonne que j'avais empruntée, j'allais m'enfoncer dans un quartier arabe. Comme j'étais seule et dépourvue de plan, cela m'a paru de mauvais augure. J'ai rebroussé chemin, tandis que le sentiment de faire fausse route ne cessait de croître en moi. Depuis le début de cet itinéraire imprévu, je prenais des décisions qui me ramenaient sans cesse à proximité du train, alors que je tentais précisément de le fuir. Peut-être n'y avait-il plus de route, tout simplement ? Oui, peut-être n'y avait-il que des chemins qui ne menaient nulle part ? J'avais le sentiment d'être au cœur d'un dédale dont il était impossible de sortir.

« Et si une bombe éclatait aujourd'hui dans le train de Jérusalem ? Si une bombe éclatait entre City Hall et Ammunition Hill, *mes* stations ? » Cette pensée m'a sidérée. Hélas, ce scénario était plausible. Il ne s'agissait pas d'une simple fantaisie de mon esprit fiévreux. J'étais médusée, je ne savais plus quoi faire.

En quête d'une réponse, je suis retournée à l'angle des rues Jaffa et King David. S'agissait-il du lieu de l'oracle où j'étais incessamment ramenée ? « Et si je tentais à nouveau de héler un taxi ? », ai-je pensé. Après dix minutes, j'ai été acculée, une fois de plus, à l'échec de mon entreprise. Je me sentais désemparée. « Que faire ? », ai-je pensé, « Retourner à la station City Hall ? Prendre le train ? Vraiment ? »

Cette fois, nulle voix issue des profondeurs célestes ne s'est fait entendre. Cependant, une pensée s'est imposée avec force : et si, derrière les apparences du danger, Zeus lui-même tentait de me protéger ? Que l'on mette sur pied une opération d'urgence, probablement en raison d'un colis abandonné, cela n'était-il pas le signe d'une sécurité à toute épreuve ? En Éretz-Israël, on ne traitait pas les colis suspects avec insouciance… Contrairement à ce que je croyais depuis le début de cet incident, peut-être me trouvais-je, avec les autres passagers qui attendaient le train, dans une situation d'*hypersécurité*. Au fond, ceux-ci avaient raison… Oui, peut-être m'étais-je trompée… Était-ce un nouvel avertissement de l'oracle ?

Une dizaine de minutes plus tard, le service du City-Pass a repris son cours normal et les passagers sont montés à bord. J'ai jeté un coup d'œil dans leur direction : ils semblaient jouer dans un film projeté devant moi, sur un écran de taille réelle. Les voitures de police avaient disparu et la circulation avait repris son cours dans la rue Jaffa. Éreintée par l'effet du soleil plombant et le poids des ouvrages que je traînais dans mon sac, j'ai continué de marcher, la tête vide, sans chercher à retrouver mon point de départ. D'ailleurs, quel était-il, ce point de départ ? Il m'était impossible de m'en rappeler. Était-ce la station de train de la rue Jaffa ? La bibliothèque de l'Institut français de Jérusalem Romain Gary ? Le mont Scopus, où j'habitais ? J'avais l'impression qu'il échappait à la géographie, à l'environnement urbain dans lequel j'étais plongée. Au fond, n'était-ce pas une source à l'intérieur de moi qui m'avait guidée jusqu'ici ? J'étais déboussolée. Il m'était pourtant inutile, je le savais, de tenter d'atteindre un point d'arrivée. J'avais parcouru un long et tortueux chemin qui avait ébranlé mes certitudes. Je me suis dit : « Un trajet n'est jamais circonscrit de façon rectiligne, par un point de départ et un point d'arrivée précis. Au mieux, ceux-ci servent de repères pour se protéger contre les événements déroutants de l'existence humaine ».

Une fois arrivée devant l'imposante Cathédrale de la Sainte-Trinité de Jérusalem, un établissement orthodoxe appartenant à la mission russe de Jérusalem et au patriarcat de Moscou, j'ai aperçu, dans la rue adjacente, un taxi immobilisé. La scène semblait irréelle, quasi féérique. Je me suis adressée au chauffeur, il était disponible. J'ai alors appris que l'incident du CityPass avait été causé par un sac abandonné dans un wagon.

— Ça arrive de temps à autre à Jérusalem, vous savez. Rien d'anormal.

— Ah.

— Je vous emmène où ?

J'ai réfléchi pendant quelques secondes. Cela n'avait plus d'importance.

— Alors ? a fait le chauffeur en lançant un regard perplexe dans le miroir de son rétroviseur.

« *Retourne à la montagne, petite sauvageonne, où tu as oublié ton arc et tes flèches. Tu ferais mieux de courir dans les vallonnements, insoumise et fière, plutôt que de t'égarer dans la cohue urbaine, où tu n'as trouvé nulle écriture pour guider tes pas* », dit alors le chœur.

Je me suis laissée porter par les voix.

— Au mont Scopus, ai-je répondu. À la colline française. Ou, si vous préférez, à French Hill.

UNE COLLINE FRANÇAISE
À JÉRUSALEM

Je suis revenue au mont Scopus, la jolie colline qui surplombait la ville du côté est et qui était reconnue pour
son magnifique panorama donnant sur le désert et sur
la mer Morte. J'ai demandé au chauffeur de me déposer
rue George Adam Smith, à quelques pas de la station de
train Ammunition Hill, où j'avais l'habitude de descendre.
J'aimais emprunter cette petite rue peuplée de belles maisons arabes et de quelques autres laissées un peu à l'abandon. Elle s'ouvrait sur un parc avec de grands pins qui
donnait sur la route principale. De ce côté, nous étions en
territoire israélien et cette rue ressemblait à une enclave
qui débordait de Jérusalem-Est. Il s'en dégageait une atmosphère pittoresque, malgré la présence austère de l'édifice administratif de l'Union européenne qui se dressait
quelques mètres plus loin. En marchant vers le campus
de l'Université hébraïque, je m'arrêtais parfois à l'un des
deux comptoirs de falafel réputés être les meilleurs en
ville. Ceux-ci attiraient dans la petite rue Lekhi les étudiants du campus, ainsi que les touristes qui logeaient à
l'hôtel Dan Jerusalem. J'avais l'habitude d'aller au French

Hill Falafel, dont le menu était traduit en anglais, contrairement à l'autre comptoir, où il était affiché exclusivement en langue arabe. La dernière fois que j'y étais allée, le fils du propriétaire m'avait servie. C'était un grand brun gentil et attentionné, avec des yeux noirs sublimes... Sans doute le plus charmant de tous les Arabes trentenaires que j'avais croisés à Jérusalem.

Dans un mouvement impulsif, je suis entrée dans le petit établissement. Le grand brun était derrière le comptoir, en train de bavarder avec des clients. Je me suis approchée, puis j'ai passé ma commande en anglais. Il savait que je n'étais pas une Américaine, et cette fois, il m'a demandé :

— *You are French ?*

J'ai souri. Bien entendu, il faisait la même erreur que la plupart des gens que j'allais croiser durant mon séjour, qu'ils soient Arabes ou Israéliens, hommes ou femmes, jeunes ou vieux. Je me suis plu à jouer. À quoi bon rectifier l'erreur et se lancer dans de longues explications, quand les habitants d'ici n'ont qu'une vague idée de ce qu'est le Canada et qu'ils ne savent même pas où se trouve le Québec sur le globe terrestre ? Et puis, il manquait de Français, justement, à French Hill...

— *Yes, I am French*, ai-je répondu.

Son regard a brillé un peu. Si j'avais tenté de lui expliquer d'où je viens, il aurait sans doute manifesté son ignorance. Et cela m'aurait agacée. J'aurais été obligée de lui dire que le Québec, c'est proche, géographiquement, des États-Unis, un pays que lui et les siens n'aiment pas beaucoup. Pourquoi gâcher un instant agréable avec un si joli garçon en cette fin de journée éprouvante ? Du reste, s'il savait à quel point j'en avais marre des questions sur l'identité… Oui, s'il savait à quel point je m'en balançais de ces étiquettes qu'on nous colle à la peau sans gêne ni délicatesse, eh bien… On ne serait pas en train de se sourire, de s'imaginer déjà faire l'amour, de fantasmer à deux, quoi. Le moment était plaisant, il permettait de clore la journée sur une note plus légère. Après cette foutue angoisse qui m'avait lacéré les viscères, tout à l'heure, quand on fouillait le train dans lequel se cachait peut-être une bombe, il faisait bon de retrouver un semblant de désir.

Il m'a préparé un falafel bien garni. Après l'avoir emballé dans un papier aluminium, il me l'a tendu en ajoutant :

— *Next time, you should try a laffa.*

— *A laffa ? Well, maybe,* ai-je répondu.

Je lui ai demandé comment il préparait un sandwich laffa. Il semblait apprécier mon intérêt. Dans son anglais un peu maladroit, il m'a nommé les ingrédients délicieux qu'il fourrait dans le laffa : des boules de falafel, du hoummous, du navet mariné, de la laitue, des tomates, des aubergines grillées, des piments verts, quelques olives noires… tout cela relevé d'une sauce au yogourt à l'ail et de savoureuses épices orientales. Il a ajouté : « … *And everything you want !* » Sans trop le savoir, il m'a donné envie d'autre chose. J'étais fortement tentée de lui donner un rendez-vous plus tard en soirée, mais je me suis retenue. Je n'étais pas venue à Jérusalem pour draguer ou pour faire l'amour avec un bel inconnu. Et puis, j'étais venue accompagnée. C'est vrai qu'après avoir été exposée au danger au centre-ville de Jérusalem, le sentiment de l'avoir échappé belle m'incitait à déroger à mes habitudes, à traverser de nouvelles frontières. Au mont Scopus, je rencontrais surtout des Israéliens. À l'université, je fréquentais le centre d'études canadiennes, le *Halbert Centre for Canadian Studies*, et j'apprenais l'hébreu moderne pour mieux comprendre le yiddish, une langue que je commençais à traduire. Je voulais saisir davantage les complexités et les ressorts du conflit entre ces deux langues qui avait perduré dans la diaspora juive de la fin du XIXᵉ siècle jusqu'à la Seconde Guerre mondiale... et un peu après. Dans ce genre de situation, une immersion dans la langue hébraïque était indispensable.

Un Arabe dans la quarantaine, petit et rondelet, s'est pointé derrière moi. Il a salué chaleureusement le grand brun, après quoi il m'a jeté un coup d'œil. Lentement, il m'a dévisagée de la tête aux pieds. Tout à coup, les lieux m'ont semblé étroits, l'atmosphère est devenue lourde. Comment dire ? J'étouffais presque... Il a regardé son copain, lui a fait un commentaire en arabe en haussant les sourcils avec insistance. Quel imbécile, il a gâché notre moment. Ils se sont souri mutuellement, mais je n'ai pas aimé ça : nous étions deux contre un. J'étais en minorité, donc je suis partie.

Ces deux-là, s'ils savaient à quel point j'en avais marre, aussi, des commentaires entre potes sur les femmes... Ce genre de machisme ambulant n'a pas de nationalité, il est universel. En tenant d'une main le falafel que le premier m'avait préparé, j'ai ouvert mon sac de l'autre et cherché mon porte-monnaie. Il a refusé de me faire payer :

— *My treat !*

J'ai insisté, il a refusé à nouveau.

— Très bien, ai-je dit. Merci ! *Thank you !*

Puis, j'ai filé.

J'ai avalé mon sandwich en route. En arpentant les rues adjacentes vers le nord, j'ai abouti dans un joli quartier résidentiel où les maisons blanches, des constructions basses et typiques, étaient entourées de plantes exotiques qui débordaient de fleurs. J'ai songé à ce qui s'était passé durant l'après-midi, ou plutôt, à ce qui ne s'était pas passé. Ça faisait du bien de respirer à pleins poumons, au sommet de cette jolie montagne, loin de l'activité grouillante du centre-ville. Une fois arrivée en haut de la rue, j'ai découvert un panorama dont j'ignorais l'existence. Il y avait d'abord une clôture surmontée de fils de fer barbelés, avec des pancartes indiquant « DO NOT CROSS ». J'ai regardé derrière la clôture, au loin. C'est alors que j'ai aperçu le mur. « Oh !, ai-je fait, décontenancée. Une immense barricade séparait le territoire israélien des villages arabes en bas de la colline. Quelle vision troublante ! Elle faisait surgir tant d'émotions, de questions et de doutes. Au fond de mon estomac, ça s'est remis en branle. Ma respiration s'est cassée. J'avais la sensation qu'on avait percé un écran ou une enveloppe qui me protégeait du monde et de tout ce qu'il contenait de danger et de violences. En réalité, il n'y avait pas d'écran sauf, peut-être, celui de mon imaginaire. Mais il y avait ça : une gigantesque bande grise qui se profilait dans mon champ de vision, et dont le trajet sinueux accentuait le relief des collines.

Pour la première fois, donc, je voyais le mur. Lors de mon séjour antérieur au mont Scopus, en 2013, il ne s'y trouvait pas. Auparavant, j'étais venue en 2012, en 2010, en 2008 et en 2006... Grâce à mes visites relativement fréquentes, ce quartier m'était devenu familier. Et aujourd'hui, ce tableau m'apparaissait défait : le paysage était sectionné. Je regardais fixement le panorama modifié. Mes yeux ne s'habituaient pas à ce découpage, à cette perspective inattendue. Au lieu de s'y accommoder, ils étaient pris de panique. Ils ratissaient le mur de gauche à droite, puis de droite à gauche, dans un mouvement incontrôlable. En quête d'apaisement, j'ai tenté de compter le nombre de constructions arabes en contrebas : 6, 8, 10, 12, 15, 19... Or, je n'arrivais pas à me concentrer. La vision du mur avait brisé le regard que je portais sur ce paysage.

Je voulais fermer les yeux, reculer dans le temps, puis ARRÊTER LE MOUVEMENT DE L'HISTOIRE RÉCENTE QUI NOUS AVAIT AMENÉS JUSQU'AU MUR. C'était un geste simple, il suffisait de battre des paupières à quelques reprises, puis de les immobiliser. Mais à ce moment précis, il était si difficile à accomplir ! Mon regard se défilait, il ne pouvait embrasser la structure de béton grise aperçue au loin. Même si le mur protégeait dorénavant les résidents d'Israël des attentats − et donc, logiquement, même s'il me protégeait aussi quand je me trouvais en Israël, les risques de violence ayant considérablement diminué depuis sa construction −, sa présence semait un trouble extrême dans mon esprit. Contrairement à une fausse alerte à la bombe dans un train arrêté, le mur était là pour de bon. C'était le signe d'un danger permanent qui s'enracinerait davantage dans ce coin de pays durant les prochaines années.

Autour de la terre fracturée, la vie semblait interrompue. Je n'ai pas pris de photographie. Si j'avais essayé, il n'y aurait eu que du flou. La photo aurait capté le mouvement compulsif de mon regard, le mur se serait dédoublé plusieurs fois sur le carré de l'image. Les collines surplombant le village arabe seraient mortes devant mon appareil avant que le déclic se produise. On n'aurait vu que ça : une épaisse masse obscure, barrée à l'horizontale.

En rebroussant chemin, je me suis promenée dans la rue commerciale *Ha'Hagana*. Des affiches publicitaires placardées sur des poteaux de signalisation montraient des femmes en gros plan. Je me suis accrochée à leurs visages, à leur image en carton diffusée dans l'artère. Chaque affiche présentait une résidente du quartier. C'étaient des femmes de générations différentes que l'on avait identifiées seulement par leur prénom. L'ensemble découlait d'un projet municipal cherchant à valoriser la présence des femmes à French Hill, une initiative qui avait beaucoup de mérite[1].

J'ai croisé une femme, chair et os fringués de couleurs criardes, devant une vitrine. Sans doute était-ce la propriétaire de la boutique de vêtements Paris CHIC, comme

---

1 Trois ans plus tard, une situation opposée allait se produire à Jérusalem, causant de nombreuses protestations. En 2015, de nombreuses affiches montrant des images de femmes faisant la promotion de soins de santé seront supprimées bêtement dans la ville, pour ne conserver que celles montrant des hommes.

l'indiquait l'enseigne au-dessus de sa tête. Ce nom m'a fait sourire. Encore une allusion à la République, dans cette colline française où il n'y avait pas de Français... Comme pour mieux souligner l'énorme décalage entre la Ville Lumière, capitale internationale de la mode, et la Ville sainte, centre religieux où la modestie était la règle, ce commerce vendait des vêtements de prêt-à-porter au moyen de braderies improvisées.

J'ai retrouvé mon calme peu à peu, en songeant à l'ironie qui se dégageait de la dénomination française de ce quartier... en anglais. Cette colline française était en effet connue sous le nom de French Hill. Nulle part on ne voyait apparaître les mots « colline française », tandis qu'on en retrouvait pourtant la traduction en hébreu et en arabe. « C'est par le recours à l'anglais, langue tierce associée au pouvoir politique, à la prospérité et au succès, qu'une certaine représentation de la France s'est ancrée dans ce quartier du mont Scopus depuis près d'un siècle », ai-je alors constaté. D'ailleurs, l'origine du toponyme « French Hill » était fort intéressante. Je me suis souvenue de la légende locale que nous avait racontée en classe Sarah, ma professeure d'hébreu à l'Institut Rothberg. D'après cette légende, le lieu aurait été nommé en l'honneur du général britannique John French, Ier comte d'Ypres, qui avait établi son campement sur cette colline, durant la Première Guerre mondiale. Selon toute vraisemblance, les Israéliens avaient traduit le terme « French » de façon littérale, ce qui avait donné, en langue hébraïque, *Givat HaTsarfatit*. En langue arabe, on disait plutôt *Atallah al*

Faransiyya. Mais si le quartier *Ha'Giva Ha'Tsarfatit* demeurait associé à la France, il n'y avait pourtant jamais eu d'occupation française ici. C'était l'inverse de ce qui s'était produit à *Ha'Moshava Ha'Germanit* (« German Colony », ou « Colonie allemande »), où, dès les années 1870, des établissements chrétiens d'origine allemande s'étaient implantés. D'ailleurs, la langue française ne s'était jamais taillé une place à French Hill. C'était un fait impossible à regretter, car elle ne s'était pas éteinte en raison de l'assimilation ou de la disparition d'une population minoritaire sur les lieux. Elle ne s'était ni installée ni effacée, voilà tout. Et pourtant, on sentait une présence en creux de la France. Une sorte de mirage, une ville fantasmée qui se profilait au-delà de l'occupation israélienne, de la présence des habitants arabes, des touristes et des étudiants américains. Cela n'avait rien à voir avec les institutions culturelles françaises du centre-ville, comme l'Institut français Romain Gary et la librairie Vice-Versa, que j'aimais fréquenter. J'ai pensé : « C'est ici que Jérusalem, ville mythique, souffrant d'une instabilité économique et politique constante, s'agrémente de ce qui fait le charme et le prestige de la Ville Lumière… en anglais ». Et ainsi, en me baladant, j'ai oublié le mur.

———

Je m'étais trompée. Il y avait au moins un Français sur la montagne. Quelques semaines plus tard, j'ai croisé pour la première fois Marcel, le vendeur ambulant du quartier. C'était le lendemain de *Yom Ha'Shoah*, journée annuelle de commémoration des victimes de la Shoah. À 8 h 45, les sirènes avaient retenti dans l'ensemble du pays. Pendant une minute, toutes les activités avaient cessé, y compris la circulation automobile sur les autoroutes. Le lendemain, donc, c'était le vendredi, jour marquant le début du *shabbat*. J'ai eu envie d'acheter des fleurs. Je me suis dirigée vers le supermarché avec mon compagnon. À quelques mètres de l'entrée principale, un monsieur d'âge mûr habillé de façon rigolote – vieux costume à rayures colorées, chapeau à pompons – vendait des fleurs et des bouquins... en français. Je me suis approchée. J'ai demandé à mon compagnon ce qu'il pensait d'un bouquet de dahlias, lys et glaïeuls. Sur ces entrefaites, le vendeur ambulant s'est adressé à nous :

— Ah ! Des francophones !, s'est-il exclamé. Ça tombe bien ! Je n'ai pas souvent l'occasion de parler en français.

Et c'est ainsi que nous avons amorcé une conversation.

Il s'appelait Marcel et il était fort sympathique. Mon compagnon a regardé les titres de ses ouvrages, il en a feuilleté quelques-uns. Pendant que j'examinais les différents types d'arrangements floraux, ils ont fait connaissance.

— Regardez avec quel soin Madame choisit ses fleurs, dit-il. Elle a certainement fait la même chose avec vous : elle vous a choisi avec attention. Vous avez de la chance.

J'ai souri. Il était charmant, ce monsieur. Je me suis avancée avec mon bouquet, puis je l'ai payé. Il nous a alors demandé :

— Vous n'êtes pas Français... Vous êtes Suisses ?

Cette fois, cela ne me dérangeait pas de me faire demander d'où je venais. Nous lui avons répondu que nous étions originaires du Québec. « Ah, des Canadiens ! », s'est-il exclamé, tandis que nous lui décrivions notre séjour de recherche et d'enseignement à l'université. Nous apprenions l'hébreu, une langue qu'il avait apprise durant sa jeunesse, lorsqu'il était arrivé en Israël. La conversation a ensuite porté sur le yiddish et la culture juive de l'Europe. Puis, Marcel nous a fait un aveu.

— Vous savez, dit-il, hier, c'était le jour de commémoration des victimes de la Shoah.

Oui, bien sûr, nous le savions.

— Mon frère, il était à Auschwitz. Il y est resté pendant trois ans, vous savez. Il avait moins de vingt ans. Moi, j'ai échappé aux camps, je me suis retrouvé à Drancy. J'ai eu la chance de pouvoir émigrer en Israël. Mais mon frère, il a passé trois ans dans ce camp. Vous savez comment il a survécu ?

— ...

— Il travaillait aux cuisines, alors il se nourrissait de pelures de pommes de terre. C'est ce qui l'a sauvé. Il est mort beaucoup plus tard, à la fin des années 1990.

J'ai fait un petit geste de la main, comme pour exprimer de la compassion.

— Il a vécu plus de cinquante ans après la fin de la guerre. Mais vous savez ce qui était écrit sur son testament ? Eh bien, je vais vous le dire.

Il a fait une pause. Nous étions interloqués.

— Il voulait que ses cendres soient répandues à Auschwitz.

Par le passé, je m'étais rendu à Oświęcim afin de visiter le camp nazi. Aujourd'hui, Marcel me ramenait en pensées à ce lieu qui avait peuplé mes rêves durant quelques années : Auschwitz. Je me suis alors demandé si d'autres survivants avaient fait le même vœu que le frère de Marcel. Si oui, étaient-ils nombreux ? Combien d'entre eux avaient demandé à leurs proches et à leurs descendants d'accomplir cette tâche éprouvante qui consistait à aller répandre leurs cendres dans le camp de la mort auquel ils avaient survécu ? Pour le frère de Marcel, Auschwitz était donc un lieu d'appartenance primordial... En guise d'explication, notre interlocuteur a ajouté :

— Au fond, il n'en était jamais sorti.

Marcel a poussé un long soupir. Son regard est descendu vers le sol.

— Incroyable, a lâché mon compagnon.

Après ce récit poignant, nous avons salué Marcel. Nous l'avons remercié et il nous a donné rendez-vous la semaine suivante à son kiosque de fleurs. Il nous a souhaité un bon *shabbat*, selon la coutume. Nous avons fait de même, avant de nous acheminer en direction de notre appartement. La soirée débutait à peine et la colline française était déjà plongée dans le repos.

En marchant, j'ai pensé : « Dans mes bras dansent LES FLEURS DE L'HOLOCAUSTE ».

DANS LA VIA DOLOROSA

Il fallait bien que je retourne dans la vieille ville. C'était un endroit étouffant, où la circulation automobile était autorisée dans les ruelles en pierre, où les splendeurs de la religion miroitaient à l'excès. Bien entendu, tous ne percevaient pas les choses ainsi. Pour les musulmans, les juifs et les chrétiens, la vieille ville, c'était LE CŒUR DU MONDE.

J'ai choisi un moment opportun. À Pâques, pourquoi pas ? Sans doute était-ce la période la plus achalandée de l'année. Mais c'était une célébration grandiose pour des milliers de croyants venus des quatre coins du globe qui défilaient dans les rues bondées de Jérusalem. Je me suis mêlée à eux et j'ai fait la queue devant la Basilique de la Nativité. Après ce premier arrêt, je me rendrais au Mur des Lamentations, où le vaste espace de l'Esplanade du Temple permettait de mieux respirer. En attendant parmi la foule, je tentais de garder un esprit positif. Je me préparais à l'éventualité de faire une découverte riche de sens ou une rencontre extraordinaire – ne sait-on jamais ? – dans ces lieux saints dont la concentration au mètre carré était presque inquiétante… J'ai essayé de chasser le sentiment de répulsion que m'inspirait la ferveur des croyants rassemblés devant leurs idoles. Les yeux fermés, j'ai cherché à retrouver le fil ténu qui m'avait liée, enfant, à la religion, grâce à la fréquentation des écoles privées catholiques et à celle, plus lointaine, de l'Église, lors des cérémonies du baptême et de la confirmation. Au mieux, j'espérais ressentir une émotion ou déverrouiller un secret. Qui sait si une expérience spirituelle me permettant de renouer avec la béatitude ne m'attendait pas au détour ? Or, ce n'est pas exactement ce qui s'est produit.

Au cours de ce faux pèlerinage, je regardais la foule, j'observais les attitudes curieuses et les comportements bizarres des croyants, teintés d'une ferveur religieuse ardente, d'une foi inébranlable et énigmatique. J'examinais le visage de ceux qui se noient dans l'adoration et le culte d'un Sauveur qui absoudrait les péchés et pardonnerait les fautes expiées par les bonnes âmes comme par les mauvaises. En empruntant la Via Dolorosa, j'ai aperçu de nombreux individus qui se déplaçaient entre les neuf premières stations du chemin de croix. Pour commémorer la Passion du Christ, en savourant la grâce de communier intensément avec Ses souffrances, ils se prosternaient en exprimant leur dévotion. En ce jour du Vendredi saint, j'étais entourée par une foule impressionnante. Des milliers de pèlerins venus du monde entier formaient une longue procession religieuse qui se dirigeait vers la Basilique du Saint-Sépulcre. Les fidèles se bousculaient, frénétiques, en accomplissant les gestes de la prédication, de la méditation et de la prière. Je prenais part à ce défilé dont la cadence n'épargnait personne : ni cette vieille femme de quatre-vingt-sept ans penchée sur sa canne ni ce petit garçon suçant son pouce sur le dos de sa mère, l'air ébahi.

Sur le parvis, la densité était si forte que les corps étaient obligés de ralentir et, par moments, de s'immobiliser. Dans cette atmosphère suffocante, accentuée par le soleil de midi, ils s'engageaient les uns à la suite des autres dans l'entrée principale de la Basilique. Les odeurs de sueur, d'épices et de parfums bon marché se mélangeaient dans l'air ambiant. Leurs effluves pénétraient dans mes narines. Pendant quelques secondes, j'ai éprouvé un haut-le-cœur. Étourdie, j'ai chancelé. Je me suis alors souvenue des paroles de la voyageuse Cristina Trivulzio di Belgiojoso qui avait exploré la vallée du Jourdain et la mer Morte dans les années 1850 :

> J'avais le cœur oppressé et l'esprit inquiet. Je redoutais pour ma fille l'action des chaleurs accablantes qui règnent sur le bord du Jourdain et de la mer Morte. Notre excursion n'eut heureusement aucune suite fâcheuse, bien qu'elle eût mis plus d'une fois notre courage à l'épreuve. De Jérusalem au couvent de Saint-Saba, but de notre première étape, la distance n'est pas longue, mais on peut beaucoup souffrir en quelques heures[2].

Oui, c'était vrai, on pouvait beaucoup souffrir en quelques heures. En quelques minutes, aussi. Fatiguée,

---

2   Cristina Trivulzio di Belgiojoso, *Asie mineure et Syrie. Souvenirs de voyage*, Paris, Michel Lévy Frères, 1858, p. 205.

je me suis appuyée légèrement contre le sac à dos du voyageur qui me devançait. J'ai pensé : « Surtout, ne pas succomber à un malaise. Ne pas m'évanouir ». Si par malheur je perdais pied, quelle main bienveillante m'aiderait à me relever ?

Celle d'un policier, peut-être ? Hum. Il ne fallait pas compter là-dessus. S'ils étaient nombreux à orchestrer cette symphonie du désordre et si leur présence à divers emplacements du site semblait rassurante, ils étaient trop occupés pour se soucier d'une passante qui serait prise d'un étourdissement. J'ai pensé à tous les individus de la foule qui souffraient de maladies cardiaques, d'un cancer en rémission, de pression artérielle élevée, d'insuffisance rénale chronique, de diabète et d'épilepsie… Il y avait aussi des handicapés, des infirmes, des malvoyants et des malentendants qui s'étaient déplacés jusqu'ici pour obtenir la guérison et recevoir la grâce. Sans compter les paranoïaques, les schizophrènes, les *borderline*, les individus souffrant de troubles bipolaires ou dépressifs, les êtres en détresse, ceux qui étaient tourmentés et fragiles, dont certains seraient atteints bientôt du symptôme de Jésus et de Marie… Il y avait encore les abandonnés, les dépendants affectifs, les éternels célibataires et les endeuillés, ceux qui, affligés de tristesse ou submergés de désespoir, ne se remettaient pas de la perte d'un proche ou d'une séparation amoureuse. Et puis, il y avait ceux qui cherchaient leur voie dans la vie sans jamais la trouver, ceux qui voulaient se débarrasser d'un problème ou d'une vulnérabilité sans y parvenir.

Pour d'autres encore, le temps était compté en raison d'un accident ou d'une maladie. Ceux-là semblaient éprouver une immense gratitude à l'égard de l'Esprit de Dieu, qui allait leur donner sa bénédiction avant leur trépas. Ils savaient à l'avance qu'ils le retrouveraient dans l'au-delà ; l'affaire était conclue en quelque sorte. Oui, il y avait aussi celles et ceux qui allaient rejoindre la mort prochainement. Certains avaient réuni leurs derniers efforts ainsi que leurs maigres économies pour faire ce voyage dispendieux dans des conditions précaires…

Parmi l'ensemble des individus qui avaient eu le courage de se rendre dans la Ville sainte, plusieurs risquaient de flancher sous le coup de la chaleur ou de l'émotion. Qui sait si certains ne pousseraient pas leur dernier soupir au milieu de cette foule tourbillonnante ? Les autorités devraient ensuite faire transporter leur dépouille jusqu'à leur ville ou leur pays de résidence. Je songeais, en particulier, aux pauvres âmes en train de gémir, celles qui rêvaient de venir ici depuis des décennies et qui réalisaient enfin le rêve de leur vie, celui que leur mère et leur grand-mère leur avaient transmis. Je pensais à ces nombreux individus dans le besoin ou dans l'indigence ; ils étaient affectés de maux qui ne me concernaient pas. Et tout à coup, en entendant « Alléluia ! » chanté par une chorale de jeunes Éthiopiennes, je me suis relevée.

J'ai fait un effort pour me tenir droite. J'ai cessé de regretter mon confort nord-américain, ma chaumière bien douillette. À ma gauche, une femme enceinte souffrait de l'air raréfié. Elle redoutait sans doute un accouchement prématuré dans ce lieu où le cours du temps s'était arrêté, où la suite des choses semblait imprévisible... Ou était-ce moi qui redoutais cela pour elle ? Qu'importe, au fond. À l'avant, une mère de famille était accompagnée de deux enfants en bas âge qui pleurnichaient. Je les ai observés. Elle les tenait fermement par la main, au point d'oublier qu'elle leur faisait mal, tant sa poigne était forte. Je me remettais à peine du sentiment d'oppression qui m'assaillait depuis mon arrivée, quand de nouveaux effluves de sueur et de parfum ont pénétré dans mes narines. Ma tête s'est mise à tourner, mon pas s'est arrêté. Un soldat dont je ne soupçonnais pas la présence m'a pressée d'avancer avec les autres vers l'entrée de la Basilique. Ouf ! Dans quelques instants, cette asphyxie générale allait se terminer. Au bout du tunnel, j'entrevoyais un filet de lumière. Mais d'une manière bien étrange, c'est plutôt l'inverse qui s'est produit : j'ai pénétré dans UN GOUFFRE DE NOIRCEUR.

———

Depuis le IVe siècle, la Basilique de la Résurrection attirait les pèlerins venus des quatre coins de la planète. Bien qu'elle se trouvait dans le quartier chrétien, elle était aussi le siège du patriarcat arménien et orthodoxe. Son territoire était partagé entre six grandes communautés : catholiques romains, Grecs orthodoxes, Arméniens apostoliques, Syriaques orthodoxes, coptes et éthiopiens. À l'intérieur de l'édifice, elles avaient aménagé des chapelles et des lieux saints, qui avaient été décorés selon les coutumes et les rites du groupe qui en était le propriétaire. D'ailleurs, l'ensemble de ces constructions était protégé par le statu quo sur les lieux saints. Toute décision prise à leur sujet, qu'elle concerne la restauration de l'édifice ou autre chose, devait faire l'objet d'un accord unanime par les communautés. Seule l'entrée de la Basilique ne leur appartenait pas, sa gestion était entre les mains des musulmans.

Après en avoir franchi le seuil, j'ai réalisé que j'avais échappé au scénario dramatique que j'avais imaginé. Je pouvais enfin circuler à ma guise. Les fidèles, eux, vénéraient les cinq dernières stations à la hâte, impatients d'atteindre le sanctuaire où la crucifixion avait eu lieu et la grotte où le corps du Christ avait été déposé. Ils se dirigeaient vers l'autel de Marie de Magdala, celle qui avait eu le privilège de suivre Jésus pendant ses derniers jours et qui avait été témoin de la Résurrection, événement miraculeux dont elle avait prévenu les apôtres.

————

C'est devant le tombeau présumé du Christ que la stratigraphie des lieux se révélait impressionnante. Inspirant le respect universel des chrétiens, ce site était entouré de nombreuses barrières de sécurité affichant le mot *mishtara* (« police ») qui le protégeaient du vandalisme. C'était une vraie bizarrerie, cette superposition. Par-dessus le mélange des cultes et des strates d'histoire associés aux diverses communautés qui régnaient ici depuis le IVe siècle, la présence factuelle des agents de police était clairement indiquée. Grâce à eux, donc, il y avait une enseigne en hébreu dans l'édifice. Vraisemblablement, c'était la seule… Car, bien entendu, ce n'est que depuis 1948 que l'hébreu s'impose dans la Terre sainte ; autant dire qu'il s'agissait d'un bref intervalle dans l'histoire du site entier. Cette situation m'a amusée. À n'en pas douter, ce lieu de culte chrétien ne représentait rien d'important aux yeux des policiers israéliens. De façon réciproque, ceux-ci y étaient admis strictement pour assurer la sécurité publique dans le cadre de cette procession à grand déploiement. Cette superposition rendait compte d'une supercherie, à tout le moins, c'était une véritable imposture au plan historique.

Malgré leur différence de taille, d'âge et d'origine, les fidèles se ressemblaient tous. Ils faisaient la queue en priant, chapelet à la main, après quoi certains faisaient le signe de la croix sur leur front. Après avoir eu leur entretien privé au-dessus du tombeau du Christ, ils s'écartaient un instant en balbutiant quelque chose, les mains jointes, les yeux à demi fermés.

Ils s'approchaient des icônes religieuses dans la salle pour les baiser, ainsi que les parois en vitre qui les protégeaient. Une fois qu'ils avaient exprimé leur adoration, ils se prosternaient à nouveau. L'émotion crispait leurs traits un à un, faisait surgir des rides prématurées sur leur visage en accentuant son froissement ténébreux. Désorientés, ils ne savaient plus vers quoi se diriger. Leur regard se promenait d'un objet saint à une dalle de plancher, sans distinguer le trivial du sacré. S'ils avaient maintenant trouvé leur chemin dans la vie ou reçu l'absolution de leurs péchés, leur regard était en proie à l'errance, tant ils voulaient embrasser la Basilique entière. Tant ils voulaient s'y fondre pour les siècles des siècles, amen.

———

« Axios ! Axiooos ! » Ainsi s'exclamaient les fidèles à l'arrivée de Theophilos III, le patriarche orthodoxe grec, qui brandissait un cierge allumé. Autour de lui, les pèlerins se pressaient afin de recueillir la flamme qui se transmettait d'un cierge à l'autre jusqu'au parvis, avant d'être portée dans les ruelles de la vieille ville. On allait la transporter ensuite vers Bethléem, en Cisjordanie, après quoi elle serait acheminée en Grèce et dans certaines communautés orthodoxes. Les pèlerins ont entonné un chant dont les échos se répercutaient, par vagues successives, sur les murs intérieurs de l'édifice et les parois de la coupole. En quelques secondes, l'atmosphère de la Basilique s'est enflammée. J'ai assisté, impassible, à la cérémonie du feu sacré, une tradition qui remontait au moins au IVe siècle et qui célébrait le mystère de la résurrection du Christ durant la fête de Pâques.

Devant ce rite pénétrant qui soulevait une foule d'adorateurs, j'étais stupéfaite, tant le caractère impressionnant de l'événement me dépassait. Au-dessus de la populace, de nombreux appareils photo, auxquels étaient suspendus des bras, se sont élevés. Ils ont semé la foudre dans ce ciel embrasé. Soudain, tous les flashes se sont unis en un seul éclair. En mon for intérieur, j'ai souhaité de tout cœur que Zeus reprenne le contrôle du foudre, ce présent que lui avaient légué ses oncles Argès, Brontès et Stéropès, afin d'éviter le déclenchement d'un nouvel éclair annonçant la punition. Comme le voulait la coutume, celui-ci serait suivi d'un troisième, encore plus redoutable, car il annoncerait la fin des temps.

———

Loin de former une vaste assemblée à l'image de l'Ecclesia dans la *polis* chez les Grecs, cette foule en adoration m'a fait penser aux rassemblements de la plèbe devant le bûcher où l'on brûlait les hérétiques au cours du Moyen-Âge. Mon malheur – car il y en avait un, bien réel – consistait à m'être retrouvée sur le chemin de ces illuminés, ces fanatiques, ces croyants et ces simples touristes qui n'auraient pas risqué leur peau afin de sauver la mienne. La bonté fraternelle comportait ses limites, cela allait de soi. Quand bien même Jésus serait ultra miséricordieux, les humains n'étaient pas tenus aux mêmes exigences... Puis, ils auraient l'occasion d'expier leur faute après, de lui demander pardon, en s'en remettant à la petitesse du genre humain. Une chose était sûre : quiconque se retrouvait coincé au milieu d'une flopée de gens dont il sentait le courant l'emporter n'oserait le défier, encore moins dans une procession si imposante. Car celle-ci était susceptible de se transformer en désastre – je songeais à la possibilité d'une attaque terroriste – ou en une simple noyade, sous l'œil froid du Christ observant son troupeau.

Aux excès des chrétiens, je préférais, sans l'ombre d'un doute, la constellation de divinités que chérissaient les Grecs, de même que la sagacité de Socrate et de ses disciples, Platon et Xénophon. Bien entendu, je déplorais l'absence des femmes philosophes dans ce monde ancien. Mais s'il fallait choisir, j'appréciais davantage les banquets et les célébrations festives, ainsi que la fresque des récits mythologiques qui avaient construit l'âme de l'Occident. J'ai pensé : « En choisissant d'adorer un Dieu unique et de balayer la tradition polythéiste du monde grec, qui compte plusieurs déesses, les chrétiens se sont beaucoup appauvris ». À l'évidence, le cœur du monde chrétien, ce n'était pas pour moi.

Une fois sortie de l'Église, j'ai cessé de suivre les fidèles. J'ai quitté cette vaste parade qui ressemblait, à plusieurs égards, à un carnaval grotesque. À ce moment, on m'a interpellée :

— *Madam ! I have something for you.*

Je me suis retournée. Un jeune marchand arabe à la beauté frappante s'adressait à moi.

— *Look !*, a-t-il lancé, en soulevant un chapelet de perles nacrées.

Je lui ai fait signe poliment. Non, sa marchandise ne m'intéressait pas. Il a insisté. Plongeant la main dans un grand sac de toile, il en a ressorti un bouquet de colliers aux pierres dorées.

— *Beau–ti–ful!*

Il les a fait miroiter dans sa main.

— *For you, special price*, a-t-il ajouté.

Je m'apprêtais à emboîter le pas quand son regard a plongé dans le mien. Évasive, j'ai répondu mollement :

— *No, thank you.*

Voyant que j'allais partir, il a pris ma main, l'a ouverte délicatement. Il y a déposé un chapelet, puis il l'a refermée.

Pendant quelques secondes, le temps s'est arrêté. Ce jeune homme possédait un charisme étonnant. Tout à coup, j'ai perçu le scintillement de son regard sur ma chair, à travers le tissu de ma blouse et de ma jupe. J'ai eu l'impression qu'il cristallisait tous les fragments d'os auxquels étaient assemblés les grappes de nerfs et de muscles qui me constituaient, JUSQU'À L'ALCÔVE DU CŒUR.

J'étais en train de chavirer. Alors, j'ai réalisé qu'il y avait une parenté étonnante entre mon sentiment et celui que ressentaient les croyants devant les grands symboles religieux de la vieille ville. N'est-ce pas ce genre de pincement teinté d'érotisme, cette émotion qui me donnait tant l'impression d'exister, qu'ils éprouvaient en se prosternant devant le Fils du Saint-Esprit, celui à qui ils destinaient leur âme et leur esprit, de même que leur chair ?

RAS-LE-BOL DES LAMENTATIONS

Mon tour est venu. L'un des deux jeunes soldats au poste de sécurité m'a fait signe d'avancer. J'ai déposé mon sac sur la table. Il l'a ouvert, puis il a glissé la main à l'intérieur. J'ai pensé : « Zut, mon collier de perles nacrées ». Un objet intime, en somme. C'était l'unique souvenir de ma rencontre avec le jeune marchand arabe. Il m'avait donné sa carte, avec son numéro de téléphone : il s'appelait Assad, il habitait Jérusalem-Est. Allais-je le revoir ? À la procession de Pâques dans la vieille ville, ma visite des lieux saints n'avait donné lieu ni à une rencontre exaltante ni à une révélation. Une certitude, pourtant, était réaffirmée : je détestais les foules. Je n'avais pas ressenti un soupçon d'élévation spirituelle. Et je n'avais pas trouvé d'énigme, bien entendu. Mais le regard de ce garçon m'avait rendue à moi-même, il m'avait injecté le sentiment de vivre, alors que je m'étais perdue dans un troupeau d'illuminés… Comment dire ? Il avait fait tomber des barricades à l'intérieur de moi, comme s'il avait déverrouillé UN SECRET À L'INTÉRIEUR DE MON CORPS. Quel était-il, ce secret ? Je l'ignorais. Un mouvement puissant, enraciné dans mon sternum, m'avait fait chavirer. D'un seul coup, mon corps légèrement voilé, de la tête aux poignets, puis jusqu'aux pieds, était devenu une simple chair exhibée. Les mystiques le savaient bien : quand l'enveloppe corporelle se brise, l'accès à la transcendance s'ouvre… Ce regard m'avait déshabillée totalement, c'est-à-dire « corps et âme ». Il avait effeuillé ma chair comme on ouvre un fruit. Ainsi, il m'avait rendu à la parole, à ma parole. Cela s'était produit sur le territoire du Christ, à quelques pas de son temple. Pour le moment, je dois l'avouer, je n'étais que silence.

J'ai pensé : « Justement, une fois libérée du corps et des attraits charnels, qu'est-ce donc qu'une femme devant un homme ? Oui, qu'est-ce qu'une femme, sinon une parole ? Était-ce cela, le secret que l'on avait déverrouillé à l'intérieur de moi ? »

La voix du soldat m'a ramenée brusquement sur terre. D'un air de satisfaction, il m'a dit :

— *You're all set.*

La procédure était terminée. N'ayant trouvé nulle arme ou nul objet dangereux dans mon sac, il prenait congé de moi en me montrant du doigt un coin où le déposer.

Je m'apprêtais à riposter que je ne souhaitais pas m'en défaire. Il a deviné mon intention. Il m'a lancé un de ces regards qui m'a découragée de prononcer le moindre son. Hum. Inutile de discuter, c'était le règlement. De toute façon, l'endroit était hautement surveillé, n'est-ce pas ? J'ai tenté de me donner une contenance. Sur un ton inquiet, je lui ai demandé :

— *Is this a secure place ?*

D'un ton ferme, son acolyte a répondu :

— *Yes !*

Si je refusais de déposer mon sac, je n'avais qu'à rebrousser chemin en affrontant la longue queue de visiteurs qui se pressaient à l'arrière : voilà ce qu'il m'a expliqué dans un anglais traînant un lourd accent hébraïque. J'ai compris qu'il ne fallait pas insister.

— *Next !*, a-t-il répété, en appelant le visiteur suivant.

À quelque cinq cents mètres à l'ouest se dressait le Mur des Lamentations, également nommé le Kotel ou Mur occidental. Ce mur externe et grandiose, vestige de l'ancien temple d'Hérode le Grand et de la culture patriarcale qui s'y rattache, m'a laissée perplexe. Au même instant, une voix intérieure a déchiré le rideau sombre de ma crainte : « *Ne crains rien, petite sauvageonne, Artémis, elle, irait s'y promener* ». Il est vrai que la courageuse Artémis, à qui on avait dédié un temple à Éphèse, aurait probablement souhaité voir ce vestige du temple détruit. Et moi, ne souhaitais-je pas m'en approcher ? Du reste, mon sac pouvait-il réellement échapper à la surveillance des soldats israéliens et à celle de YHWH, l'être divin suprême ? J'ai jeté un coup d'œil vers le tas de bagages où se dissimulait maintenant mon sac. « Tant pis », me suis-je dit en m'acheminant vers le mur.

Une fois mes hésitations surmontées, je me suis dirigée vers le célèbre fragment de l'ancien temple. Il se divisait en deux sections inégales : celle qui était réservée aux hommes couvrait les deux tiers de sa longueur, tandis que celle qui se destinait aux femmes en représentait seulement un tiers. Face à cette inégalité, j'ai froncé les sourcils. Malgré sa filiation matrilinéaire, le judaïsme était une religion patriarcale, je le savais bien. Mais nous étions au XXIe siècle ! Pourquoi n'avait-on pas redivisé le mur en deux segments égaux ? Oui, pourquoi diable ne pas donner aux femmes la part qui leur revient ? J'ai pensé : « C'est ici que le bât blesse. On a justement donné aux femmes la part qui leur revient ; et cette part est inférieure à celle des hommes, qui se vouent à la prière et à l'étude des textes sacrés ». À cette division entre les sexes s'en ajoutaient d'autres, telles que les séparations hiérarchiques associées aux interprétations des textes sacrés. Je me suis demandé : « Arrive-t-il encore, de nos jours, que deux amants empêchés de s'aimer par leurs familles respectives se retrouvent au Mur ? À l'image de Thisbé écoutant Pyrame lui parler à travers la faille du mur séparant leurs maisons ? »

La mauvaise humeur m'a gagnée. Malgré tout, j'ai fait la queue du côté qui correspondait à mon sexe. Avais-je le choix ? Je voulais rester encore un peu à cet endroit. La queue avançait lentement. Des deux côtés, une personne était responsable de l'accès au Mur. Dès qu'on arrivait à sa hauteur, on pouvait lui demander de nous prêter un livre de prières. J'ai refusé son offre : « *No, thanks* ». De plus, cette personne devait s'assurer que les visiteurs respectent le code vestimentaire approprié : kippa pour les hommes, jupe et manches longues, épaules et chevelure couvertes pour les femmes. Tous devaient être vêtus avec modestie. Les vêtements sans manches étaient prohibés pour les deux sexes. C'était le même règlement que celui en vigueur à la Basilique de la Nativité, à une différence près : chez les femmes, le port du pantalon était interdit devant le Mur. C'était profondément aberrant.

À mon tour d'avancer, avec plusieurs autres. J'ai marché jusqu'au Kotel. En raison de sa proximité avec le Saint des Saints (*Kadesh Ha'Kodashim*), la salle des premier et second temples dont l'accès était strictement réservé, jadis, au grand prêtre d'Israël, le Kotel jouissait d'un statut privilégié dans la hiérarchie des valeurs du judaïsme. Suivant la tradition, les juifs allaient prier au Mur et y déposaient des vœux, sous forme de prières ou de petits billets dans lesquels ils avaient rédigé leurs souhaits. S'agissait-il d'un rite ou d'un jeu ? Cela dépendait, sans doute, de chaque visiteur. Mais autour de moi, il y avait peu de gens enclins à s'amuser. On venait ici pour des raisons de croyance et de fidélité, mais aussi pour honorer les morts, pour leur vouer le respect qu'on leur devait. Dans son ouvrage *Correspondance avec le Mur*, Hélène Cixous s'était retrouvée en train d'écrire devant la ville, en face du mur du mont Moriah et devant la page blanche, elle s'était posé la question : Que veulent les morts ?

Tout à coup, en observant l'Esplanade du Temple, une émotion m'a traversée. Je regardais l'immense structure et les milliers de petites crevasses bouchées, lorsque j'ai éprouvé un léger sentiment d'élévation. Il m'était sans doute inspiré par les nombreux récits millénaires que j'avais entendus à propos de l'histoire du Mur et de la destruction du Temple par les Babyloniens au VIe siècle avant Jésus-Christ, puis par les Romains en l'an 70 avant notre ère. Ou était-ce le point de vue magnifique que j'avais aperçu plus tôt, qui donne sur l'Esplanade du Temple et la grande mosquée, qui me plongeait dans cet état contemplatif ? Immédiatement après la victoire israélienne de 1967, l'esplanade avait été dégagée, et sa nouvelle configuration, réalisée par Moshe Safdie, était vraiment réussie. Ainsi, devant moi, c'est-à-dire devant nous tous, un espace démesuré s'ouvrait sur le ciel. Malgré la foule constante qui s'y pressait, je pouvais maintenant respirer. C'était tout le contraire du sentiment d'oppression qui m'avait happée en visitant la Basilique de la Résurrection et, surtout, en apercevant le mur de séparation entre Israël et ses voisins arabes au mont Scopus.

Du côté des hommes, j'ai aperçu des silhouettes projetées sur le Mur. Les corps découpés de la foule se balançaient énergiquement de haut en bas, suivant le rythme des prières récitées. On aurait dit qu'ils formaient une série d'ombres chinoises. C'étaient les ultra-orthodoxes, ces juifs aux dos voûtés et aux crânes rasés à demi, coiffés de hauts chapeaux et de *peyes*, de longs boudins, vêtus de complets noirs et de tefillin. Leurs récitations obscures m'ont rappelé vaguement la « *ruminatio* » des moines qui, au Moyen-Âge, mastiquaient leurs mots à voix basse afin de goûter davantage le texte qu'ils lisaient en privé. Et du côté de mon sexe ? Les femmes religieuses, vêtues de longues blouses et de jupes amples, les cheveux couverts d'un foulard, récitaient elles aussi leurs prières avec gravité. À ma droite, une mère et sa petite fille – des touristes – semblaient captivées par leurs gestes. L'enfant examinait les femmes qui se penchaient vers le Mur en chuchotant des mots inconnus. Elle semblait impressionnée par ce spectacle, tandis que sa mère la retenait par la main.

À leur hauteur, des visiteurs griffonnaient leurs vœux sur de petits billets. Je me suis approchée, j'ai regardé entre les pierres, les crevasses étaient remplies de papiers. Puis, j'ai reculé afin d'observer l'ensemble. J'ai pensé : « Voici un palimpseste qui reflète le passage de tous ceux qui y ont laissé une trace, aussi périssable soit-elle. Dans cette perspective, que ceux-ci soient croyants ou non, cela n'importe guère ». Combien de messages se trouvaient enfoncés dans le mur ? Impossible de le savoir, ni même de le deviner.

« Voilà une vaste archive à ciel ouvert », me suis-je dit. Avait-on déjà qualifié le Mur des Lamentations ainsi ? Majestueuse et colossale, celle qui se dressait devant moi s'était constituée au fil du temps, de manière improvisée. Échappant aux critères habituels des archives, sa « mission » posait problème d'entrée de jeu. D'abord, cette somme incalculable de petits papiers laissés par les croyants était indéchiffrable. Exposés aux intempéries et aux variations de température de la Terre sainte, ils renfermaient de toute évidence des écritures vacillantes qu'aucune signature ne venait supporter. Ainsi, le risque était grand que ces gribouillages se transforment en une pâte de mots illisibles que les plus grands experts ne sauraient déchiffrer.

Pour ces écritures griffonnées en vitesse et dépourvues de contenant telles qu'un carton ou une boîte d'archives, le Mur faisait office de tombeau. Cela était d'autant plus vrai qu'elles y étaient enfoncées à l'horizontale et gardées en secret, tels des trésors particuliers. Les vœux qu'elles exprimaient se destinaient exclusivement à YWYH, le tétra-gramme qui désigne la divinité d'Israël. Bien entendu, ces documents étaient inaccessibles à la consultation : nul autre que lui n'était autorisé à les lire ou à les découvrir. La présence d'un lecteur potentiel aurait été signe de profanation… Enfin, ces bouts de papier livrés à la volonté divine ne recelaient aucune valeur historique ou archéologique. C'était tout le contraire des manuscrits de la mer Morte (*Qumran*) ou de la Geniza du Caire, ces archives colossales du monde juif.

Des écrits qui se perdent, dans leur matérialité, mais qui se rendraient tout de même à YWYH par quelque moyen inexplicables, voilà ce qu'ils étaient. Certes, l'archive que représentait le Mur ne se prêtait guère à une construction imaginaire, qu'elle soit pure dérive ou réflexion appuyée, pour reprendre le propos d'une Marianne Hirsch. « Bien évidemment », diraient les archivistes et les historiens, « puisque la somme d'écrits déposés dans le Mur ne représente pas un projet d'archive, qui se définit par la conservation, la protection et la préservation de documents particuliers ». Les écrits déposés dans les fentes du Mur ne revêtaient pas non plus de valeur théorique ou méthodologique, pas plus qu'ils ne s'articulaient à un travail d'archivage personnel tel celui de Christian Boltanski. Et pourtant, à quelques pas de ce vestige considéré comme le plus important de l'époque biblique reposaient autrefois les Tables de la Loi que Dieu avait remises à Moïse. Celles-ci ne représentaient-elles pas un excellent exemple de graphie située au croisement du commencement et du commandement, ainsi que l'affirmait un Jacques Derrida ?

Un commencement, puisqu'elles scellaient l'alliance entre le peuple juif et Dieu, tout en marquant le début de l'entrée en terre d'Israël. Un commandement, aussi, car elles étaient porteuses de l'écriture de Dieu. De ce fait, elles rappelaient la loi et le commandement que le peuple d'Israël devait garder dans un coffre (l'arche de l'Alliance) qui serait installé dans une tente, la Demeure, devenue plus tard le Temple de Jérusalem. J'ai pensé : « Une archive inclassable, donc ». Et moi, je restais perplexe devant la frontière verticale que représentait le mur entre notre monde et l'au-delà, entre l'humain et le divin, l'immanence et la transcendance. M'est revenu à la mémoire *L'Érouv de Jérusalem* (1996) de Sophie Calle, un témoignage photographique sur la manière dont les habitants israéliens et palestiniens s'approprient le territoire au-delà du tracé des frontières.

———

Que dire de ces individus anonymes dont les vœux étaient encastrés dans l'immense vestige judaïque ? Quel regard devait-on poser sur ces petites liasses, ces morceaux de papier roulés serrés ou pliés à plusieurs reprises ? Aujourd'hui, dans la partie inférieure du Mur, d'innombrables balbutiements s'entassaient donc sous forme d'écrits, tel un immense collage de désirs. Leur inventaire n'existait pas et ils se transformeraient bientôt en débris. Il n'y avait nulle image d'archives, ici, mais seulement quelques gribouillis. En filigrane, il y avait fort à parier que plusieurs souhaits se répétaient, d'un écrit à l'autre : monter au ciel, trouver l'amour, guérir de la

maladie, avoir un enfant et remporter des succès professionnels. Qu'ils soient exaucés ou non, cela importait
peu. Leur valeur résidait plutôt dans la somme d'espoirs
qu'ils représentaient en tant que MIROIR DE L'HUMANITÉ
et l'effet résultant de leur accumulation : cerner l'uni-
versalité d'un manque propre à la condition humaine.

Discrètes de nature, ces écritures étaient vouées à l'effacement. Avec le temps, il n'en resterait aucune trace. À
l'existence éphémère de ces bouts de papier, il fallait oppo-
ser la parole authentique des dévots qui s'élevait devant le
Mur. Oui, il fallait écouter les lamentations, les prières et
les autres imprécations dont les sonorités se mélangeaient
devant l'immense vestige. Leur étrange rumeur me par-
venait, par échos et par bribes, tandis qu'au loin, elle se
fracassait contre le silence du désert.

———

J'ai découvert ensuite une bibliothèque interdite. Au moment de quitter les lieux, je me suis approchée du côté du
Mur réservé aux hommes. À l'intérieur d'une voûte située
dans le mur gauche attenant au Kotel, il y avait un passage
éclairé ; il était rempli d'ouvrages disposés sur des étagères.
Je me suis approchée. À une cinquantaine de mètres, j'ai
aperçu une entrée menant à une à une bibliothèque ; spontanément, j'ai eu l'envie curieuse de la visiter. Hélas, je ne
pouvais y accéder, car elle se trouvait du côté des hommes.
J'ai tenté de m'informer auprès d'une femme orthodoxe.
Elle m'a adressé quelques paroles en hébreu, c'était incompréhensible.

— *English ? Do you speak English ?,* lui ai-je demandé. J'ai pointé mon doigt vers la bibliothèque cachée. *The Library. Can we visit ?*

Elle m'a répondu sèchement :

— *These are religious books, only for men.* J'allais répliquer, mais déjà, elle emboîtait le pas dans une autre direction.

En songeant au type d'ouvrages qui étaient regroupés dans cette bibliothèque, je me suis calmée. Les livres religieux, ce n'était pas ma tasse de thé. Et pourtant, j'ai jeté un coup d'œil une dernière fois vers l'entrée : trois ultra-orthodoxes y pénétraient, un quatrième en sortait. Par le passé, on ne m'avait jamais refusé l'accès à une bibliothèque pour une raison discriminatoire. L'adrénaline était en train de me plomber. Soudain, j'ai revu le visage de Ronit Elkabetz dans le film *Le procès de Viviane Amsalem* (*Gett*, 2014), lorsque la protagoniste se fait refuser le divorce par son mari abusif à la suite de démarches qui ont duré trois ans. La suprématie des hommes dans le judaïsme orthodoxe, c'était franchement inacceptable. Quelle foutaise cette « MISOGYNIE MONOTHÉISTE » ! J'ai repensé à l'expérience que Nancy Huston décrivait dans ses *Carnets de l'incarnation* : « Trois fois dans la journée, j'ai été rejetée en tant que femme ». Et comment ? « 1. Par purisme catholique […] 2. Par purisme orthodoxe […] 3. Par purisme musulman[3] ». Oui, c'est vrai, on peut faire cette expérience de rejet de trois façons différentes au cours de la même journée, si l'on circule dans des lieux associés à

---

3 Nancy Huston, *Carnets de l'incarnation. Textes choisis 2002-2015*, Montréal et Paris, Leméac et Actes Sud, 2016, p. 15.

trois des religions qui dominent dans la ville. Cela venait de m'arriver une seule fois, et déjà, j'étais hors de mes gonds. « Les érudits, comme les démons, grouillent en tous lieux[4] », écrivait Aharon Applefeld. Au fond, il avait raison.

4   Aharon Applefeld, *Histoire d'une vie*, traduit par Valérie Zenatti, Paris, Éditions de l'Olivier, coll. « Points », 2004, p. 168.

AU PATRIARCAT ARMÉNIEN
DE JÉRUSALEM

« J'aurai de quoi être choquée aujourd'hui », ai-je pensé. Je me rendais au Patriarcat arménien, un établissement qui affichait clairement ses allégeances envers le règne des hommes. En arpentant l'étroit chemin qui menait de la porte de Jaffa au quartier arménien, je me suis dirigée vers l'édifice principal. Une fois arrivée devant le porche du Monastère Saint-Jacques, j'ai sonné à la porte. Au-dessus de celle-ci, une inscription en arabe et en arménien datant de 1488 assurait la protection des lieux par les autorités musulmanes. De l'intérieur, un homme robuste, de taille moyenne et d'âge mûr, m'a ouvert la porte. Il m'a invitée à entrer puis s'est présenté. Il se prénommait Kevork et était le secrétaire de la communauté arménienne de Jérusalem. Avec son allure particulière, on aurait dit qu'il était là depuis toujours. Il a ajouté aussitôt qu'il était le fils de survivants du génocide arménien. Nous avons amorcé une conversation en anglais. Après quelques minutes, je lui ai demandé s'il parlait le français. Il m'a répondu par l'affirmative.

— Oui, mais je n'ai pas parlé le français depuis très longtemps, a-t-il précisé. Il affichait un semblant de bonne humeur.

Monsieur Kevork a proposé de me faire visiter les lieux. Nous avions une heure, pas une minute de plus. Ensuite, il avait un rendez-vous important. Pour une première visite, cela me paraissait suffisant. On lui avait dit que j'écrivais un ouvrage sur Jérusalem et que je cherchais à visiter les bibliothèques de la ville. D'entrée de jeu, il m'a mise en garde : je n'étais pas au meilleur endroit.

— Si vous cherchez des bibliothèques, vous devez vous rendre chez les Dominicains. À la Bibliothèque Saint-Étienne de Jérusalem, l'École biblique et archéologique française. Cette communauté possède une bibliothèque plus vaste encore.

Je voulais bien le croire, mais c'est à la bibliothèque arménienne que mes recherches m'avaient menée. Le lendemain, je quittais Jérusalem pour me rendre à Tel Aviv.

— Les Dominicains, ce sera pour une autre fois, lui ai-je répondu.

Il m'a regardé d'un air à demi-méfiant, tandis que nous empruntions le grand corridor qui menait à l'ancien dortoir. Ce lieu frais et sombre faisait contraste avec les rues étroites de la vieille ville, animées d'une vie grouillante et martelées par un soleil de plomb. Quel bonheur d'être enfin à l'extérieur de la frénésie touristique ! À l'extrémité, nous avons tourné vers la gauche et nous nous sommes retrouvés dans une grande pièce double. Une noirceur totale l'envahissait, au point où il était difficile de distinguer ce qui se trouvait à plus de trois mètres devant nous. J'ai demandé à Monsieur Kevork s'il était possible d'éclairer la pièce.

— Oui, a-t-il répondu, mais je ne sais plus où se trouve l'interrupteur.

Décidément, cela faisait des lustres que le dortoir n'avait pas été utilisé. Nous avons cherché à tâtons dans l'obscurité. Les yeux écarquillés, j'ai descendu la petite estrade qui menait à la deuxième section de la pièce. Sur le pan de mur à ma gauche, j'ai enfin trouvé l'interrupteur. J'ai appuyé sur le bouton, l'immense pièce s'est éclairée brutalement. À ma gauche, dans une pièce attenante, il y avait une grande cuisine. Et devant moi, l'espace était vide. Les lits avaient été déplacés, car les pèlerins ne venaient plus dormir ici depuis très longtemps.

Je n'avais jamais visité un vrai dortoir. Avec surprise, j'ai constaté qu'il y régnait une atmosphère de sérénité. Était-ce grâce aux dimensions de l'édifice, ainsi qu'à sa position centrale dans Jérusalem ? Une chose était claire : je n'aurais pas aimé dormir ici. Certes, le lieu se prêtait à ce que l'on y fasse des rêves fantastiques. Mais les relents d'ascèse chrétienne qui s'en dégageaient et l'absence d'intimité caractéristique des dortoirs m'ont laissée de marbre.

———

— C'est la portion la mieux préservée de la vieille ville, m'a expliqué Monsieur Kevork en parlant du quartier arménien.

Situé dans le coin sud-ouest de celle-ci, le patriarcat du même nom comprenait des établissements publics et éducatifs, des quartiers résidentiels et des monuments historiques. On y retrouvait plusieurs espaces de verdure, des jardins dotés d'arbres ancestraux parmi les plus beaux de Jérusalem. Le patriarcat se distinguait par la grande capacité d'accueil de ses hospices. En plus de sa bibliothèque, il abritait aussi une chapelle. Au XIXe siècle, la voyageuse Cristina Trivulzio di Belgiojoso en avait fait une description pertinente :

> Le couvent arménien de Jérusalem est immense, composé de plusieurs bâtiments et entouré de jardins délicieux. Une bibliothèque riche en beaux manuscrits et en miniatures sur parchemin, leur trésor rempli de pierreries montées avec un goût exquis, enfin leurs vêtements sacerdotaux tissus d'or, d'argent et des soies les plus éclatantes, tout cela éblouit la vue et charme l'imagination[5].

Nous avons poursuivi notre trajet vers la grande cour intérieure. Quel bel espace, avec ses édifices de pierre blanche aux nombreuses arches et aux portes en fer surplombées d'étroites fenêtres rectangulaires au sommet en demi-cercle ! Des grilles de fer protégeaient les fenêtres et quelques portes-archées. Au-dessus de la porte que nous allions franchir, il y avait une plaque portant une inscription en arménien datée de 1993 et surmontée de la croix de Jérusalem.

J'ai appris avec joie que cette cour abritait les premières presses d'impression de la cité.

— Elles ont été installées en 1833, m'a dit Monsieur Kevork.

---

5   Cristina Trivulzio di Belgiojoso, *Asie mineure et Syrie. Souvenirs de voyage*, 1858, p. 220.

Je n'ai pas caché mon étonnement :

— En 1833 ? Vraiment ?

— Oui, m'a-t-il répondu.

L'émergence de l'impression avait été tardive, car la ville était pauvre. En réalité, après la publication du premier ouvrage en arménien à Venise, en 1512, trois cents ans s'étaient écoulés avant que ces presses soient créées dans la cité de David.

Nous avons pénétré dans une jolie arrière-cour où les portes et les fenêtres étaient dépourvues de grilles de fer. La sobriété et la mesure de l'endroit s'accordaient à la vocation religieuse de l'établissement. Avec étonnement, je découvrais cette oasis paisible au centre de Jérusalem. Il s'en dégageait un esprit méditerranéen qui me rappelait certaines arrière-cours dans les villes de l'Italie du Nord. J'ai pensé : « L'esprit méditerranéen, ici, n'est-ce pas la synthèse de la maîtrise de la clarté, de l'intelligence et de la patience des Grecs, de la noblesse et de la fragilité des Latins, de l'instabilité et de l'exubérance des Hébreux ? »

Nous nous sommes enfin acheminés vers la bibliothèque. Il a précisé qu'il s'agissait de « l'une des bibliothèques arméniennes les plus riches du Moyen-Orient ». Établie en 1879, elle avait été financée beaucoup plus tard par la fondation Gulbenkian, dont elle portait le nom depuis 1932. Contrôlée par l'Église arménienne, elle était majoritairement fréquentée par les membres de la communauté. Et comme il s'agissait d'une bibliothèque privée, ceux qui désiraient la visiter ou y faire des recherches devaient en faire la demande formelle.

— Étonnamment, a-t-il ajouté, les Chinois s'intéressent de plus en plus à nos archives.

Quel lien y avait-il entre les Chinois et les Arméniens ?
Un lien religieux, sans doute. Qu'espéraient trouver ces
chercheurs ? Monsieur Kevork a omis de le préciser. Et
moi, j'ai oublié de lui poser la question.

J'ai appris que cette bibliothèque comprenait vingt-
cinq mille livres, dont la moitié étaient en arménien, ainsi
qu'une vaste collection de périodiques et de journaux de
l'époque moderne. Deux sections de la collection étaient
uniques : la première regroupait des imprimés contemporains, soit quatre mille volumes de périodiques et d'ouvrages publiés en langue arménienne à travers le monde
depuis le début du XIXᵉ siècle. Je me suis exclamée :

— Quatre mille volumes, c'est énorme !

Il m'a répondu par l'affirmative. La deuxième section, quant à elle, comprenait environ dix mille journaux arméniens publiés depuis 1974. D'une part, il y
avait donc ces papiers qu'il nommait les *living archives*,
les archives vivantes qui remontaient au IVᵉ siècle.
Cette partie de la collection regroupait l'ensemble des
documents portant sur la propriété légale du quartier arménien – le couvent, les dépendances, les écoles
primaire et secondaire, la *School of the Holy Translation*
et la chapelle. D'autre part, il y avait les manuscrits
personnels, dans lesquels étaient regroupées de nombreuses correspondances. Par ailleurs, diverses archives
arméniennes, grecques et latines d'autres provenances
étaient conservées en ce lieu.

Nous nous sommes installés à une table dans la salle de lecture. Derrière nous, un prêtre arménien vêtu d'une longue robe noire était plongé dans la lecture d'un journal. Une jolie bibliothécaire âgée d'une quarantaine d'années se déplaçait entre les tables, elle classait des ouvrages tandis que son fils la suivait en caracolant. Pendant que nous discutions, un locataire félin à la robe noire est venu nous rejoindre. Frondeur, il s'est avancé au milieu de la table, où il est resté pendant quelques minutes. Lorsque je me suis avancée pour capter son image avec mon téléphone portable, il a déguerpi. Sans doute était-il semblable à Monsieur Kevork : d'allure sympathique au premier abord, il se révélait profondément sauvage.

Mon hôte m'a invitée à le suivre pour voir une autre partie de la collection. Dans une pièce remplie d'étagères, il m'a montré une collection d'ouvrages anciens. Il y en avait beaucoup, de tailles et de couleurs différentes. Sur leur dos, des titres en arménien étaient gravés, entourés de nerfs et surmontés d'une coiffe. Les ouvrages anciens, avec leurs papiers fragiles aux senteurs d'encre et de poussière, leurs pages ondulées et bellement illustrées, ça me plaisait beaucoup. Je lui ai demandé si je pouvais les manipuler. Il m'a répondu :

— Oui, bien sûr.

Rapidement, j'ai constaté que ces vieux livres étaient rongés par l'humidité. Ils dégageaient une odeur forte, qui se distinguait de celle propre aux livres anciens qui m'était familière. De toute évidence, il y avait trop de chaleur dans la pièce, ces ouvrages n'étaient pas conservés à une température appropriée. Je me suis mise à éternuer. Après quelques minutes, je continuais à éternuer de plus belle, à tel point que la scène devenait comique… J'ai levé les yeux. Monsieur Kevork était retourné dans la salle de lecture. Je suis revenue sur mes pas afin de le rejoindre. Alors, il m'a lancé :

— Vous avez lu Hintlian ?

Ce nom m'était inconnu. Je lui ai demandé de répéter.

— Qui ça ?

— Hintlian. Si vous vous intéressez à ce lieu, vous devez connaître cet auteur.

— Non, désolée, ai-je répondu.

Il m'a regardée, l'air consterné. Il a penché la tête en maugréant. Son attitude m'indiquait que j'étais sans doute coupable de quelque chose. Avais-je commis une faute irrémissible ? Monsieur Kevork a repris son récit, tandis que la lassitude le gagnait. Il m'a parlé de la collection des ouvrages de Simon Sebag Montefiore et de son dernier ouvrage sur Jérusalem. C'était un ouvrage populaire que j'avais déjà parcouru et qui se trouvait dans ma propre bibliothèque. Un autre livre indispensable, selon lui.

Par le passé, Jérusalem avait souffert de négligence et de corruption. Il m'a décrit cette période qui avait duré quatre cents ans et qui s'était terminée avec la Première Guerre mondiale. Sans la nommer clairement, il faisait référence à la période turque.

— Le seul legs positif de cette ère, c'est le statu quo dans les lieux saints. À partir de là, une certaine harmonie s'est installée parmi les communautés chrétiennes, m'a-t-il dit.

J'ai appris qu'il avait longtemps milité pour la reconnaissance politique du génocide arménien. Récemment, les efforts qu'il avait déployés aux côtés de nombreux autres militants de cette cause avaient porté fruit. En octobre 2015, les parlements de vingt-neuf pays avaient reconnu ce génocide. Et pourtant – nouveau paradoxe –, l'État d'Israël figurait parmi la liste de ceux qui avaient refusé de considérer les massacres commis à l'endroit des Arméniens dès 1915-1916 comme un génocide. Le grand rabbin d'Israël, qui représentait la plus haute autorité religieuse du pays, s'était alors opposé au gouvernement : il avait reconnu publiquement le génocide des Arméniens.

J'ai songé au film *Ravished Armenia* (1919) de W. N. Selig, basé sur le témoignage d'Aurora Mardiganian, une jeune survivante du génocide arménien exilée aux États-Unis en 1917, à l'âge de seize ans. Ce film muet, unique en son genre, avait été associé par certains théoriciens au regard que posait Walter Benjamin sur l'histoire à l'ère de la reproductibilité technique et sur le cinéma en tant que mode d'éveil historique potentiel. *Tseghaspanoutyoun* : c'était le mot arménien qui désignait « ce qui est arrivé », c'est-à-dire « la tentative réussie d'anéantir un peuple entier ». À travers lui résonnaient les échos d'un passé silencieux, mais empreint de violence à l'endroit du clan (*tsegh*), de la nation (*azg*) arménienne. Dans *Le concept d'histoire*, Benjamin développait un propos sur le barbarisme qui résumait bien, en quelque sorte, ce qui s'était produit à la fin de l'Empire ottoman. Et justement, l'Ange de l'histoire que lui inspirait l'Angelus Novus de Paul Klee se profilait dans plusieurs monuments commémoratifs arméniens. Dans le mémorial pour Sardarapat conçu par l'architecte Rafael Israelyan dans le village d'Araks, il était même remplacé par un Aigle de l'histoire…

J'avais une sensibilité particulière à l'égard des vieux murs qui suintent l'histoire au cœur d'une ville. En marchant lentement avec Monsieur Kevork, j'ai compris qu'au cours des siècles, les Arméniens avaient réussi à maintenir en ce lieu une atmosphère de paix, de sérénité et de calme. L'histoire récente ne faisait pas exception à cette situation : sous l'occupation jordanienne (1948-1967), période qui s'était terminée avec la guerre des Six Jours et qui avait initié l'entrée des Israéliens dans la vieille ville, les Arméniens de Jérusalem s'étaient maintenus à l'extérieur du conflit. Avec la richesse de leur patrimoine et l'harmonie de leurs quartiers intra-muros, ils formaient l'une des plus belles communautés arméniennes au monde. J'ai pensé : « Il est donc possible de vivre en paix au cœur de Jérusalem ».

Mon hôte voulait me faire visiter autre chose. Nous sommes retournés dans la cour, puis nous avons descendu quelques marches. Sur le côté droit, une porte donnait sur du vert. Je me suis approchée. Devant moi, il y avait un immense terrain de soccer. Quelle surprise !

— C'est immense, ce terrain ! Les jeunes Arméniens jouent donc au soccer ?

— C'est une communauté très dynamique, vous savez.

J'ai franchi la porte. Sous le soleil éclatant, ce terrain de soccer s'étendait jusqu'au pied de l'un des plus anciens édifices de la communauté arménienne. Je n'en revenais pas.

Qui eut cru que de l'autre côté des allées étroites et ultra bondées de la vieille ville, un espace si vaste était réservé à la pratique du sport ! Ma plus grande découverte, ce n'était donc pas la bibliothèque, mais ce terrain de soccer qui recelait sans doute de nombreux mystères.

Monsieur Kevork habitait Jérusalem depuis long-temps. En plus de bien connaître son histoire, il avait vu la cité se transformer. Il m'a raconté que jusqu'en 1820, Jérusalem était peuplée de six mille habitants.

— Après cette date, tout s'est bousculé, m'a-t-il lancé, en esquissant un geste de la main.

Selon lui, depuis les dernières décennies, la ville était plus fragmentée que jamais. Ses habitants étaient disper-sés, leur mémoire devenait vacillante.

— Ici, la citadinité revêt un sens différent de celui qui prédomine en Europe.

Il m'a parlé de l'*Israeli Policy of Creating Bridges*, la poli-tique israélienne visant à créer des ponts entre les commu-nautés. Visiblement, il n'y croyait pas beaucoup. D'ailleurs, il avait plutôt l'impression que Jérusalem allait rendre l'âme.

— Jérusalem est peut-être en train de mourir, vous savez.

Selon lui, la ville était trop morcelée. Elle avait perdu l'unité et la cohésion qui régnaient jadis dans ses différents quartiers.

— De nos jours, il y a les Russes, les *settlers*, les Orien-taux (Yéménites) et les religieux. Ensemble, ils forment soixante pour cent de la ville et ils ne s'entendent pas. Je ne suis pas très optimiste à propos de son avenir.

Ses paroles m'ont frappée. Son ton pessimiste reflétait probablement la dure réalité qui pesait sur la ville aujourd'hui. Mais c'étaient surtout les termes qu'il avait employés pour décrire Jérusalem qui attiraient mon attention. La fragmentation, la dispersion et la mémoire vacillante qu'il lui attribuait, cela m'a fait penser à Walter Benjamin, qui en avait fait des « catégories » de prédilection dans ses études sur l'histoire et la modernité. Quelle étrange coïncidence ! On aurait dit que l'aura de Benjamin nous accompagnait. Peut-être avait-elle dicté à mon hôte les mots qu'il devait employer pour décrire la ville en ma présence, afin de bien souligner qu'on y trouvait aujourd'hui un prolongement de sa pensée ? Si Benjamin avait été ici, parmi nous, il aurait sans doute trouvé l'inspiration pour écrire un essai intitulé *Jérusalem, capitale fragmentée du Proche-Orient au XXIe siècle*.

Tandis que nous nous acheminions vers la chapelle, les paroles de Monsieur Kevork résonnaient dans mon esprit : « Jérusalem est peut-être en train de mourir ». Nous sommes finalement entrés. À l'intérieur de l'édifice, un service avait lieu. Aussitôt, nous avons cessé de discuter. Devant l'autel, trois prêtres récitaient la messe devant une salle vide. L'espace était auréolé par la lumière des bougies qui se reflétaient sur les jolis vitraux. Au-delà des trois différents cultes religieux qui étaient pratiqués dans la vieille ville et des nombreuses excentricités que l'on remarquait dans le comportement des pèlerins, une vie spirituelle était accessible ici, à l'intérieur des murs. Elle était dépourvue des charlataneries offertes en abondance à l'extérieur, où dominaient l'ardeur religieuse et l'esprit d'idolâtrie. Mon étonnement ne cessait de croître.

Dès que nous avons quitté la chapelle, Monsieur Kevork s'est tourné vers moi :

— Vous savez, Jérusalem, c'est un vaste sujet.

Il se souvenait du passage de Saul Bellow dans la communauté arménienne, en 1975, quand l'écrivain avait séjourné dans la ville afin de préparer son ouvrage *To Jerusalem and Back*.

— Il est venu ici dans les années 1970. Il a passé quelques semaines dans la ville. Il a recueilli des informations, il a rencontré tous les « officiels », puis il a écrit son bouquin en vitesse. À quoi bon ? a-t-il lancé en haussant les épaules.

À travers ses paroles, j'ai compris qu'il exprimait quelques doutes envers mon projet d'ouvrage. Il a poursuivi :

— Écrire sur cette ville, cela exige une réflexion mûrie. Il faut méditer longtemps, vous savez.

Son commentaire m'a agacée. Je n'étais pas comme Saul Bellow à la fin. C'était tout le contraire, d'ailleurs. En dix ans, j'en étais à mon sixième voyage au Proche-Orient. Quelques années auparavant, j'y avais passé quatre mois. Cela changeait la donne de façon radicale : je n'étais pas une écrivaine pressée de rédiger un livre qui se classerait dans les « meilleurs vendeurs » pour répondre sans doute à la commande d'un éditeur visant le succès commercial. Je le lui ai mentionné, il a haussé les épaules. Visiblement, il s'en fichait pas mal. Je l'ai observé. En parlant d'écriture, son visage s'était couvert d'amertume.

J'ai eu l'impression que notre conversation se prêtait à un malentendu. Il semblait avoir une fixation sur ses vieilles idées, il ne me faisait pas confiance. Au fond, pouvait-on espérer autre chose de la part d'un homme de sa génération qui avait vécu la majeure partie de sa vie dans un véritable patriarcat ?

— Et vous, ce ne sont pas les *PR people* que vous devriez rencontrer. Ce sont les *locals*. Ne l'oubliez pas, a-t-il ajouté.

Mais je ne faisais que cela, et depuis dix ans ! Je m'apprêtais à répliquer, quand il m'a tourné le dos. De toute évidence, il ne voulait pas le savoir. Il s'était déjà fait un avis à mon sujet. Oui, mon sort était décidé à l'avance : si je menais ce projet à terme, un livre supplémentaire serait publié sur Jérusalem, mais y aurait-il une véritable contribution ?

Avant mon départ, il voulait me remettre un document en anglais sur l'histoire des Arméniens en Terre sainte. Il s'est absenté quelques instants, puis il a réapparu, un document à la main. Il me l'a tendu, c'était un texte d'une centaine de pages. Sur la couverture, le nom de l'auteur, Kevork Hintlian, apparaissait en caractères modestes. C'était donc lui, ce Hintlian qui avait écrit sur les Arméniens de Jérusalem ? Cet auteur que j'étais coupable de ne pas avoir lu ?

— Et vous êtes l'auteur !

Non sans fierté, il m'a répondu : « Oui, c'est moi ». Son amertume s'est dissipée et ses traits se sont adoucis. Alors, je l'ai remercié chaleureusement. Je ne lui ai pas tenu rigueur des doutes qu'il avait exprimés au sujet de mon ouvrage à venir. À quoi bon, justement ? En réalité, j'étais plutôt heureuse de ma visite. Grâce à lui, j'avais beaucoup appris sur la communauté arménienne. Et puis, j'avais découvert un endroit mystérieux dans la cité de David. Nous nous sommes serré la main. Je m'apprêtais à partir, lorsque je lui ai demandé son adresse courriel : « Au cas où j'aurais des questions, vous avez une adresse électronique ? » Il s'est rebiffé. Il m'a raconté que des années auparavant, il avait publié un ouvrage de poésie. Oui, il était poète, mais dorénavant, il avait du mal à écrire. Ça pouvait lui prendre un très long moment avant de répondre, y compris à un simple courriel.

— L'écriture, vous savez, ce n'est jamais facile.

À L'EXTÉRIEUR DES MURS
OU LE FARDEAU
D'UNE ÉCRIVAINE ISRAÉLIENNE

Quelques jours plus tard, j'avais un rendez-vous important à *Mishkenot Sha'ananim*, le magnifique centre de conférence qui offre une vue imprenable sur la vieille ville. Celui-ci se trouvait dans le premier quartier bâti à l'extérieur des murs, vers 1850. À l'occasion de son passage au Festival des écrivains de Jérusalem, l'écrivaine israélienne Zeruya Shalev avait accepté de me rencontrer. Pour la troisième fois en quatre ans, on m'avait décerné un laissez-passer médias VIP en tant que «journaliste littéraire du Canada». À mes côtés, mes collègues étrangers, peu nombreux, écrivaient pour le *Boston Globe,* le *New York Times* et le *Guardian*, entre autres.

À l'extérieur, les rayons du soleil dansaient sur les pierres blanches des édifices de Jérusalem. Avec sa longue chevelure, sa fine silhouette, son regard franc et son sourire magnifique, l'écrivaine avait fière allure. Sur la table devant nous, il y avait quatre bouteilles de vin. Elles étaient vides. J'ai pensé : « *The party's over* », comme le dirait Leonard Cohen. J'ai regardé l'étiquette de la première bouteille : c'était un

Margalit Enigma, un excellent vin israélien. Un mélange velouté de Pinot noir, de Merlot et de Cabernet Sauvignon avec des notes de cerise et de mûre, des arômes de chêne et de légers effluves de fines herbes. Puis, je me suis présentée à Zeruya Shalev. Comme d'autres écrivains israéliens que j'avais rencontrés auparavant – dont David Grossman, Etgar Keret, Sivan Beskin, Moshe Sakal, Ruby Namdar, Lilach Netanel, et même A. B. Yehoshua –, elle était accessible et généreuse. Plus tard, je l'ai réalisé : celle qui avait secoué les dogmes de la littérature israélienne en lui insufflant une dimension érotique et un point de vue féminin novateur, était une femme passionnante.

Je lui ai demandé ce que cela représentait, pour elle, être une écrivaine dans ce pays. Spontanément, elle m'a répondu : « Être un écrivain israélien, c'est vraiment un fardeau ». Comme Israël est le seul pays au monde où l'on parle l'hébreu, les auteurs ont difficilement accès à un lectorat international. « Nous dépendons de nos traducteurs », m'a-t-elle dit. Je lui ai demandé de développer son propos. Shalev, dont l'œuvre était traduite dans vingt et une langues, avait acquis une importante reconnaissance mondiale. Et pourtant, sa relation avec ses traducteurs n'avait pas toujours été simple.

— Je me méfie des traductions de mes romans. Cela ne m'a pas toujours rendue heureuse, m'a-t-elle avoué.

Elle a relaté une expérience pénible, quand un traducteur américain, en accord avec l'éditeur, avait décidé de censurer une scène érotique dans l'un de ses ouvrages. Heureusement, la situation était différente dans le cas des traductions françaises de ses œuvres.

— Je ne peux lire dans cette langue, dit-elle, mais j'ai reçu des commentaires très positifs à leur sujet de la part d'amis qui sont bilingues hébreu-français.

Alors je lui ai posé une question prévisible : quel était l'impact du conflit israélo-palestinien sur son écriture ? Aucun écrivain israélien n'y échappait. Et aucun journaliste ne devait oublier de la poser. Or, il fallait tout de même distinguer le processus d'écriture individuel de la situation géopolitique au Proche-Orient. S'il y avait parfois des liens intrinsèques entre la littérature et la politique, à d'autres moments, ces liens étaient inexistants. J'ai exprimé une petite inquiétude :

— J'espère ne pas vous ennuyer avec cette question.

Elle a opiné :

— Ce n'est pas toujours facile de s'asseoir à son bureau et d'écrire, lorsque tant de choses difficiles se produisent autour de vous. Explorer un monde intérieur, c'est un défi colossal, quand il y a tant de violence. Et puis, quand vous voyagez à l'étranger, vous êtes exposés aux nombreuses critiques à l'égard de votre pays. Par exemple, on me demande souvent : « Pourquoi n'écrivez-vous pas sur la politique ? »

Nous avons échangé un sourire. C'était un moment de complicité agréable à la tombée du jour. Selon elle, les critiques démontraient une telle insistance que les histoires intimes de ses romans étaient souvent instrumentalisées pour servir à cette fin.

— Il y a eu quelques interprétations symboliques de mon œuvre qui sont bizarres, a-t-elle affirmé. Certains journalistes ont mentionné que les protagonistes de l'un de mes romans – un homme et une femme – illustraient le conflit israélo-palestinien, l'un représentant Israël et l'autre, la Palestine. Même si j'écris des romans à caractère intimiste, certains journalistes veulent absolument les rattacher au conflit israélo-palestinien. Mais ce n'est pas mon objectif.

Quelques heures auparavant, dans le cadre d'un entretien privé entre sept journalistes et A. B. Yehoshua, personne n'osait poser de question au sujet du conflit. On le sentait bien dans la salle, par le biais des regards qui se croisaient ou qui retombaient vers le sol : sa vision essentialiste de l'identité juive ne faisait pas l'unanimité. Pour Yehoshua, le véritable « homme juif » vivait en Israël. Les Juifs de la diaspora, c'était autre chose. À son avis, ils n'assumaient pas pleinement leur identité, car ils échappaient au contexte du Proche-Orient et à ses difficultés : le service militaire, la violence… Et puis, de manière générale, ils parlaient une langue banale et universelle, l'anglais. Contrairement à l'hébreu moderne, celle-ci n'avait rien de juif. Je lui ai demandé de nous parler de Paris et de ses écrivains français préférés. Je savais qu'il adorait cette ville, mais il a répondu de manière évasive. J'ai compris ensuite qu'il ne voulait pas se compromettre : des écrivains français comme Baudelaire, Flaubert et Balzac, c'étaient des *goyim*, des non-juifs. S'il avait révélé une influence française, il aurait dérogé à son principe fondamental, d'après lequel seule la langue hébraïque s'inscrivait au cœur de sa vie.

Nous lui posions des questions à tour de rôle, en évitant de le choquer, lui qui était réputé pour faire des scènes. Une demi-heure plus tard, une journaliste espagnole est arrivée. Le modérateur lui a demandé si elle avait des questions. Elle a demandé :

— *I guess you spoke about the conflict ?*

Eh bien, non. Nous n'en avions pas parlé, car nous craignions sa réaction. C'est elle, donc, qui a ouvert cette fenêtre. De façon surprenante, il ne s'est pas fâché, Yehoshua, il a accepté de répondre. Mais il a surtout utilisé la question pour réaffirmer ce qu'il disait depuis des années : le conflit, ça fait partie des conséquences qui découlent du fait d'être juif. Vouloir y échapper en vivant dans la diaspora, c'était déjà perdre l'essence de l'identité juive. Pour un écrivain comme Ruby Namdar, Israélien vivant à New York, féru de textes bibliques et auteur du grand roman hébraïque américain *The Ruined House*, ce genre d'avis ne tenait plus la route à notre époque. Dans l'avant-midi, ils avaient participé à une table ronde ensemble. Au préalable, Namdar m'avait avertie qu'il craignait le pire. Au final, tout s'était bien passé, les deux hommes avaient même ri sur la scène. Et moi, je l'ai trouvé charmant, Yehoshua, d'autant qu'il était épris de la culture française et qu'il aimait beaucoup la ville francophone d'Amérique où j'étais née, comme il me l'a avoué.

———

Tout naturellement, ma conversation avec Shalev s'est tournée ensuite vers la situation des femmes en Israël. Je lui ai demandé comment elle décrirait cette situation, en soulignant que la militarisation de la société entraîne des difficultés supplémentaires. À nouveau, elle a opiné. Née en 1959 dans le kibboutz Kineret — là où avait vécu la poétesse Rachel —, Shalev m'a avoué qu'elle sentait bien ces difficultés, de même que ce qu'elles impliquaient en Israël et à l'étranger. Être l'écrivaine israélienne la plus connue à l'extérieur de son pays, cela ne revenait pas seulement à cumuler les succès. Elle était aussi beaucoup plus exposée aux critiques à l'endroit d'Israël et de la tradition juive, une tradition à la fois ancienne et masculine.

— Les hommes jouent de meilleurs rôles dans la politique israélienne et les affaires militaires, dit-elle. Même chose dans la littérature israélienne, qui se rattache à une longue tradition d'écrivains hébraïques masculins, depuis les *maskilim*, les intellectuels juifs « éclairés », aux écrivains israéliens contemporains.

Selon elle, il n'y avait pas beaucoup de place pour les femmes écrivaines, même à une période aussi tardive que les années 1990. Shalev, qui avait publié son premier livre – un recueil de poésie – en 1998, avouait que parmi les femmes qui l'avaient précédée, très peu avaient réussi à s'imposer dans les genres du roman et de la prose. Née dans une famille où la littérature était hautement valorisée, elle était bien placée pour le savoir. Depuis son enfance, elle était entourée par trois figures importantes de la vie littéraire en Israël : son père, le critique littéraire Mordecai Shalev, son oncle, le poète Itshak Shalev, et son cousin, le romancier Meir Shalev.

Et qu'en était-il du féminisme dans la littérature israélienne ? D'après elle, les choses avançaient lentement.

— Il y a encore une hégémonie d'hommes dans notre littérature. De nos jours, la littérature des femmes est encore considérée comme moins importante. On estime qu'elle est trop commerciale ou trop populaire.

Elle m'a raconté que lorsqu'elle avait publié son roman *Vie amoureuse*, qui dépeint une relation passionnelle entre une jeune femme et un homme qui a deux fois son âge, « c'était la première fois qu'on entendait parler de sexe dans la littérature israélienne ». Il avait donc fallu attendre le tournant du XXIe siècle pour que le sujet émerge. Il est vrai que les premiers auteurs israéliens étaient préoccupés par une foule de sujets liés à la création de l'État d'Israël, au sionisme, à l'immigration et à la guerre. Et pourtant, en 1997, c'était bien tard. Malgré tout, son roman avait remporté un succès important dans certains pays européens :

— Mon roman a été traduit en allemand et le magazine *Der Spiegel* l'a inclus dans sa liste des vingt meilleurs ouvrages publiés depuis les quarante dernières années.

Mais dans son propre pays, Shalev s'était attiré de sévères critiques.

— Un jour, je marchais dans la rue et une femme âgée est venue vers moi. Elle semblait furieuse. Elle m'a crié : « Comment pouvez-vous écrire des choses pareilles ? Des ordures… Voilà ce que c'est, votre roman : des ordures ! »

J'étais frappée d'entendre cette anecdote. En même temps, je lui ai rappelé que c'était sans doute inévitable. Dès que les femmes prennent la parole pour dire quelque chose de nouveau qui déroge aux cadres établis, elles se font huer, mépriser, calomnier. L'ennui, c'est lorsqu'une autre femme vous lance des injures semblables. En même temps, cela signifiait que Shalev avait touché une corde sensible. Que son roman dérange à ce point, c'était la preuve que sa contribution était vraiment novatrice.

Je lui ai demandé ce qu'elle pensait de l'avenir de la langue hébraïque.

— Il y a des menaces qui pèsent en ce moment sur l'hébreu, a-t-elle dit d'une voix légèrement affectée par la tristesse. J'essaie de ne pas trop y penser. Je me concentre sur l'écriture. Mais on dirait qu'une tendance s'impose : l'hébreu risque de disparaître dans la diaspora.

Elle a souligné le fait que le nombre de Juifs de la diaspora qui apprenaient l'hébreu ne cessait de décroître au fil des ans. En outre, depuis les dernières décennies, la langue hébraïque avait changé.

— L'hébreu moderne évolue, a-t-elle dit, songeuse. La langue a été créée il y a cent ans. On perçoit aujourd'hui un changement dans l'usage de la langue, surtout dans la langue populaire, le *slang*, où se mélangent l'hébreu et l'arabe.

J'aurais aimé que nous discutions davantage de cette fusion de l'hébreu moderne et de l'arabe. Moi, je voyais cela d'un œil assez positif. Et puis, quelle métaphore intéressante ! N'y avait-il pas un véritable point de rencontre, sinon un espace de réconciliation entre Israéliens et Palestiniens, dans la langue elle-même − celle que parlaient les jeunes générations ? Elle était d'un avis différent : « Que la langue devienne de plus en plus superficielle, c'est l'une de mes plus grandes craintes ».

Notre conversation a ensuite atteint un point culminant.

— Peut-être que l'État hébreu ne durera pas encore très longtemps... C'est déjà un miracle que nous réussissions à survivre. Vous savez, il y a des extrémistes à l'extérieur et à l'intérieur d'Israël.

Son commentaire m'a donné froid dans le dos. J'ai pensé à Shira Banki, l'adolescente de seize ans qui avait trouvé la mort l'année précédente, durant la Gay Pride 2015 de Jérusalem. Un orthodoxe fanatique s'en était pris à des manifestants, il les avait poignardés en pleine rue et cette jeune fille avait eu le malheur de s'être trouvée sur son chemin. Gravement blessée, elle avait été emmenée d'urgence à l'hôpital, où elle était décédée quelques jours plus tard. D'ailleurs, Shalev elle-même avait été blessée à la suite d'un acte de violence. Le 29 janvier 2004, en revenant de la garderie où elle avait déposé ses enfants, elle avait été victime d'un attentat-suicide dans un autobus qui passait près d'elle. Au total, dix personnes avaient trouvé la mort. Elle avait dû être alitée pendant quatre mois, au cours desquels elle avait écrit l'un de ses romans.

Et maintenant, sa fille était sur le point de se rendre en Californie afin d'y poursuivre des études avancées. Au départ, Shalev avait trouvé cela difficile.

— Vous savez, mes grands-parents ont fui les violences en Russie pour venir s'installer ici. C'était très difficile pour eux, et ils ont lutté pendant des années.

Elle avait le sentiment qu'elle devait leur rester fidèle. Mais avec le temps, elle avait commencé à voir les choses d'une manière différente.

— Peut-être que ce serait mieux pour ma fille de ne pas revenir.

On le sait, pendant longtemps, quitter Israël pour émigrer à l'étranger, c'était un sujet délicat.

— Depuis les cinq ou les dix dernières années, les *yordim* (ceux qui quittent le pays) ne sont plus perçus comme des traîtres, ainsi que c'était la coutume auparavant. La globalisation engendre des difficultés locales.

Et ce que Zeruya Shalev souhaitait pour ses enfants, c'était qu'ils vivent en sécurité et qu'ils soient heureux.

———

En 2014, Shalev avait reçu le Prix Femina étranger pour son roman *Ce qui reste de nos vies* publié en traduction chez Gallimard. Dans ce livre, elle dépeignait le conflit à Gaza. Compte tenu du caractère très antisioniste de la France, elle avait été très surprise de recevoir cet honneur.

— C'est la première fois que j'ai ouvert une fenêtre sur la réalité en Israël. Oui, c'était la première fois que je m'intéressais au conflit et à l'impact qu'il a sur la vie des habitants.

Selon elle, il y avait une contradiction entre les droits de la personne et la sécurité. « J'essaie de représenter la portion de la population israélienne qui aspire à la paix et qui souhaite la création d'un État palestinien. Les Européens voient les choses EN NOIR ET BLANC. Mais il y a la vie, la famille, les émotions… »

Je lui ai demandé comment elle concevait la maternité et ses rapports avec l'écriture.

— Il y a un lien très puissant entre les deux, a-t-elle répondu.

Elle écrivait depuis l'âge de six ans, mais elle avait commencé à publier lorsqu'elle était devenue mère. « Mara est née avec mon premier ouvrage de poésie. Cela a augmenté mes capacités émotionnelles. En Israël, avoir des enfants, c'est vraiment naturel pour les femmes. C'est attendu. Il s'agit à la fois d'un vœu personnel et national. Toutefois, être mère, c'est une grande responsabilité au pays. Mais je n'ai jamais songé à partir », dit-elle.

Elle avait été beaucoup plus inquiète quand son fils avait commencé son service militaire.

— Vous pouvez comprendre l'expérience israélienne seulement si vous avez un fils dans une unité de combat. Aujourd'hui, il est de plus en plus facile de fuir l'armée. J'ai encouragé mon fils à joindre l'armée. C'est son devoir. Mais c'est très difficile.

Israël, semble-t-il, restait captif d'une contradiction, qu'elle résumait ainsi : « L'État doit exister pour éviter qu'un nouveau désastre arrive aux Juifs, mais cela crée davantage de problèmes que cela n'en règle ». Au moment où notre entretien se terminait, j'ai songé : « Grâce à des écrivains comme Zeruya Shalev, peut-être qu'il est encore possible de sauver Israël de la difficile situation dans laquelle le pays est embourbé. Oui, peut-être que la littérature recèle une qualité rédemptrice dont les Israéliens devraient profiter CONTRE TOUTE ATTENTE ».

———

Par association libre, j'ai pensé à Etgar Keret, celui que j'appelais L'HOMME QUI BUVAIT LES MOTS. Quelque temps auparavant, j'avais rencontré cet écrivain attachant à *Mishkenot Sha'ananim*. Il m'avait raconté qu'il avait commencé à écrire pendant son service militaire. Dans ce contexte, il avait souffert de problèmes d'insubordination sévères. En d'autres termes, il éprouvait des difficultés à obéir à l'autorité.

— Il m'était vital de conserver mon individualité dans un système qui n'est pas tolérant envers l'individualité. L'écriture m'a alors permis de m'exprimer d'une manière très positive, m'avait-il confié.

Nous avions poursuivi notre conversation autour du pouvoir des mots. Il m'avait alors raconté un rêve cocasse :

> Il y a un lien très fort entre les rêves et les mots. Je ne contrôle ni les uns ni les autres. Et puis, les rêves sont directement liés à l'inconscient. Cela me rappelle un rêve que j'ai fait il y a quelque temps. J'entrais dans l'appartement d'un ami et des mots étaient disposés sur le divan ; un divan que cet ami qualifiait de « très hip ». J'allais m'asseoir sur les mots. Ensuite, il m'a apporté une tasse sur laquelle étaient inscrits les mots « tasse de café ». J'ai commencé à boire. Et c'est comme si je commençais à boire les mots. Mais je dois vous dire, ce rêve m'a laissé une impression très désagréable…[6]

De Keret, j'avais retenu une phrase : ÉCRIRE, C'EST UNE CÉLÉBRATION DE L'INDIVIDUALITÉ. À sa façon, c'est exactement ce que disait Shalev. Et c'est sur ce point précis que les écrivains israéliens étaient souvent mal compris.

---

6 Propos recueillis dans le cadre d'une interview réalisée par Chantal Ringuet à *Mishkenot Sha'ananim*, Jérusalem, 2012.

CORPS FÉMININS, VILLE FRACTURÉE. SUR LES TRACES DE LA GREEN LINE

En songeant au scandale qu'avait suscité *Vie amoureuse*, le roman érotique de Shalev, j'ai réfléchi à la question du SEXE DANS LA TERRE SAINTE. À Jérusalem, le cadre historique de la cité, de même que la forte présence de la religion, influençait-il l'émergence de fantasmes singuliers ? La sexualité féminine était-elle étouffée ? Que révélait le dicton bien connu « Jérusalem prie, Tel Aviv fait la fête et Haïfa travaille » à propos des mœurs sexuelles des habitants ? Artémis pouvait bien aller rejoindre son cortège de nymphes et exiger d'elles la chasteté, ces questions méritaient néanmoins d'être posées.

À l'hiver 2016, la revue féministe américaine *Lilith* avait consacré le quatrième numéro de son quarantième volume à ce sujet controversé. Intitulé *Sex in the Promised Land*, d'après le titre d'un article signé Barbara Gingold, il s'intéressait aux recherches menées par Dana Kaplan à l'Université hébraïque de Jérusalem sur les différences relatives aux pratiques sexuelles entre les habitants de villes contrastées telles que Jérusalem et Tel Aviv. La chercheuse avançait un premier constat, d'après lequel les femmes de

87

Jérusalem, souvent orthodoxes et mères de familles nombreuses, avaient une vie sexuelle bien rythmée. On pouvait toutefois se demander si leur sexualité était aussi satisfaisante et épanouie que celle des femmes contemporaines de Tel Aviv. Tout portait à croire, en effet, qu'il y avait sur ce plan un écart magistral entre les femmes de la ville sainte et celles de la ville blanche. Or, était-ce réellement le cas ?

D'après un article de Shachar Kidron paru en septembre 2015 dans le journal *Ha'aretz*, qui aborde la fréquence et les mœurs sexuelles des Israéliens, « la moitié des couples mariés en Israël auraient des relations sexuelles au moins une fois par semaine, tandis qu'au moins 18 p. cent auraient des relations sexuelles une à deux fois par mois[7] ». Ce taux relativement faible de relations sexuelles avait-il de quoi inquiéter ? Il semblait difficile de fournir une réponse à cette question, tant il y avait de facteurs à considérer. À tout le moins, ce qui était frappant, c'était que la population *haredi* ou ultra-orthodoxe, fort nombreuse dans la Terre promise, était beaucoup plus active sexuellement que la population laïque. Selon une étude, plus du quart des ultra-orthodoxes du quartier *Mea Shearim* avaient des relations conjugales intimes plusieurs fois par semaine. Comme la loi juive n'autorisait les relations sexuelles que deux semaines par mois chez les couples religieux (la semaine des menstruations chez la femme,

---

7   [Notre traduction]. Shachar Kidron, « Doing It by Numbers : A Statistical Look at Israeli's Intimate Details », *Ha'aretz*, September 15, 2015 : http://www.haaretz.com/israel-news/.premium-1.675480 [consulté le 4 février 2017].

de même que la suivante, étant prohibées pour le couple), les juifs halachiques profitaient à souhait de la période qui leur était allouée. Ainsi, ils poursuivaient la mission dont ils étaient investis par la volonté divine : peupler la terre d'Israël, assurer la perpétuation de la filiation d'Abraham.

Est-ce à dire que les femmes orthodoxes se sentaient épanouies sexuellement ? La modestie (*tzni'ut*) qui était de rigueur chez les *haredim* ne brimait-elle pas l'accès au plaisir féminin ? Les femmes orthodoxes avaient-elles le droit d'éprouver du plaisir, d'atteindre l'orgasme, sans éprouver de remords ? Ou est-ce que leur activité sexuelle était entièrement tournée vers la procréation ? C'est ici que s'affrontaient deux conceptions distinctes du monde, la première étant religieuse et la deuxième, laïque. Du côté religieux, oui, la femme avait le droit d'avoir du plaisir durant les relations sexuelles avec son mari. Il était même particulièrement recommandé qu'elle en ait, de même que son partenaire. Dans le judaïsme, la sexualité était perçue de manière positive, comme la partie d'un tout où régnait l'harmonie conçue et orchestrée par Dieu. C'était le contraire de la perception de la sexualité qui perdurait dans le catholicisme. Et pourtant, il était difficile aux individus laïques, qu'ils soient juifs ou non, d'imaginer que les ultra-orthodoxes puissent vivre une sexualité enrichissante. Les codes sociaux et vestimentaires des populations *haredi* différaient largement de ce que les sociétés occidentales jugeaient « érotique ». De l'extérieur, on croyait que les religieux écartaient complètement l'érotisme et la jouissance de leur vie ou qu'ils accordaient une place très mineure à la sexualité dans leur existence. En réalité, c'était plutôt le contraire. Mais au-delà des études et des statistiques, il suffisait de se promener au pays pour découvrir la façon particulière dont cohabitaient les extrêmes en matière de sexualité. Ainsi, à Jérusalem, la distinction entre les femmes orthodoxes et les non religieuses était parfois saisissante.

———

En 2006, lors de mon premier voyage au Proche-Orient, j'avais assisté à une scène frappante qui mettait en scène la féminité et l'érotisme. Elle s'était produite sur la terrasse du restaurant Lavan, à la cinémathèque de Jérusalem, un lieu de forts contrastes. Grâce à son emplacement stratégique, l'édifice qui surplombait la magnifique Piscine du Sultan, en bas des murs de la vieille ville, donnait sur un panorama exceptionnel. Il faut souligner qu'avec *Mishkenot Sha'ananim*, la maison Ticho et le café-librairie *Tmol Shilshom*, c'était l'un des endroits culturels les plus intéressants à Jérusalem.

Moi et mon compagnon, nous prenions tranquillement notre repas, quand deux femmes dans la jeune trentaine se sont installées à une table. Leurs robes, très ouvertes, découvraient des poitrines généreuses qui attiraient l'attention des clients. Dans ce cadre enchanteur associé à l'un des plus grands symboles religieux au Proche-Orient, leur habillement revêtait une valeur supplémentaire : c'était l'exact opposé de la modestie et du style vestimentaire des religieux. Leur tenue exprimait un *statement* à l'égard de la religion, tous dogmes confondus. À un moment, et de façon très inattendue, l'une d'elles s'est évanouie. Soudain, elle était étendue par terre, le décolleté suggestif de sa robe rouge était offert à la vue de tous. Rapidement, les serveurs et les clients se sont empressés afin de lui venir en aide. On se réunissait autour d'elle, on se penchait au-dessus de son corps étendu, on imprégnait son front avec de l'eau, on lui massait les tempes, on prenait son pouls, on lui auscultait le cœur. Cinq minutes plus tard, la jeune femme a repris connaissance. On l'a aidée à se relever, puis à regagner sa table. Ensuite, les serveurs et les clients attentionnés se sont écartés. Puis, tout est revenu en ordre. La jeune femme a repris la conversation avec son amie, elle a continué à déguster son repas comme si de rien n'était. J'étais frappée par la manière dont cette femme avait spontanément retrouvé ses esprits, et par la légèreté avec laquelle elle poursuivait sa conversation. De toute évidence, son évanouissement n'était pas le signe d'un important un problème de santé. Mais peut-être était-il l'expression d'un véritable mal-être ?

De toutes les fois où je suis allée à la cinémathèque depuis ce jour, jamais je n'ai assisté à un autre évanouissement. À bien y réfléchir, on aurait dit qu'il s'agissait d'une véritable mise en scène, le décor de la terrasse servant de scène privilégiée pour un *acting out* réussi. En présence des imposants symboles religieux de la ville, cette femme avait ramené l'obscène du côté de la réalité immédiate. Quoi de plus transgressif, en effet, que de s'offrir au regard de chacun, étendue par terre, à quelques centaines de mètres du Mur des Lamentations ?

Avec son intense charge érotique, le corps de cette femme était-il un dépôt d'écritures étranges, voire indéchiffrables, qui avaient dansé un peu trop fort pendant quelques instants ? L'élan pulsionnel qui l'animait ne cherchait-il pas à attirer le regard, à travers les morceaux de chair exhibée et offerte ? Oui, le corps de cette femme n'était-il pas un dépôt d'écritures par trop vivantes, car elles transgressaient l'ordre établi ? Au fond, une telle mise en scène ne servait-elle pas à faire écran, à se protéger contre les bris et la destruction ? N'est-ce pas ainsi que certaines femmes échappaient au destin de « poupées mécaniques », tel que l'exprimait la poète Dahlia Ravikovitch :

> Une poupée mécanique j'étais cette nuit-là,
> un tour de ce côté-ci, un tour de ce côté-là,
> avant de tomber et de me briser en morceaux,
> alors ils ont retapé ma cire et mon esprit sot.
>
> Redevenue une poupée au bon caractère,
> obéissante et dotée de bonnes manières,
> j'étais pourtant une poupée d'un genre original,
> brindille tenant par des vrilles, brisée, bancale.
>
> Et quand ils m'ont invitée à danser au bal,
> avec chiens et chats ils m'ont associée
> malgré mes pas bien rythmés.
> Mes cheveux étaient d'or, de topaze mes yeux.
>
> Je portais un délice de robe au motif floral fabuleux,
> et une coiffe de paille surmontée d'une cerise[8].

---

8   Dahlia Ravikovitch (1936-2005), « Poupée mécanique », traduction de Sabine Huynh, *Terre à ciel*, janvier 2015.

À cette scène qui s'était produite à la Cinémathèque de Jérusalem, il fallait ajouter une expérience surprenante que j'avais vécue à la même période, à l'occasion d'un colloque en *Canadian Studies* à l'Université hébraïque de Jérusalem. J'étais alors vêtue d'une robe de coton rouge, simple et jolie, avec un décolleté fin. Elle pouvait être portée au travail, à condition de se couvrir les épaules, mais elle convenait aussi à un cocktail. Cette robe légère et énergisante, je l'avais portée avec un veston l'avant-dernier jour du colloque, alors que je présentais une communication sur la notion de conflit dans les écrits autobiographiques de Mordecai Richler et Amos Oz.

Je ne me serais jamais doutée de l'effet que produirait cette robe. À tour de rôle, cinq femmes que je rencontrais pour la première fois m'ont propulsée dans le ring du combat féminin. Elles ont toutes dérogé aux convenances habituelles, l'une en faisant un commentaire déplacé, l'autre en démontrant une attitude agressive, une troisième en s'agitant à l'excès, une quatrième en me déversant son fiel. Sans oublier la dernière, qui avait éclaboussé ma robe avec sa langue de vipère. Visiblement, il y avait quelque chose qui les provoquait, comme le taureau devant lequel le toréador brandit un morceau d'étoffe sanguine. Cette robe rouge portait-elle donc malheur ? Elle semblait faire tourner les têtes et perdre l'esprit. À n'en pas douter, elle suscitait des regards perçants et des paroles mauvaises.

De façon rétrospective, je pouvais affirmer dix ans plus tard que c'était sans doute l'épisode de jalousie féminine collective le plus important que j'avais vécu. À Jérusalem, le corps féminin joliment vêtu de rouge, cela semblait interdit par les femmes elles-mêmes dans l'espace universitaire. Les hommes qui participaient au colloque, eux, avaient fait preuve de réserve. Et justement, en présence de leur mesure, l'ardeur des femmes s'était trouvée exacerbée. Au cocktail de clôture enfin, la liste des femmes jalouses avait été épuisée. Ces mégères n'étaient pas de la partie, on ne les avait pas invitées.

Il y avait une douzaine de personnes dans ce restaurant israélien à l'ambiance feutrée, où jouait une musique de jazz ponctuée par les accords de guitare et de clarinette. Après quelques hésitations, j'avais décidé de ne pas me changer. Je portais encore ma robe rouge, dont j'avais transformé le décolleté simple en décolleté discret, mais plongeant. C'était plus sexy, mais toujours élégant. Parmi les invités, il y avait Monsieur H., un financier de Toronto. C'était lui, le mécène qui finançait la conférence depuis vingt-cinq ans. Il avait une allure sympathique, monsieur le milliardaire. On nous a présentés, nous nous sommes serré la main. Vêtu d'un complet cravate, le nez rougeaud et un verre de bulles à la main, il m'a dit :

— *Hi ! Nice to meet you !*

Je lui ai répondu de même. Quand les gens autour de nous se sont mis à bavarder, il m'a lancé sur un ton légèrement badin :

— *Nice red !*

J'ai failli éclater de rire. Au même instant, le jazz a déferlé comme un raz-de-marée dans le restaurant.

Souriante, je lui ai répondu les mots d'usage : « *Thank you !* ».
Puis, j'ai poussé un soupir de soulagement. Enfin, toute
cette agitation autour de ma robe rouge avait disparu. Le
commentaire de Monsieur H. avait quelque mérite, car il
en avait souligné la présence avec une touche d'élégance.
Après, il est retourné avec sa dame et moi avec mon
compagnon. Nous avons passé une très agréable soirée.

En repensant à cette anecdote, je me suis demandé si
ma robe rouge aurait pu causer de telles réactions de jalousie ailleurs qu'à Jérusalem. Avec ses symboles religieux,
la cité de David ne favorisait-elle pas les comportements
excessifs face aux codes vestimentaires, y compris dans le
milieu académique et entre femmes ? Ne prohibait-elle
pas, d'une manière ou d'une autre, LE CORPS FÉMININ
QUI ÉCHAPPE AU CONSENSUEL ?

Parmi les femmes arabes et voilées que je croisais dans
le train, certaines avaient de grands yeux noirs maquillés
qui étaient mis en valeur par le voile qui entourait leur
visage avec élégance. Souvent, leurs pieds étaient chaus-
sés de jolies sandales ornées de pierres brillantes. Je devi-
nais que plusieurs portaient des sous-vêtements raffinés.
C'était connu, ce penchant des femmes arabes pour les
dessous affriolants. Ainsi, leurs corps n'étaient pas simplement « réprimés » : le voile et la robe longue permet-
taient de mettre en scène une autre forme d'érotisme,
dont les codes échappaient aux Occidentaux. Oui, à leur
manière, ces femmes incarnaient pleinement une féminité
épanouie, sensuelle. On retrouvait un phénomène similaire, quoique de manière très différente, chez certaines

femmes orthodoxes Lubavitch. Certaines arboraient une longue chevelure, leur visage était rehaussé de maquillage et elles étaient vêtues d'une jupe ou d'une robe qui tombait en haut du genou et chaussées de talons hauts chics. Parfois, elles ressemblaient à de vrais top-modèles. Ces femmes distinguées habitaient Jérusalem, New York et Montréal, mais de l'extérieur, elles n'étaient pas très visibles. Le regard normé à l'occidentale avait l'habitude de repérer surtout les femmes hassidiques habillées avec modestie qui donnaient naissance à de nombreux enfants… L'alliance entre féminité, érotisme et religion chez les femmes musulmanes et orthodoxes, cela semblait constituer un phénomène inconcevable pour bon nombre d'Occidentaux.

Mes pensées tournoyaient dans mon esprit, des souvenirs s'y entremêlaient librement. J'avais besoin de marcher, d'emprunter une grande artère qui me permettrait d'être exposée aux mouvements des passants et aux bruits de la circulation automobile. J'avais envie de déambuler dans un vaste espace, de regarder les perspectives s'ouvrir devant moi. J'ai donc marché pendant une dizaine de minutes dans le boulevard King David. Arrivée à la hauteur du Museum of the Seam, ce musée qui prenait place sur l'ancienne ligne verte, je me suis arrêtée. J'étais au cœur de la Green Line qui avait divisé auparavant les Juifs et les Arabes à Jérusalem. Elle datait de l'armistice de 1949 qui avait mis un terme au conflit israélo-arabe ayant débuté peu de temps après la création de l'État d'Israël. À l'origine, cette frontière était destinée à séparer de manière provisoire les territoires appartenant aux Israéliens, aux Arabes, aux Jordaniens et aux Syriens. Elle avait tout de même perduré pendant vingt ans ! Le plus étonnant, c'est qu'il n'y avait pas moyen d'en repérer l'emplacement, si l'on ne faisait que passer. En réalité, on pouvait déambuler sur la grande artère *Kheil ha-Handasa*, le prolongement du boulevard King David du côté arabe, tout en ignorant que c'était autrefois un lieu d'affrontement majeur au Proche-Orient.

—————

J'étais fascinée par les frontières, par les lignes de division entre les territoires, surtout si elles étaient temporaires, si elles échappaient à la fixation du temps. Qu'elles soient ouvertes ou fermées, elles érigeaient des distinctions entre plusieurs secteurs, zones ou régions. J'aimais surtout les frontières qui n'avaient pas d'existence légale, celles où il n'y avait pas de contrôle ni papiers à montrer. En d'autres termes, j'étais attirée par les zones transitoires qui se définissaient surtout par des mouvements de population et des zones de contacts culturels. Dans ces couloirs animés d'une vie grouillante qui se développaient et se transformaient au fil des générations, les langues et les traditions se mélangeaient, parfois au risque d'y laisser un peu d'elles-mêmes à travers des fusions, des emprunts et des amalgames inusités. C'étaient des corridors provisoires où les traits de l'immigrant et ceux de l'ethnicité laissaient leur empreinte dans une vaste stratigraphie urbaine. Ces lieux de passage forgeaient l'ossature d'une ville, ils en déterminaient la géographie particulière. Ils rappelaient aussi un trauma : celui de l'arrachement du territoire, de la séparation des villages, de la perte de terres, de l'expulsion de certaines fractions de la population. Tant d'éléments que j'aimais découvrir dans le désordre de trajectoires improvisées.

Pour voir le tracé de l'ancienne Green Line, il fallait consulter des cartes géographiques sur lesquelles elle était représentée. En bordure des autoroutes, j'ai cherché une marque, un signe, un reste. Lorsqu'on arrivait à un point stratégique où elle « passait » autrefois, je regardais attentivement : il n'y avait rien. J'ai cherché dans les collines de terre aride, en plissant les yeux. N'était-ce pas un bout de l'ancienne ligne, là-bas, au loin ? Je savais bien qu'il n'en restait rien, que tout avait été effacé, mais je persistais à croire qu'une trace, même infime, me serait peut-être révélée.

Plus tard, j'ai compris. C'est sous l'ancienne Green Line qu'il fallait chercher. Là où le regard ne se rendait pas, là où il ne se rendait plus, car l'œil se heurtait à l'invisible. Il avait beau errer parmi les monticules de sable et la rare végétation, parmi les collines et les vergers d'oliviers. Dans sa naïveté, il avait beau se croire trompé par le mouvement trop rapide de la voiture ou par le soleil trop puissant qui l'aveuglait. Mais non, il ne distinguait rien. Et pourtant, si la ligne avait complètement disparu, la fracture était toujours là ; elle se cachait sous le sable, derrière les dunes et les collines. C'était une fracture artificielle, bien sûr. Elle ne résultait pas des mouvements de la terre ni des secousses sismiques. Elle était le fruit de combats, d'un partage du territoire, d'une réinvention de la géographie. Oui, c'était une frontière aveugle, une frontière invisible qui demeurait inscrite dans la mémoire de la terre. Pour les Palestiniens, cette frontière servait de repère dans l'éventualité de la création d'un État qui leur appartiendrait. Pour les Israéliens, c'était une frontière qu'il valait mieux oublier, car elle rappelait une grave blessure : l'arrachement de la terre d'Abraham aux Juifs, en 1948, quelques mois seulement après qu'elle leur ait été rendue enfin lors de la création de l'État hébreu.

La Green Line, c'était aussi une ligne qu'on avait voulu effacer, une démarcation temporaire qui avait fracturé la ville, instaurant une séparation entre les divers groupes de Jérusalem, puis entre Jérusalem et les territoires adjacents : la bande de Gaza, la Cisjordanie et la Syrie. On avait effacé la ligne pour mieux la déjouer, pour l'oublier. Puis, en 1967, les frontières avaient été redessinées. Après la victoire d'Israël découlant de la guerre des Six Jours, Israël s'était approprié de nouveaux territoires. Depuis, c'était bien connu : l'État hébreu n'avait cessé de poursuivre la colonisation au-delà de la limite permise et officiellement reconnue par les Nations Unies.

Si la ligne verte avait disparu, il était toutefois possible d'en repérer l'ancien tracé *live*. Le train léger de Jérusalem, le CityPass, empruntait un trajet du nord-est vers le sud-ouest de la ville qui correspondait exactement au tracé de l'ancienne Green Line. Quoi de mieux pour oublier une frontière, en effet, que de la transformer en lieu de passage où circule un train ? C'était une idée ingénieuse… Composé de vingt-trois stations, le trajet débutait, au nord, avec la station *Heil Ha'Avir* (Air Force Street). Il traversait quelques villages arabes, puis des villages israéliens installés dans les colonies.

La station finale, à l'ouest, était celle du mont Herzel, à quelques pas du Musée Yad Vashem, lieu de mémoire unique au monde où l'on commémorait les victimes de la Shoah.

———

Pour rappeler l'existence de la ligne verte, en 2005, l'artiste d'origine belge Francis Alÿs avait entrepris une trajectoire poétique dans Jérusalem, armé d'un bidon percé contenant de la peinture verte. En suivant la portion de l'ancienne démarcation de la ligne qui traversait la ville, il avait déambulé sur les routes, dans les cours, les parcs et sur un terrain rocheux abandonné. Au total, il avait étendu cinquante-huit litres de peinture verte sur vingt-quatre kilomètres. C'était une ligne régulière, dont le tracé zigzaguant suivait la démarche mouvante du promeneur.

Dans l'article que lui avait consacré le *New York Times,* on pouvait voir une photographie très intéressante. L'artiste déambulait sur la route, la main droite armée de son bidon perforé, d'où s'échappait la peinture verte. À quelques mètres devant lui, un soldat israélien était posté. Celui-ci, de même que les gens qu'Alÿs croisait, ne semblait pas lui prêter attention. Il faut dire que le but de son action n'était pas évident au premier abord. En même temps, c'était astucieux : il recréait la barrière qui avait existé physiquement, à la fois symbole de victoire et menace d'oppression. Dans le cadre d'un bref documentaire vidéo portant sur son travail, l'artiste exprimait ceci :

> Parfois, une action poétique peut être politique
> Parfois, une action politique peut être poétique

Dans ce croisement de la poésie et du politique, Alÿs avait créé « une métaphore de l'histoire avec son corps[9] ».

J'ai regardé le paysage. À gauche, il y avait une station d'essence à la limite du quartier arabe et à droite, la maison Turjeman et quelques autres semblables, d'où les Arabes avaient été expulsés depuis 1948. De l'autre côté de la rue, face à la maison transformée en musée, il y avait une école pour enfants hassidiques avec un parc. Sous ses apparences discrètes, la Green Line était donc une nouvelle démarcation historique dans ce pays si récent. Sans être un véritable lieu de mémoire, elle était chargée de souvenirs douloureux.

Ma pensée a vagabondé. J'ai songé à d'autres zones troubles qui avaient marqué l'histoire du XXᵉ siècle. Dans le Berlin de l'après-guerre, il y avait eu, bien sûr, la zone occupée de Checkpoint Charlie jusqu'à Potsdamer Platz, constamment sous tension, ainsi que le révélaient les nombreux clichés du photojournaliste britannique Don McCullin. Et avant, dans la France sous l'Occupation, il y avait eu la frontière franco-espagnole, celle que Walter Benjamin n'avait jamais franchie. C'était la frontière bloquée, celle qui avait scellé son destin de manière tragique. Une fois arrivé devant elle, il avait préféré renoncer à sa vie difficile, au point de se suicider. Et pourtant, s'il était arrivé quelques heures plus tôt, il lui aurait été possible de se rendre en Espagne, car la frontière était encore ouverte.

---

9 [notre traduction]. He « creates a metaphor about history with his own body ». « Sometimes doing something poetic can be political Sometimes doing something political can be poetic ».

Comme lors de tant d'autres occasions dans sa vie, Walter Benjamin s'était retrouvé au mauvais endroit au mauvais moment. Et la Green Line, combien de destins avait-elle brisés à jamais ?

DU YMCA DE JÉRUSALEM À YAD
VASHEM ET AU MUSÉE D'ISRAËL

Il y avait dans le boulevard King David un établissement stratégique qui faisait le pont entre les croyances et les cultures depuis un siècle : le YMCA international de Jérusalem. Une filiale des établissements YCMA établis ailleurs dans le monde, celui-ci se distinguait clairement des autres par sa vision internationale et pacifique. Fondé par les Britanniques dans les années 1920, dans un édifice majestueux aux nombreuses colonnes datant de 1878, c'était le lieu de rencontre des trois grandes cultures religieuses de la ville : juifs, chrétiens et musulmans. L'établissement regroupait un centre communautaire offrant des activités de loisir et de sport, une bibliothèque, un restaurant avec une très jolie terrasse. En outre, il servait d'hôtel. L'architecte du bâtiment, l'Américain Arthur Loomis Harmon, à qui l'on devait la conception de l'Empire State Building de New York, avait réalisé une fusion sereine des cultures, selon les goûts des Britanniques à l'époque de la Palestine juive.

Chaque fois que je venais à Jérusalem, je fréquentais ce lieu et parfois, j'y logeais : avec le café Kadosh et la librairie Vice-Versa, c'était un incontournable. En mai 2016, tandis que je participais à nouveau au Festival international des écrivains de Jérusalem en tant que journaliste littéraire, j'y suis retournée sur l'heure du midi, entre deux activités. Je me suis attablée dans le coin de la terrasse réservé au restaurant, sous un grand citronnier. J'ai commandé des entrées méditerranéennes et un grand verre de *lemonana*, nom arabe pour la limonade à la menthe. L'endroit étant géré par des Arabes, je me suis efforcée de bien articuler « *lemonana* » au lieu de « *lemonada* », selon la prononciation israélienne. À ma droite, il y avait une poussette où deux chats avaient trouvé refuge. À côté, une jeune fille arabe était assise sur un banc. Vêtue de bleu de la tête aux pieds, elle semblait observer chacun de mes gestes. J'ai sorti un carnet et je me suis mise à noter mes rendez-vous de la journée. Elle m'a alors interrompue :

— Bonjour ! Ça va ?

J'ai levé les yeux. Elle avait de grands yeux foncés et elle m'adressait un sourire franc.

— Bien, merci. Et vous ?

— Oui, très bien ! Êtes-vous une écrivaine ? m'a-t-elle demandé en regardant ma passe VIP affichant le logo du Festival littéraire.

J'ai opiné.

— Oui. D'ailleurs, j'écris un livre sur Jérusalem et le Proche-Orient. Je fais aussi des interviews avec des écrivains qui participent au festival qui a lieu en ce moment à *Mishkenot Sha'ananim*.

— Oh ! Êtes-vous une personne célèbre ?

À mon tour, j'ai souri. Je lui ai expliqué que je n'écrivais pas des best-sellers, mais plutôt un essai littéraire.

La célébrité, ce n'était pas exactement ce que je cherchais dans la vie… Elle semblait curieuse et sympathique, alors nous nous sommes mises à bavarder. Puis, je l'ai invitée à s'asseoir à ma table. Elle m'a dit qu'elle attendait qu'on vienne la chercher afin de passer une entrevue pour un boulot.

— Je m'appelle Amira. J'étudie en littérature anglaise à l'Université de Bethléem. Hier soir, nous avons récité des poèmes ici, dans le restaurant.

Eh bien, quelle surprise. J'étais venue ici plusieurs fois, mais jamais je n'avais eu l'occasion de faire la connaissance d'une jeune littéraire comme elle. Nous avons donc amorcé une conversation qui s'est révélée passionnante. Je lui ai expliqué que je vivais au Canada et que ma langue maternelle était le français, mais que je parlais et écrivais aussi en anglais. Amira, elle, vivait à Beit Hanina, une banlieue arabe de Jérusalem. Elle avait appris l'anglais avec des Américains palestiniens qui habitaient dorénavant son quartier. Avec sa bonne humeur et son regard pétillant, elle semblait très intéressante. Alors, je lui ai demandé de me parler des femmes d'ici.

— Je peux te poser une grande question ? Selon toi, qu'est-ce que ça signifie, être une femme au Proche-Orient ? D'entrée de jeu, elle avait beaucoup de choses à dire.

— Eh bien, dit-elle, être une femme au Proche-Orient, ça signifie que l'on est vulnérable aux jugements, aux critiques, et parfois, à la surprotection. Les femmes seront toujours surveillées à propos de leur comportement. Par exemple, elles sont jugées responsables de leurs actions, en particulier à l'égard de ceux que la société perçoit comme des individus qui enfreignent les coutumes et les traditions. Et puis, notre société veille à la sécurité des femmes, car elles forment le cercle le plus fragile.

Des images du très beau documentaire *Ha'Shiur* (*The Lesson*, 2012) d'Anat Yuta Zuria me sont revenues à la mémoire. J'ai pensé à la protagoniste, Laïla, une femme arabe d'âge mur née en Égypte et qui, après deux cents heures de leçons de conduite, avait raté ses examens. Découragée, elle était sur le point de renoncer à obtenir son permis de conduire quand elle a commencé à suivre de nouveaux cours avec Nimar, un enseignant palestinien, expert dans ce domaine. Une femme religieuse qui se battait pour son indépendance, Laïla était confrontée au rêve inachevé que celle-ci représentait pour plusieurs à Al-Quds, nom arabe de Jérusalem, une ville où elle était venue habiter dans sa jeunesse afin d'épouser un homme auquel elle était promise… J'ai demandé à Amira :

— Tu parles de la vulnérabilité. Et comment ça se joue, dans les rapports entre hommes et femmes ?

— Eh bien, tu comprends, on veut protéger les femmes, mais en même temps, ça les met sous pression. Parfois, ça peut faire en sorte qu'elles deviennent la cible des sentiments ou de la colère des autres, en particulier les hommes. Ceux-ci prétendent vouloir les protéger, mais ils ont tendance à exercer une certaine domination sur leurs vies. Je sais, ça peut sembler contradictoire. En imposant certaines restrictions aux femmes, on cherche à assurer leur sécurité et leur bien-être. Bien entendu, ça doit être fait avec modération, sinon, il y aura des problèmes. Toutefois, ce dont je parle, ça ne concerne pas tout le monde, c'est différent d'une personne à l'autre… Par exemple, ici, en Palestine, l'éducation est importante. Habituellement, les femmes ont les plus grandes habiletés intellectuelles. Auparavant, quand elles étaient moins éduquées ou pas éduquées du tout, la situation était très différente. Je dirais que les femmes sont moins opprimées qu'elles ne l'étaient, parce qu'elles ont développé une meilleure conscience. De plus, elles sont actives dans plusieurs domaines ici, comme tout le monde, qu'il s'agisse du travail, de l'éducation ou même de l'administration.

— L'accès à l'éducation, pour les femmes palestiniennes, c'est donc très répandu, alors ?

— Malheureusement, il y a encore certaines familles qui sont rivées à de vieilles croyances et traditions… Mais le nombre de mentalités de ce genre ne cesse de décroître.

J'étais assez surprise de la simplicité et de la richesse de notre conversation. Amira semblait avoir beaucoup de choses à dire, alors j'ai continué de lui poser des questions. J'ai osé m'aventurer sur un autre terrain :

— Et la religion ? Est-ce qu'elle ne brime pas les femmes, à certains égards ? Qu'en penses-tu ?

À nouveau, je songeais au personnage de Laïla. Cette femme attachante était rivée sur ses croyances et elle priait chaque jour. Si la religion l'aidait à vivre, Laïla avait pourtant du mal à accepter que sa propre fille se tourne vers l'hébreu plutôt que vers l'arabe et qu'elle soit amoureuse d'un Israélien.

— Je comprends ce que tu veux dire. Certaines personnes condamnent la religion, car ils croient qu'elle oppresse les femmes. Mais en réalité, les comportements oppressifs sont produits par la culture, et non par la religion. Les sociétés traditionnelles utilisent la religion comme une excuse pour développer des attitudes mauvaises contre les femmes. Par exemple, citer le Coran hors contexte, c'est la première chose qui a engendré tout ce blâme que l'on porte envers la religion. Les extrémistes et les ignorants qui déclarent être religieux et qui sont en réalité les moins au courant des principes de la religion ont cité le Coran erronément, ce qui a entraîné de nombreux malentendus. Ceux-ci sont maintenant utilisés comme des prétextes pour justifier les mauvaises actions et pour ternir l'image de la religion. Par exemple, battre les femmes, c'est le genre de résultat désastreux que cela a produit. Mais c'est un sujet qui exigerait d'être développé longuement…

— Et le hijab ? lui ai-je demandé. Toi qui en portes un, comment vois-tu la chose ?

— À mon avis, le hijab peut être erronément perçu comme un signe de répression. La réalité est complètement différente. Ce vêtement sert uniquement à protéger, à mettre à l'abri, et à maintenir la dignité des femmes. À ne pas trop attirer l'attention, aussi. En résumé, quand une femme porte le hijab, elle se présente dans le monde avec son vrai « moi » et non avec son apparence physique. Certaines femmes musulmanes ont une faible estime d'elles-mêmes, elles croient qu'elles ne sont pas attirantes. Mais quand elles portent le hijab, elles sont confiantes, car elles savent qu'elles n'ont pas à montrer leur corps pour que les autres s'intéressent à elles. En retour, cela procure une meilleure estime de soi. Car la religion vise avant tout le bénéfice des femmes. Elle ne cherche pas à leur nuire, c'est la société qui s'en fait une idée fausse.

On allait poursuivre notre conversation lorsqu'un jeune homme l'a appelée :

— Amira ?

Elle lui a répondu en arabe. Puis, elle s'est tournée vers moi :

— Je dois y aller. C'est mon tour !

— Oui, bien sûr. Bonne chance avec cette entrevue !

On a échangé nos courriels. J'ai eu envie de garder un souvenir de notre rencontre, alors je lui ai demandé si elle accepterait qu'on nous prenne en photo.

— J'en serais ravie, a-t-elle répondu.

Le jeune homme l'attendait patiemment pendant qu'une serveuse a pris trois clichés de nous. À nouveau, j'ai souhaité bonne chance à cette jeune femme attachante. J'ai terminé mon repas en feuilletant le programme du festival, puis je suis remontée dans ma chambre au cinquième étage.

Des corps de femmes exhibés et voilés à la ville fracturée, mon trajet se terminait dans une atmosphère paisible avec la rencontre imprévue d'Amira. Je n'en avais alors aucune idée, mais nos échanges allaient se poursuivre grâce à l'écriture, à la correspondance par courriel que nous allions entretenir au cours des mois suivants.

———

Au moment d'aller dormir, des images me sont revenues à l'esprit. C'étaient des réminiscences du premier voyage, en juillet 2006. Des images de corps féminins brisés que j'avais aperçus au Musée Yad Vashem, construit à l'extrémité de la Green Line. Après avoir visité l'exposition sur les camps de la mort, après avoir vu des images résultant des expériences sadiques et horrifiantes que Josef Mengele avait réalisées sur les Juifs à Auschwitz, mon propre corps avait fait un drôle de symptôme. C'était « l'épisode des jambes tourmentées », comme je l'avais appelé ensuite, en m'inspirant d'un passage des *Fleurs du mal* de Baudelaire.

On connaissait l'existence des orchestres de fortune dans les camps de concentration, dernier mouvement de dignité pour les musiciens juifs internés, images saisissantes par leur force et leur caractère tragique. Mais l'orchestre des femmes d'Auschwitz qui avait été créé sur les ordres des SS au printemps 1943 par une dénommée Zofia Czajkowska, professeure de musique, était peu connu. Protégées par leur appartenance à l'orchestre, ces femmes avaient échappé, pour la plupart, aux travaux forcés et aux chambres à gaz. Elles jouaient Verdi, Strauss, Brahms, Rossini, entre autres. On racontait que Mengele aimait entendre jouer le *Träumerei* de Schumann. Moi, je me demandais s'il n'y avait pas, dans cet orchestre commandé par le Reich, un chœur de femmes. Il devait bien y en avoir un pour dire la souffrance de toutes ces femmes détenues, à la fois filles, sœurs, mères, fiancées, cousines, grands-mères et grands-tantes. Oui, un tel chœur avait dû exister. J'imaginais une longue plainte venue des baraques, oscillant entre gémissements, pleurs et lamentations. Le chant, lui, était sans doute inaudible. Alors on l'avait oublié, on l'avait confondu avec la plainte lancinante de l'ensemble des internés.

Dans ce musée-mémorial érigé en l'honneur des victimes juives de la Shoah, il y avait des artefacts, des documents, des monuments, des archives, des reconstitutions historiques. Quelques semaines seulement après ma visite du camp d'Oświęcim, cette visite de Yad Vashem avait tissé un lien entre la destruction des Juifs d'Europe et leur reconstruction dans l'État hébreu. Il y avait aussi une fin, *ha' sof* : une dernière tranche de l'histoire juive de la diaspora, qui avait duré plusieurs millénaires, et à laquelle succédait le début d'une nouvelle ère, marquée par la création d'Israël. Ce qui allait instaurer le chaos dans mes pensées, oui, ce qui allait marquer à jamais mon passage ici, c'étaient les résurgences du conflit. En d'autres termes, la guerre n'allait pas m'épargner.

Dans la première salle d'exposition, je les avais croisés tous les trois : Einstein, Benjamin, Celan. Ces grands penseurs du XXe siècle, l'Europe et le monde entier leur devaient tant. Je les ai regardés à tour de rôle, de gauche à droite, puis en sens inverse. Les voir réunis en ce lieu dès la première salle, comme s'ils étaient là pour m'accueillir, c'était émouvant. Cela ne devait pas être la première fois qu'ils étaient réunis dans un lieu de commémoration, mais à Yad Vashem, c'était particulièrement important. Pendant que j'étais plongée dans le silence de l'immense salle, je me suis sentie traversée d'un rayon de lumière. L'émotion a monté, puis la tristesse m'a submergée. Surtout, j'ai eu le sentiment que nous étions si proches, tous les quatre, à cet instant précis. Depuis des années, je m'étais rapprochée d'eux en lisant et en relisant leurs ouvrages. Les voir ici, c'était franchir une autre distance, accéder à une nouvelle étape dans cette fréquentation qui avait surtout été intellectuelle.

C'était comme si j'étais venue me recueillir sur leur pierre tombale. Tandis que j'étais plongée dans ce moment solennel, une pensée m'est venue : je devais faire quelque chose pour eux. Au fond, ils étaient comme des amis. Depuis le temps qu'ils m'accompagnaient, je les retrouvais enfin au bout de l'ancienne Green Line, dans ce grand musée commémoratif. Trois hommes merveilleux, trois hommes regardés par moi. Oui, je devais faire quelque chose pour eux, même si c'était infime comparativement à la somme de leurs travaux respectifs. Mais quoi ? Je ne le savais pas encore.

J'ai poursuivi ma visite des expositions. Je me suis arrêtée après la salle du film noir et blanc sur Auschwitz, où deux femmes tiraient sur la route le cadavre d'une troisième. C'était une image atroce qui m'inspirait une tristesse infinie. Dans une autre salle, on présentait des images d'expériences réalisées par Mengele sur les corps des Juifs. Après les bébés et les jumeaux, j'ai aperçu un mollet de femme sectionné en longueur. Entre le genou et la cheville, une longue plaie creusait sa jambe. C'était très troublant. Je me souviens m'être arrêtée devant cette image, puis y être revenue à deux reprises. Cette femme dont on ne voyait ni le visage ni le corps avait été estropiée. La cruauté atteignait ici son comble. Après, j'ai perdu le fil. À l'intérieur de moi, ces images ont résonné : il y a eu ensuite des réactions inexplicables, des situations extrêmes.

Toute visite de Yad Vashem est éprouvante. Il faut rester sur le site un bon moment, regarder la beauté du paysage environnant, se déplacer dans ses nombreux jardins, dont le jardin des Justes parmi les nations, et s'y recueillir quelques instants. La salle des noms, avec son immense dôme couvert de photographies des victimes et ouvert sur le ciel, est l'une des étapes les plus prenantes de ce parcours. S'agissant de la pierre tombale symbolique de millions de victimes, elle a été érigée par les survivants à la mémoire de leurs proches disparus et conservée à l'intérieur du dôme. Il s'en dégage un aspect solennel, renforcé par la présence des lignes qui évoquent le nombre infini des victimes et des nombreuses courbes qui adoucissent l'espace. Quand j'y suis allée, un homme assez jeune pleurait. Il était penché au-dessus de la rampe circulaire en dessous du dôme. À un moment, ses pleurs se sont transformés en sanglots. Il semblait incapable de s'arrêter. Moi, je me demandais : « Cet homme, qui pleure-t-il au juste ? Sa famille entière ? Ses grands-parents, ses grands-oncles et grands-tantes qu'il n'a pas connus, ainsi que de nombreux cousins ? » J'étais plongée dans le désespoir en songeant aux milliers d'enfants, de femmes et d'hommes qui avaient été assassinés.

Je suis ressortie de ma visite un peu sonnée. J'étais partagée entre une émotion de détresse et d'impuissance et la volonté de m'accrocher à la banalité du quotidien. Pour me ressaisir, j'ai pensé : « Au fond, tout ça ne me concerne pas personnellement. Je ne suis pas juive, *Ikh bin nisht a yid, Ani lo yehudi* ». Dans de tels moments, la raison fait ce qu'elle peut afin de rétablir le refoulement qui fait barrière au réel. Donc, selon ma raison, Auschwitz et le traumatisme de la Shoah, ça ne me concernait « pas tant que ça », supposément, parce que je n'avais pas de filiation juive.

En longeant le corridor qui menait vers la sortie, je titubais presque. Ça ne me concernait pas tant que ça ? Vraiment ?

En fin de journée, dans le cadre des *Canadian Studies*, j'étais invitée à dîner chez un professeur d'histoire à la retraite et son épouse. La nourriture était délicieuse, la conversation agréable, mais c'était une visite de convenance. Ce couple habitait un appartement entièrement rénové dans une petite rue adjacente au marché Mahane Yehuda. Il faisait bon de s'y trouver. L'air frais était agréable, les effluves d'épices, de nourritures exquises et de fleurs remplissaient mes poumons. À la fin de la soirée, nous nous sommes dit « au revoir », et chacun est reparti de son côté. Une soirée parfaite pour oublier, en somme.

En rentrant, j'ai remarqué un truc bizarre. Mes jambes étaient couvertes de grosses plaques rouges. « Des piqûres d'araignées, sans doute », ai-je pensé. Six ou sept immenses plaques masquaient la superficie de chaque jambe, du genou à la cheville. En y regardant de plus près, j'avais constaté une anomalie : il n'y avait aucune piqûre. Non, aucune trace de dard qui se serait enfoncé dans ma peau pour y laisser un infime trou, au pourtour enflé. Était-ce une sorte d'allergie ? Ce n'était pas douloureux, mais fort incommodant.

Soudain, l'image de cette jambe de femme estropiée que j'avais vue durant la journée à Yad Vashem m'est revenue à l'esprit. Entre cette jambe et la mienne, quelle différence ? Il y avait là un monde de différences, c'était certain. Et pourtant, j'avais l'impression qu'une partie secrète de moi-même avait voulu « accompagner » cette femme dans sa douleur.

Ainsi, c'était donc ça : un geste de solidarité qui se manifestait par le biais d'un symptôme... ? Cette femme était une pure inconnue, elle n'avait pas de visage. D'ailleurs, ce n'était pas une femme, c'était une jambe. À un moment, une phrase m'a traversé l'esprit : « Mes jambes sont solidaires de cette jambe de femme estropiée par Mengele ». À leur manière, elles avaient voulu l'exprimer, et elles avaient réussi.

Le lendemain, je me suis rendue au Musée d'Israël. J'y ai trouvé une statue d'Artémis qui avait été découverte lors de fouilles archéologiques à Césarée. On reconnaissait bien les traits distinctifs de la jumelle d'Apollon, dotée de nombreux œufs sur la poitrine, le corps et les jambes entourés d'un pilier effilé où apparaissaient plusieurs animaux sauvages. Tant de symboles illustrant sa fertilité, de même que l'abondance de la nature et de la chasse. À une différence près : CETTE ARTÉMIS AVAIT PERDU LA TÊTE. En haut de son buste, il n'y avait rien. C'était une statue brisée.

Je suis restée longtemps dans cette salle, où je l'ai observée en détail. Il me semblait que j'étais placée devant un emblème recelant une signification profonde, troublante d'évidence, mais que je ne parvenais à cerner. Je suis revenue à mon appartement à la brunante, après avoir longtemps marché. Le vent était frais, la soirée paisible. Je me sentais si bien, tout à coup. Je n'éprouvais ni angoisse, ni tristesse, ni désespoir, mais une grande quiétude. Après, j'ai compris : devant la figure d'Artémis acéphale, j'avais trouvé la réconciliation.

AU MARCHÉ MAHANE YEHUDA

À celles et ceux qui n'étaient jamais allés au marché de Jérusalem (*souk*), je conseillais d'y aller le vendredi en matinée afin de capter l'atmosphère de fort achalandage qui y régnait. Durant l'*Erev shabbat*, la veille du *shabbat* en famille, la rue principale de Mahane Yehuda était bondée. Du matin jusqu'à la fermeture du *souk* à 15 h, une foule diversifiée s'y pressait : commerçants, employés, restaurateurs, livreurs, Hiérosolomitains de diverses origines – Juifs et Arabes, ultra-orthodoxes, laïcs –, touristes et mendiants. Pendant que certains se détendaient en sirotant lentement un espresso bien serré sur une terrasse, d'autres clients affluaient de partout. Ils se faufilaient à la hâte d'un stand à l'autre, excités par les nombreux étalages regorgeant de marchandises alléchantes. Si chacun s'époumonait, c'est que le temps pressait. Il fallait terminer au plus vite les courses nécessaires à la préparation du fameux repas du *shabbat*. Aussi, de nombreux commerçants n'hésitaient pas à écouler leurs dernières marchandises. Poivrons, fraises, grenades, melons, tomates, poires, oranges, kiwis, figues, amandes, olives, pains, bonbons, poulets, poissons et pâtisseries étaient vendus en grandes quantités à des prix imbattables. Même les individus les plus défavorisés revenaient du *souk* les bras remplis de sacs débordant de denrées de toutes sortes.

En entrant dans le marché, j'ai senti les arômes des épices du Proche-Orient se mélanger à l'odeur du café fraîchement torréfié chez Nisan's. Sous l'œil vigilant des marchands, des dizaines d'épices et d'herbes étaient offertes dans de grands sacs ouverts : noix de muscade, gingembre, thym, origan, sumac, badiane, cannelle, clous de girofle, vanille, boutons de rose, fleurs d'hibiscus et camomille. J'aimais humer les odeurs des fameux mélanges d'épices pour falafel, pour kebab « *shawarma* » et pour couscous, de même que le *zaatar*, une agréable combinaison d'épices du Moyen-Orient mélangée à de l'huile d'olive dans laquelle on trempait le pain pita. Leur parfum m'enivrait presque, tel celui de drogues douces et exquises… Pour ce qui était d'exciter les sens, de stimuler les papilles autant que les pupilles, aucun parfum n'échouait à la tâche.

—————

Autrefois un espace vague situé entre deux quartiers, Mahane Yehuda et Beit Ya'acov, le *souk* avait vu naître ses premières activités mercantiles à la fin du XIXᵉ siècle. Au départ, les Arabes avaient commencé à vendre leurs produits à la population de Jérusalem qui s'étendait au-delà de la vieille ville. Aujourd'hui, les choses avaient bien changé : les enseignes des commerces, en toile décolorée par le soleil, étaient unilingues pour la plupart. L'hébreu moderne, cette langue râpeuse qui avait un goût d'olives et de sumac, avec une pointe de grenade, y était affichée sous des formes multiples. Suivant le mouvement des passants, on aurait dit que les lettres hébraïques se mettaient parfois à danser. Vrai, elles désarçonnaient le visiteur peu familier à lire de droite à gauche qui se trouvait plongé au milieu d'une foule tourbillonnante. Pour découvrir les marchandises offertes, mieux valait s'approcher des kiosques au lieu de tenter de déchiffrer les noms des marchands et des produits.

Le propriétaire de la boutique Kippa Man l'avait bien compris : pour attirer davantage de touristes, il avait opté pour l'affichage bilingue en hébreu et en anglais. Chaque fois que je venais ici, je regardais les touristes américains, dont la réaction si prévisible m'amusait. Dès qu'ils apercevaient son enseigne, ils la pointaient du doigt en soupirant. Enfin, ils étaient soulagés d'apercevoir un nom qu'ils pouvaient comprendre. Même s'ils n'avaient pas l'intention d'acheter une kippa, ils se dirigeaient spontanément vers ce kiosque où étaient disposés des paniers débordant de kippas. À l'arrière, un grand tableau sur lequel étaient épinglés différents modèles piquait la curiosité des visiteurs. Quel que soit leur goût ou leur âge, tous semblaient trouver une *yarmulke* qui leur plaisait. Il faut dire que la variété était surprenante : des modèles traditionnels de velours noir, d'autres en lainage coloré ou à motifs de rayures, jusqu'aux kippas brodées de couleurs vives et de personnages de bande dessinée.

J'ai continué de me promener. Entre deux commerces, j'ai fermé les yeux un instant afin d'écouter les bruits, les sons et les paroles qui s'emmêlaient dans l'environnement. Une étrange matière sonore se répercutait dans cet espace restreint, elle formait une cacophonie ambiante qui se déversait en pleine rue. Au départ, j'ai entendu une rumeur sourde. Après quelques secondes, j'ai distingué le babillage des marchands et des clients, ainsi que le mélange des langues. Je suis restée ainsi pendant une ou deux minutes, après quoi j'ai ouvert les yeux. Immédiatement, j'ai eu l'impression un peu bizarre, mais familière, d'être détachée du film qui se déroulait autour de moi. J'avais l'impression de ne pas être tout à fait là. Quand j'étais enfant, cela m'arrivait souvent, cette sensation d'être soudain « décollée » de la réalité environnante. J'appelais ça l'expérience du « J'EXISTE ». C'était comme un évanouissement de ma présence réelle, une mise à distance vécue en pleine conscience. Pour revenir dans la réalité, pour m'y ancrer à nouveau, je répétais plusieurs fois :

J'EXISTE J'EXISTE J'EXISTE J'EXISTE J'EXISTE
J'EXISTE J'EXISTE J'EXISTE J'EXISTE J'EXISTE
J'EXISTE J'EXISTE J'EXISTE J'EXISTE J'EXISTE
J'EXISTE J'EXISTE J'EXISTE J'EXISTE J'EXISTE
J'EXISTE J'EXISTE J'EXISTE J'EXISTE J'EXISTE
J'EXISTE J'EXISTE J'EXISTE J'EXISTE J'EXISTE

Et ce tourbillon de « J'EXISTE », loin de m'étourdir, me ramenait au monde.

Cette fois, j'ai procédé autrement. Je me suis pincé le bras. Non, je ne rêvais pas : ce décor aux sonorités multiples et aux aliments alléchants était bien réel. Je me suis dirigée ensuite vers la rue Etz Chaïm, l'autre artère du *souk*, qui était recouverte d'un toit. Pour y parvenir, il me fallait emprunter des rues aux noms alléchants : rue Afarsek (de la pêche), Agas (de la poire), Egoz (de la noix), Shaked (de l'amande), Shezif (de la prune), Tapuach (de la pomme) et Tut (des baies). À quelques mètres de distance, des bonbons disposés en forme pyramidale taquinaient les yeux et les bouches assoiffées des passants. J'ai eu envie de *knafeh*, cette délicieuse pâtisserie arabe faite de fromage fondu, de pâte phyllo, de sirop de sucre et de petits morceaux de pistaches typiques de l'Empire ottoman. J'en ai acheté un morceau à un jeune vendeur, qui me l'a remis dans une assiette de carton. En goûtant une bouchée, je n'ai pu m'empêcher de penser aux *Contes des Mille et une nuits*. J'ai continué de me promener dans l'allée, en évitant les coups de coude des nombreux passants qui circulaient dans tous les sens. À la boulangerie française Basher, des meules de fromage étaient empilées les unes sur les autres, accompagnées de gros artichauts en vrac, de vins somptueux et de baguettes mesurant plus de deux mètres. Ceux-ci rivalisaient avec des étalages fastueux de pains pita et de fraises qui remplissaient des tables entières chez les marchands voisins. À Mahane Yehuda, les nourritures étaient abondantes et les mets gargantuesques. Un seul mot d'ordre réunissait les vendeurs, qu'il s'agisse des commerçants établis ou des petits marchands : la démesure.

———

En juin 2016, j'étais venue y rejoindre mes collègues pour célébrer la fin du colloque des *Canadian Studies*. Vers 21 h, on s'était rencontrés au marché. Plusieurs commerces étaient fermés, mais on sentait l'atmosphère vibrante du lieu. Après avoir effectué un trajet labyrinthique, on s'est attablés à la terrasse du Casino de Paris. C'était la première fois que je venais dans ce bar « *trendy* » et « *edgy* » situé à l'emplacement d'un ancien club d'officiers avec bordel (*cum bordello*) durant le mandat britannique. J'ai regardé dans la vitrine, où quelques critiques parues dans les journaux étaient affichées. Celles-ci semblaient unanimes. Le *Times of Israel* qualifiait l'endroit de « lieu de prédilection parfait ». Le *Haaret'z* annonçait qu'il allait devenir « le bar le plus hot de Jérusalem », en démarrant par cette phrase iconique : « *What you have here is pure poetry* ». La veille, en nous rendant dans un restaurant chic, on avait croisé une tour Eiffel illuminée, en miniature, à Shlometsion, près de la rue Jaffa. Et maintenant, en plein cœur du marché, on se retrouvait au Casino de Paris... Oui, à Jérusalem, Paris était à la mode, cela ne faisait aucun doute.

Nous avons regardé le menu. J'ai essayé de traduire quelques mots, de l'hébreu vers le français. Simon, sympathique étudiant au doctorat, tentait de déchiffrer l'hébreu. L'année précédente, il avait suivi un cours intensif de yiddish. Et maintenant, il se heurtait au problème habituel :

— Ah ouais, ç'pas la même affaire, hein ? Y'a beaucoup moins de voyelles en hébreu qu'en yiddish. Je l'avais remarqué, en regardant les affiches, mais là, c'est évident...

À côté de lui, son directeur de thèse l'aidait à saisir certains mots en lisant le menu « entrées » :

— Tu vois, l'*ayin*, le « e », ici, a valeur d'*aleph*, c'est-à-dire de « a »...

— Ah ouais ! Intéressant.

Je l'aimais bien, Simon. Il était animé, accessible et drôle. Et puis, il avait toute une verve.

J'ai répliqué :

— Oui, c'est ça qui est très mélangeant quand on a déjà appris le yiddish. Non seulement l'hébreu moderne ne comprend presque pas de voyelles, mais en plus, celles-ci n'ont pas la même valeur qu'en yiddish.

Pour M., le collègue historien sympa qui n'était pas familier avec ces langues, notre conversation était assez incompréhensible. Il a regardé le menu, puis il l'a retourné délicatement du côté anglophone. En souriant, il a ajouté :

— Je pense que ce sera plus facile pour moi.

Cette sortie au marché était aussi l'occasion d'une rencontre fabuleuse avec deux jumelles originaires du Québec qui habitaient en Israël. Hannah, que nous avions rencontrée au colloque, nous a présenté sa sœur Emmanuelle. Toutes deux avaient grandi dans la région d'Ottawa. Leur père était juif et leur mère, une francophone catholique, s'était convertie au judaïsme pour transmettre la filiation juive à ses enfants. Passionnées par la politique et l'histoire du Proche-Orient, elles avaient poursuivi leurs études de deuxième cycle à Jérusalem. Quelque dix ans plus tard, elles y demeuraient en permanence. Ni l'une ni l'autre n'avait suivi le mouvement général des jeunes trentenaires qui vont s'installer à Tel Aviv. Hannah vivait dans le Néguev et Emmanuelle, à Jérusalem. La première faisait son doctorat en sciences politiques à l'Université Ben Gurion et la deuxième travaillait aux archives du Musée

Yad Vashem. Quelques mois auparavant, Emmanuelle avait donné naissance à une fille. Sa propre mère, qui vivait toujours dans la région d'Ottawa et suivait la cacheroute, souhaitait pouvoir communiquer avec sa petite-fille en français. Emmanuelle parlait donc à sa fille en français, tandis que son conjoint, le père de l'enfant, lui parlait en hébreu. Cette petite Israélienne allait devenir bilingue hébreu-français, avec un accent québécois. Ce n'était pas peu dire, comme l'avait souligné Simon.

La soirée s'est poursuivie dans la légèreté et le plaisir d'une discussion animée. Nous avons parlé de l'actualité politique, sujet incontournable à Jérusalem comme à Ottawa. À la Knesset, le parlement, Avigdor Lieberman était sur le point d'être nommé en tant que nouveau ministre de la Défense – c'était un ancien résident de l'Union soviétique, un type de l'extrême droite reconnu pour son radicalisme et son rejet de la cause palestinienne. En un mot, c'était le genre de personnage qui, au cours de son mandat, allait causer beaucoup de tort au pays et à ses voisins, sans parler des relations diplomatiques. Pour les démocrates, c'était une très mauvaise nouvelle, car les relations internationales allaient bientôt se durcir au Proche-Orient. Je me suis dit : « Il y aura sans doute de nouvelles violences, de nouveaux attentats ». Je n'étais pas pessimiste, mais simplement lucide. Je connaissais le contexte, de même que la fragilité des relations géopolitiques dans cette région du monde où j'étais venue à six reprises. Je savais qu'une seule étincelle était en mesure de provoquer un énorme incendie. Dans mon for intérieur, j'ai pensé : « En ce moment, la situation politique est plutôt calme. Mais dès que ce Lieberman entrera au pouvoir, ça changera brutalement ».

Et au Canada ? Quel était l'événement politique de la semaine, celui qui avait fait la une de tous les médias ? Quelqu'un s'est exclamé :

— Le coup de coude de Justin !

— Ah oui !

Une cascade de rires a déferlé à notre table. Vrai, le coup de coude que Justin Trudeau avait envoyé à la députée néo-démocrate Ruth Ellen Brosseau tandis qu'il essayait de faire avancer la tenue d'un vote auprès du whip conservateur Gordon Brown avait provoqué un tollé aux Communes. Depuis les derniers jours, l'événement avait fait la manchette des médias québécois et canadiens. Entre ces deux « événements de la semaine » sur la scène politique, il y avait un écart magistral. Depuis Jérusalem, il faut l'avouer, c'était plutôt loufoque. Et puis, cette comparaison en disait long sur la différence de préoccupations entre le Canada et Israël. D'un côté, il y avait un *boring country* où une légère altercation en public suscite la controverse. De l'autre, il y avait un petit pays au Proche-Orient, puissant, mais menacé, où les résurgences de la violence associées au conflit structuraient les conditions de vie de tous les habitants.

En buvant notre bière palestinienne, qui était douce et délicieuse, nous avons abordé d'autres sujets : la décoration des terrasses au marché, la faible présence des femmes à la Knesset, où elles occupaient vingt-neuf sièges sur cent vingt, jusqu'aux nombreux chats qui se promenaient librement dans les rues de Jérusalem et de Tel Aviv. Selon la légende, leur présence remontait au régime britannique, période où les officiers anglais auraient apporté des meutes de chats en Palestine afin de venir à bout des épidémies de rats...

Vers 22 h 30, nous avons quitté le marché. Notre petit groupe a emprunté la rue Jaffa en direction de la station de train. Pour nous rendre à notre hôtel au mont Scopus, il nous fallait parcourir sept stations, de Mahane Yehuda à Ammunition Hill.

Je marchais avec M. et Simon lorsque nous avons aperçu de l'autre côté de la rue deux immenses fleurs qui ondulaient dans l'air. J'ai remarqué :

— Tiens ! Une nouvelle œuvre d'art public.

Fin observateur, Simon s'est proposé de les décrire, en s'attardant à la deuxième :

— Ouais, c'est une sorte de grande fleur... avec de longs pétales qui pendent et se retournent, quand le vent les gonfle.

C'était joli, délicat, sensuel. À brûle-pourpoint, Simon s'est exclamé encore :

— En fait... On dirait un immense vagin qui bouge au gré du vent ! Vous ne trouvez pas ?

M. et moi, on s'est esclaffés. En réalité, Simon n'avait pas tort. Cette œuvre d'art ressemblait drôlement à un sexe féminin.

Était-ce un canular de la malheureuse Aphrodite ? Au centre de Jérusalem, il y avait un Mur des Lamentations, une Basilique de la Nativité, une mosquée et l'Esplanade du Temple, un Patriarcat arménien, l'ancienne Green Line et le mur de séparation. Il y avait une tour Eiffel illuminée en miniature et des jeux de regards incessants entre les habitants qui se déployaient à travers les différentes frontières rencontrées dans la ville, qu'elles soient géographiques, religieuses, politiques, culturelles ou corporelles. Au centre de Jérusalem, cité religieuse par excellence, IL Y AVAIT AUSSI D'IMMENSES FLEURS-VAGINS QUI FLOTTAIENT DANS L'AIR.

Autour de
Jérusalem

ARTÉMIS II

Me voici, Artémis « aux dures cuisses que la main de l'homme jamais ne caresse ni ne déplie[10] ». Assez caracolé dans les sentiers obscurs qui sillonnent les collines de Yerushalayim, où le gibier se fait rarissime. Mon œil formé par les paysages insulaires et les constructions rectilignes s'habitue difficilement au mélange insolite d'habitations blanches et beiges. Celles-ci réduisent son champ de profondeur, le briment dans son élan. Surtout, il s'accommode mal des limites que lui impose le mur, cette séparation inventée par les hommes qui a produit le déracinement massif des oliviers. Moi qui me proclamais jadis déesse des forêts, j'aimerais étreindre les arbres. Aujourd'hui, je quitte la horde des dieux farfelus, le royaume de la Céleste. Je ne respecterai aucune trêve. Si une guerre survient, sans doute tournera-t-elle au carnage. J'aborderai les hommes comme du bas gibier, je propulserai les héros vers le massacre.

Je reprends mon ascension vers les montagnes. À travers les collines, je gambaderai dans les zones boisées de chênes et de pistachiers, de pins, de caroubiers et de fraisiers sauvages. Je découvrirai enfin la petite réserve sauvage Shawmari, peuplée d'onyx, autruches, gazelles et onagres. Non loin des côtes de la mer Morte, j'explore-

---

10 Jean Ristat, Artémis, chasse à la courre, le sanglier, le cerf et le loup, Paris, Gallimard, 2008, p. 11.

rai les paysages époustouflants de la réserve de Majub, la plus basse de la planète, qui s'étend jusqu'aux montagnes de Kérak et de Madaba. Joie de la chasse ! Sur ces montagnes à l'altitude élevée et à l'accès difficile, je banderai mon arc d'or pur, en quête de gibier et d'animaux. Oui, près des falaises en grès, j'irai chasser le bouquetin d'Arabie, l'une des plus belles espèces de chèvres au monde !

Le monde de la chasse est rempli de dangers : soit. Je banderai mon arc, à la recherche d'écritures et de récits.

Moi, déesse de la lune, j'explorerai le paysage lunaire du Wadi Rum, dont les montagnes gigantesques aux nuances de rouge, d'orange et de jaune se reflètent à l'horizon et autour du désert. Après, je reviendrai vers le monde dit « civilisé » : vers la cité vermeille, dans la ville blanche, chez la « mariée de la mer ».

J'irai explorer les agroi, les terres en friche, les endroits peu fréquentés. Et si la terre tremble, j'accueillerai la folie des âmes réunies par le sharav, ce vent chaud qui souffle à Jérusalem, Tel Aviv et dans le désert du Néguev.

À partir de maintenant, mon parcours se brise. Il oscille entre plaines côtières et sols sableux, entre terres fertiles et déserts de rocailles, entre littoral et centre urbain. Il est ponctué de détours et d'arrêts, de chevauchements et de boucles. J'ai perdu pied sur le sol balafré d'une faille énorme, antérieure aux frontières et au mur. Depuis, l'espace et le temps se confondent. La terre d'Orient est épuisée, tourmentée, fracturée. Elle blêmit chaque jour davantage, au fur et à mesure qu'on l'abreuve du sang des enfants, des femmes et des hommes, sans qu'elle ne l'ait jamais exigé. Cette terre n'a plus soif ni faim, elle est repue au-delà de la satiété. Elle voudrait se transformer en poussière, maigrir jusqu'au rétrécissement des os, s'estomper sous la révolte des mers.

Cette terre est menacée de disparaître, tant les hommes ont affaibli ses ressources, tant ils ont épuisé sa patience. Au cours des derniers siècles, elle a été lourdement mise à l'épreuve. Qu'adviendra-t-il, dans le futur ? Résistera-t-elle ? La langue qui s'y enracine se retournera-t-elle contre son propre peuple ? De nos jours, il paraît que les hommes qui la gouvernent ne sont que démons et bouffons dangereux ; qu'ils n'ont rien en commun avec les dieux, les prophètes et les esprits lucides des temps passés ! En plus d'être saccagée, cette terre est corrompue par leur présence.

Entre-temps, la guerre frappera encore. Elle fera trembler le sol, elle y gravera les sévices de la honte. Depuis le lointain, on entendra une clameur étrange : bruits d'artillerie, soupirs et râles des combattants, vacarme des attaques. Puis, une espèce de lamentation émergera des ruines. Ses échos allégoriseront le déclin de la pensée, la faillite de la parole, la défaite des messagers. En un mot, elle exprimera LA CHUTE DE L'HUMANITÉ À TRAVERS LA MORT DU POÈME.

À LA MER MORTE.
UN TREMBLEMENT À EIN GEDI

J'avais quitté le mont Scopus et les collines environnantes, puis déambulé dans German Colony, à Rehovot et dans la vieille ville avant d'entreprendre le traditionnel circuit touristique qui m'amenait à l'endroit le plus bas de la planète. Ce circuit débutait à Massada et s'étendait jusqu'à la mer Morte. Après avoir visité le temple où Hérode le Grand – un individu qui, soit dit en passant, avait eu dix femmes – avait jadis érigé son royaume, j'étais allée me reposer à Ein Gedi. Dans ce magnifique kibboutz hôtelier, flanqué en plein désert, abondait une végétation luxuriante composée de plantes tropicales importées de divers pays du monde.

Je ne faisais plus que ça : me prélasser autour de la grande piscine depuis laquelle on apercevait, à l'arrière-plan, le désert de Judée. C'est là, disait-on, que Jésus s'était réfugié pendant quarante jours. À sa suite étaient venus, au cours des siècles, les prophètes, certains moines, les apôtres et quelques rois. Et les femmes ? Certes, il y en avait eu, mais on ne les nommait pas. Ce désert bordé à l'ouest par les monts de Judée et à l'est, par la mer Morte, s'étendait à perte de vue, au point de dérouter les voyageurs les plus aguerris. De nos jours, l'ensemble de la région était magnifique. « Une image de carte postale, ai-je pensé, si belle, si parfaite qu'elle semble irréelle ». Elle m'a rappelé certains paysages californiens, des montagnes de Hollywood aux panoramas de Big Sur. Au kibboutz, quelques familles s'affairaient autour de la piscine sur laquelle trônait, imperturbable, un sauveteur d'une beauté sublime. Tel un éphèbe d'Athènes, il était jeune et svelte, grand, musclé et bronzé.

Nous formions une petite grappe d'humains et de plantes accrochée au milieu du désert, où il faisait bon se détendre. Il y avait ici une sorte de vie suspendue où le règne de la nature semblait avoir triomphé sur celui des anciens belligérants. Tantôt on plongeait dans la piscine, où l'on se fondait dans un minuscule tourbillon de clapotements, tantôt on s'étendait sur une chaise longue, où le soleil venait s'abreuver des dernières gouttes accrochées à la peau dorée et au tissu du maillot. Sous le soleil de plomb, les corps sombraient dans une sorte de léthargie. Les membres ramollis, la tête divaguait légèrement. Soudain, on était épris de sommeil. Lorsqu'on se reposait dans les rares espaces ombragés, la peau transpirait, elle exigeait d'être rafraîchie. Je plongeais alors dans la piscine où, à mon grand bonheur, je pouvais nager librement. Puis, je revenais m'étendre sur ma chaise longue, où je contemplais les plantes exotiques et les espèces d'oiseaux rares, où des papillons colorés virevoltaient dans les herbes environnantes.

Le bleu du ciel coiffait le désert. Sa clarté, son intensité invitaient à respirer. Après la cohue qui animait Jérusalem, après les essaims de touristes qui escaladaient Massada, retrouver ce bleu céleste était presque une bénédiction. J'ai songé aux paroles de Flaubert à propos de son excursion à proximité de la mer Morte et du Jourdain : « Le ciel bleu sec et dur, de temps à autre une bouffée de vent frais ». Dans ses *Voyages d'Orient* (1849-1851), il écrivait :

> La mer morte, par son immobilité et sa couleur, rappelle tout de suite un lac. Il n'y a rien sur ses bords immédiats ; cependant, un peu de temps avant d'arriver à elle, à droite, quelque verdure. Ses bords sont couverts de troncs d'arbres desséchés et de morceaux de bois, épaves apportées sans doute par le Jourdain. L'eau me paraît avoir la température d'un bain ordinaire et elle est très claire contre mon attente. Sassetti qui en goûte se brûle la langue ; ayant soif, je n'ai pas tenté l'expérience[11].

Qui eût cru qu'au temps de Flaubert, il fût possible d'en goûter l'eau ? De nos jours, des mesures de prudence extrême étaient mises en places sur les plages de la mer Morte. Avec sa très forte concentration de sel, il était risqué de s'y aventurer. Pour cette raison, il fallait se laisser flotter sur le dos. Les gardiens surveillaient les baigneurs d'un air sévère et émettaient de nombreux avertissements. Si, par un mouvement imprudent, l'eau salée entrait en contact avec les yeux, la bouche ou les oreilles d'un baigneur – ou pire encore, avec son estomac –, les sauveteurs

---

11   Gustave Flaubert, *Œuvres complètes*, Arvensa éditions, 2014 [1849-1851], p. 3048.

avaient l'obligation d'appeler une ambulance afin de l'envoyer directement à l'hôpital. Afin d'éviter ce genre d'incident, tout écart de conduite comportait une conséquence désagréable : on vous ordonnait de revenir sur la plage sur-le-champ.

À la suite de Flaubert, la grande voyageuse Cristina Trivulzio di Belgiojoso (1808-1871), aristocrate italienne et femme de lettres, avait exploré l'Asie Mineure avec une escorte avant de se rendre en Turquie, puis à Jérusalem. Dans son ouvrage *Asie Mineure et Syrie. Souvenirs de voyage* (1858), elle racontait son arrivée matinale dans le Jourdain et sa découverte de la mer Morte ainsi :

> Lorsque les premières clartés de l'aube percèrent le brouillard, nous étions sur les dernières hauteurs qui ferment du côté du nord la plaine du Jourdain. Des nuages moutonnants qui me rappelaient certaines images de l'Écriture roulaient à nos pieds sur la plaine, nous en cachant quelques parties, tandis que la mer Morte brillait dans le lointain comme un sombre joyau[12].

Cette région magnifique qui avait ravi plusieurs écrivains était restée inhabitée pendant cinq cents ans, période au cours de laquelle les Bédouins l'avaient parcourue. En 1947, un jeune Bédouin était parti à la recherche de sa chèvre égarée. À l'intérieur d'une grotte, dans les falaises vallonneuses du Wadi Qumrân (auparavant en Jordanie),

---

12 Cristina Trivulzio di Belgiojoso, *Asie mineure et Syrie. Souvenirs de voyage*, 1858, p. 249.

il avait découvert les manuscrits de la mer Morte. Écrits en arabe et en araméen, ces manuscrits avaient peut-être déjà circulé, disait-on, entre les mains de Jésus, de Paul et de Pierre... Une découverte prodigieuse ! Dans onze grottes de la région, on avait retrouvé une centaine de manuscrits qui allaient être publiés éventuellement en quarante volumes. Depuis, les restes de ces « écrits du désert », comme j'aimais les appeler, étaient exposés au Musée d'Israël.

Plus tard, en 1956, des individus qui portaient un amour particulier aux plantes et à la nature sauvage avaient fondé un kibboutz à Ein Gedi. Au milieu du désert, ils avaient conçu un véritable jardin botanique, composé de rares espèces de végétation foisonnante. C'était sans doute l'un des lieux les plus fascinants sur la planète. Situé le long des côtes perlées des zones stériles, il était entouré de hautes falaises et de vallées. L'œil sensible à la lumière s'y régalait, il discernait plusieurs nuances de vert et de nombreuses gammes de couleurs. En un mot, le panorama avait de quoi faire la joie des peintres et des dessinateurs.

Depuis le XIXe siècle, la région avait beaucoup changé. Si l'on pouvait toujours comparer la mer Morte à un lac, elle rétrécissait à vue d'œil. Chaque année, elle perdait environ un mètre de largeur, car son eau et son argile étaient exploitées, entre autres, pour la fabrication de nombreux produits de beauté. Aujourd'hui, elle n'était plus qu'un mince filet autour duquel, dans certains endroits de villégiature, se réunissaient les voyageurs en quête de beauté.

J'ai gambadé d'un petit chemin à l'autre. Sur mon chemin, il y avait des fleurs au parfum odorant et des arbres

gigantesques aux noms inconnus. Puis, je me suis promenée au-dessus de l'immense falaise, des vallées entourant
l'hôtel jusqu'au jardin idyllique. Pendant cinq cents ans,
seuls les Bédouins avaient habité l'endroit. J'ai imaginé les
pêcheurs qui venaient jadis sur la rive, d'Ein Gedi à Ein-
Églaïm, pour faire sécher leurs filets. En ce lieu, il était
écrit dans le Livre d'Ézéchiel que « Les espèces de poissons seront aussi nombreuses que celles de la Méditerranée[13] ». Était-ce une autre parole d'homme destinée à nous
tromper ? Car, de nos jours, les espèces de poissons étaient
rares dans cette portion de la terre d'Orient. La vaillante
Artémis n'y aurait trouvé ni ours, ni cerf, ni biche, ni chien.

———

Quelques heures plus tard, la terre a tremblé. Un séisme a
parcouru le sol, suivi d'un léger froissement dans l'univers
cosmique. Depuis le lointain, une dépêche est parvenue
jusqu'à l'oasis, tel un sombre présage. J'étais installée à la
terrasse du bar, où je lisais ces *Voyages d'Orient* en sirotant
une *lemonada*, quand le chuintement d'un poste de télévision s'est fait entendre. L'atmosphère de tranquillité qui
régnait jusqu'alors s'est brisée.

La voix du journaliste s'est imposée telle une plainte
lancinante dans le site, où seul le grésillement des insectes
indiquait le passage du temps. Ses intonations aiguës et
son rythme accéléré ont fendu l'air parfumé de juillet,
imprimant une gravité au cœur du jour. Je me suis approchée vers le bar afin d'interroger le jeune serveur qui fixait
intensément l'écran plasma juché au-dessus du comptoir.

---

13   Livre d'Ézéchiel, 47, 10.

Des images de soldats en mission défilaient. Rapidement, j'ai compris qu'un affrontement s'était produit à la frontière libanaise. Deux jeunes soldats israéliens avaient été enlevés sur leur propre territoire. Une pensée a effleuré alors mon esprit : « On ne peut éviter la colère des dieux ». J'ai regardé au loin : un défilé d'ombres semblait tournoyer dans le ciel, annonçant une meurtrissure.

À la télévision, les nouvelles défilaient dans l'urgence : images de militaires qui s'agitaient en tous sens en parlant un hébreu saccadé. Une situation de crise venait de se produire. Ce fut l'étincelle qui allait déclencher un nouvel épisode du conflit israélo-arabe : la guerre entre Israël et le Hezbollah du Liban (2006). Celle-ci allait durer trente-quatre jours et causer d'immenses pertes humaines et matérielles.

———

Au repas du soir, une ambiance de légère inquiétude régnait parmi les touristes installés à la cafétéria. Certains regards tentaient de s'accrocher à un visage, d'autres prenaient à témoin leurs semblables devant la nouvelle réalité qui nous accablait : le retour de la violence. La vie en Israël se poursuivait tout en s'inscrivant dans les rouages d'un conflit ancien qui en formait la trame historique et qui lui conférait une fragilité extrême.

À l'exception d'un petit groupe de chrétiens fondamentalistes, les voyageurs ne semblaient pas effrayés. Pas encore, du moins. Que deux soldats aient été enlevés à la frontière libanaise, cela ne les concernait pas. Pourquoi auraient-ils ressenti de l'inquiétude ? Les conversations allaient bon train, comme d'habitude, mais certains *kibboutznikim* affichaient une nervosité que nous ne leur connaissions pas la veille. Malgré tout, la soirée s'est écoulée lentement. J'ai profité de mes dernières heures dans cet endroit pour faire une promenade parmi les variétés d'arbres exotiques splendides : Rose du désert, baobabs, câpriers, bombax. Après, je suis allée dormir.

Le lendemain, j'ai avalé mon petit-déjeuner, puis je suis retournée à la piscine du kibboutz. Le paysage semblait identique, mais quelque chose avait changé. Une tension nouvelle raidissait les montagnes qui se dressaient à Ein Gedi depuis des siècles. L'air que l'on respirait sentait davantage la poussière, son goût était plus amer que la veille au matin.

———

J'ai rebroussé chemin vers Jérusalem. Une fois sortie de l'hôtel, je me suis dirigée vers la grand-route. Selon l'horaire des transports collectifs, le prochain autobus qui s'acheminait vers le nord arriverait dans dix minutes. J'ai attendu pendant une bonne heure. Au moment où je n'espérais plus le voir passer, le bus est apparu. Le chauffeur a ouvert les portes en souriant. J'ai déposé ma grosse valise dans la soute à bagages, puis je suis montée. Je suis allée m'asseoir entre de jeunes réservistes lourdement armés et un couple d'âge mûr. Ensuite, je ne sais plus, j'ai somnolé jusqu'à notre arrivée à la gare Tahana Merkazit.

La route était sinueuse et le chauffeur conduisait rapidement. Malgré les secousses, j'ai dormi d'un sommeil agité pendant la majeure partie du trajet. Je me suis réveillée bien plus tard, grâce au changement de rythme du véhicule qui arrêtait fréquemment afin de laisser descendre les passagers. Une discussion animée s'est amorcée entre une vieille dame et le chauffeur ; elle semblait lui faire de sévères reproches contre lesquels il se défendait. Je saisissais quelques bribes de leur conversation en hébreu, mais l'enjeu principal m'échappait. De toute évidence, la dame d'âge honorable demandait au chauffeur de la déposer à un endroit qui le ferait dévier de son circuit habituel. Après plusieurs minutes de négociation, elle a réussi à le convaincre. Le chauffeur s'est tu et il a emprunté un virage serré. Pendant que le véhicule défilait à toute vitesse, nous avons aperçu de gros conteneurs à déchets au milieu de la rue. Cela semblait bizarre. Avaient-ils été déplacés par le vent ? Le chauffeur les contournait de justesse. Quelques dizaines de mètres plus loin, le même scénario s'est répété avec une variante : pour éviter les obstacles, le chauffeur conduisait avec son véhicule monté à demi sur le trottoir. J'ai alors réalisé ce qui se passait. Nous étions à Mea Shearim, le quartier des *hassidim*, les juifs ultra-orthodoxes, quelques heures avant la fin du *shabbat*, période durant laquelle il est interdit de conduire une voiture et d'utiliser l'électricité pour les croyants. Pour décourager les visiteurs impromptus qui dérogeaient à cette règle, les habitants avaient poussé ces énormes conteneurs au centre des rues. Eh bien, ils n'y allaient pas de main morte ! La suite de notre trajet s'est déroulée dans une ambiance chaotique. Le bus valsait dans les rues de Mea Shearim et les passagers étaient chahutés les uns contre les autres. Certains tentaient de se lever, on aurait dit qu'ils étaient ivres… À l'inverse des fables de la littérature hassidique médiévale, le mouvement brusque de leurs corps ne ressemblait pas à une danse qui aurait accompagné le récit d'un miracle accompli en faveur des hommes pieux. À quoi bon auraient-ils dansé ainsi, d'ailleurs ?

———

Nous sommes enfin arrivés à la gare Tahana Merkazit, le terminus de notre déroute. Après être descendue et avoir récupéré mes bagages, je suis montée lentement dans un taxi qui m'a ramenée à mon hôtel. À l'arrivée, je me suis arrêtée quelques secondes pour observer la vie qui animait le boulevard King David. Au cœur de l'été ébranlé par un nouveau conflit, Jérusalem ne ressemblait pas à une cabane fragile dont la charpente menaçait de s'effondrer. Au contraire, la vie suivait son cours habituel. La circulation automobile s'apparentait à celle de la semaine précédente, les commerces étaient ouverts, les passants déambulaient comme d'habitude. Les habitants de la cité ne ressemblaient pas aux nombreux félins sauvages à la silhouette frêle et à l'échine souple qui circulaient un peu partout sur le campus. Dans cette artère principale, aucun signe n'indiquait que le pays était engagé dans une nouvelle guerre. Et pourtant, la violence avait déjà émergé. Elle était là, tout près. Déjà, elle divisait les hommes, malgré leurs errances communes. En guise de consolation, j'ai pensé à Paul Celan, à la constellation qu'il fallait cueillir et rassembler pour l'homme, et qui lui servait de demeure, ainsi qu'il l'écrivait dans son poème *Fenêtre de cabane*.

À quelque quatre cents kilomètres au nord, la guerre battait son plein. Pour la première fois, j'étais témoin de la violence qui ébranlait la terre du Proche-Orient. À cette pensée, mon cœur s'est serré. Pendant un long moment qui m'a semblé infini, je suis restée immobile, incapable de bouger et de prononcer une parole.

———

C'est ainsi que tout a commencé : la guerre a fait son chemin à l'intérieur de moi. Elle a dessiné une trace imperceptible, mais permanente, sur mon corps. Bien que je me trouvais à environ deux cents kilomètres de la frontière israélo-libanaise, j'avais l'impression d'entretenir une proximité inquiétante avec les combats qui faisaient rage. On aurait dit qu'il existait un fil invisible et double qui me rattachait, d'une part, aux roquettes échouées au nord d'Israël jusqu'à Haïfa et, d'autre part, à la place du marché de Beyrouth, à l'aéroport, aux routes et aux ponts au sud du Liban que l'armée israélienne était en train de détruire. J'étais propulsée sur le terrain des combats armés, où la destruction devient un spectacle grandiose, où la vie meurt à chaque instant. Mon corps absorbait les secousses, mon cœur encaissait les coups. La violence qui frappait ainsi, sans ménagement, ça résonnait très fort dans ma tête, jusqu'à la base de ma colonne vertébrale, jusqu'à la moelle de mes os. Qu'un effondrement se produise dans la terre du Proche-Orient, cela faisait écho à un trauma antérieur. Oui, cela me parlait secrètement. Mais comment ? Je l'ignorais encore.

Quelques semaines auparavant, j'étais allée à Oświęcim, une petite ville de Pologne mieux connue, hélas, sous son nom allemand, Auschwitz. L'une des choses qui m'avaient le plus troublée, lors de ma visite du camp, c'étaient les baraques abritant les salles de torture. Des objets et des restes humains y étaient conservés : masses de cheveux, tas de chaussures, montagnes de lunettes et de valises. À travers eux, la présence des victimes s'imposait d'une manière curieuse. J'avais beaucoup lu sur Auschwitz, mais nulle part je n'avais trouvé de mention indiquant que l'odeur des internés y perdurait. Oui, plus d'un demi-siècle après la libération du camp et surtout, après la transformation du grand complexe concentrationnaire du Troisième Reich en Musée national Auschwitz-Birkenau, il restait CETTE TRACE IMPROBABLE : L'ODEUR DES INTERNÉS. Une trace qui semblait si éphémère, a priori, que l'idée de l'effacer n'avait même pas effleuré l'esprit des « cerveaux » de la Solution finale.

On aurait dit que l'Histoire s'était chargée de cette riposte. La présence des victimes s'imposait dorénavant grâce à leurs effluves communs. Oui, des exhalations pénétrantes se dégageaient de l'intérieur de ces baraques : odeurs de corps rompus, d'os brisés, de chairs lacérées, de sang versé, d'excréments répandus qui avaient été enfermés trop longtemps dans ce lieu clos. Ces miasmes de peur, ces relents d'humanité agonisante, on ne pouvait les confondre avec les anciennes émanations des gaz, avec l'odeur des cendres et de la fumée. Car c'était bien l'odeur des vivants qui perdurait en ces lièux, et non celle des morts. De là l'étrangeté de la chose. On avait l'impression qu'ils étaient encore parmi nous, ces internés. L'intimité de leur souffrance nous était offerte ainsi, à nous les femmes et les hommes du siècle prochain. Lors de l'avènement du XXIe siècle, nous avions eu l'illusion que celui-ci serait moins mauvais que le précédent, le XXᵉ, celui que j'avais l'habitude d'appeler *mon pauvre siècle*, et qui avait permis l'avènement de la Shoah, de plusieurs génocides et de terribles violences. Moi aussi, j'avais cru qu'il serait moins mauvais, sans être nécessairement meilleur. Maintenant, le doute s'immisçait dans mon esprit. Dans les salles de tortures d'Auschwitz, j'ai pensé : « Peut-être les victimes imposent-elles leur dernier acte de résistance ainsi, dans cet espace concentrationnaire où elles ont été humiliées, torturées, déshumanisées, puis assassinées ? »

Les voix sont alors revenues. En mon for intérieur, je les entendais. Elles récitaient le *kaddish*, la prière des morts. Puis, une voix féminine, d'une beauté magistrale, s'est élevée du chœur. Elle a récité la prière à son tour avec des mots différents, prononcés avec des intonations ashkénazes. On aurait dit des mots yiddish. Quand j'en ai pris conscience, les battements de mon cœur se sont accélérés. C'était invraisemblable, je le savais, car le *kaddish* est toujours récité en hébreu. Et pourtant, je l'entendais bien, cette voix. Elle adoptait la forme d'un *sanglot chantonné*, puis se transformait en une *rhapsodie de l'au-delà* où se mélangeaient des paroles hébraïques et quelques mots yiddish. Comme dans *L'écriture ou la vie* de Jorge Semprun, il y avait cette anomalie, ce détournement de sens de la prière adressée aux morts. Un *kaddish* récité dans la langue vernaculaire, que cela pouvait-il signifier ? Qu'était-ce donc, sinon un chant dépouillé de la sacralité de la langue hébraïque et des noms de l'alliance ?

Je n'avais pas trouvé de réponse à mes questions. Et pourtant, j'étais revenue soulagée de ma visite à Oświęcim. Enfin, j'avais vu le camp, j'y avais même circulé. À présent, il n'était plus associé à un imaginaire fantasmatique de l'Histoire ou à une conception personnelle de la Shoah. Il faut dire que depuis les dernières années, j'avais beaucoup rêvé à « Auschwitz ». Je me sentais habitée par l'expérience concentrationnaire, mais d'une drôle de manière, car je n'étais ni de la troisième génération ni juive d'ailleurs. Or, la visite à Oświęcim avait posé une limite. Après, mes rêves du camp s'étaient estompés. Peu à peu, ma hantise de la déportation et de la destruction des Juifs d'Europe s'était transformée.

Quelques semaines après cette visite en Pologne, voilà que je me trouvais exposée aux tirs des roquettes qui venaient échouer au nord d'Israël et aux destructions massives provoquées par la présence des chars d'assaut israéliens à Beyrouth et à Tyr. En très peu de temps, j'étais confrontée à la matérialité de conflits très différents. Entre leur apparition respective, il y avait un intervalle de soixante-dix ans dont la rationalité m'était certes familière, mais dont la réalité concrète devait être absorbée sur-le-champ. Le renversement de perspectives était brutal. Certes, la Shoah et le conflit avec le Hezbollah se situaient à deux pôles extrêmes, ils n'avaient pratiquement rien de commun. Et pourtant, quel choc c'était que d'être propulsée sur les territoires de leur émergence, de passer de l'un à l'autre si rapidement ! Il y avait une tension extrême, un écart abyssal entre la proximité spatiale et la distance temporelle dans laquelle je me tenais. Quand j'ai regagné ma chambre d'hôtel du YMCA, je me souviens que tout s'est bousculé dans ma tête. On aurait dit que les couches supérieures de ma mémoire s'étaient affaissées, causant un enchevêtrement de temporalités. Une confusion s'érigeait entre les deux événements historiques, avec leur trauma distinct. L'angoisse m'a prise d'assaut, elle a atteint un apogée. Assise dans mon lit, je me suis recroquevillée sur moi-même. Pendant un long moment, j'ai sangloté. Une pensée, insistante, tournait dans mon esprit : « Je ne veux pas mourir. Je ne veux pas mourir ». Il n'y avait pas de danger immédiat, je le savais bien. En réalité, je n'avais aucune chance de mourir si je restais à Jérusalem au lieu de me rendre en Galilée, comme je l'avais prévu. Et pourtant, cette pensée ne me lâchait pas.

Cette fois, il n'y avait plus de murs ou de bibliothèques pour me protéger. Le conflit me heurtait de plein fouet. J'ai alors songé : « Quelque chose dans cette terre d'Orient me bouleverse. On dirait que cet énorme tremblement fait écho à des blessures archaïques ayant façonné l'étrangère que je suis ». Cette chose insaisissable vibrait dans les profondeurs du sol, il fallait l'extraire de son enclave.

À ce moment, les voix du *khresterion* sont revenues.

———

« Ne crains rien, petite sauvageonne. N'es-tu pas la fille de Zeus, la Bruyante, la dame des fauves ?

Ne crains pas de te mêler aux querelles des mortels. Cela, même si ton âme est accablée de douleurs à la vue des décombres, du sang versé, des maisons détruites.

Souviens-toi : tu es la dame blanche qui veille sur les points de passage incertains et les moments de transition.

Ne crains ni les montagnes ombreuses ni les pics abattus par les vents. »

Elles étaient réconfortantes, ces voix, mais pendant combien de temps pourrais-je m'y accrocher ? J'ai voulu m'arracher aux émotions et aux pensées qui traversaient mon esprit. J'ai allumé le poste de télévision. Puis, j'ai zappé jusqu'à ce que je trouve une chaîne diffusant une émission légère. Des images de téléroman israélien, c'était parfait. J'ai réussi à m'endormir. Une demi-heure plus tard, j'ai été réveillée dans l'urgence par les images qui défilaient au bulletin de nouvelles.

Cœur serré, nœud dans l'estomac. L'angoisse m'a happée. J'ai éteint le poste de télévision. Puis, les mots se sont bousculés dans ma tête. J'ai écrit quelques phrases, un titre s'est imposé. Plus tard, avec la distance, j'ai reformulé mes gribouillages, et voici ce que ça a donné :

À VOS ÉCRANS

C'est jouissif, de voir le monde qui s'effondre. Quoi de mieux que de le regarder s'écrouler depuis nos écrans de téléphones portables, d'ordinateurs, de télévisions ? Qu'il se décompose et coure à sa perte, si les hommes sont assoiffés de vengeance, s'ils cherchent à s'entretuer ! Tiens, des bombes éclatent, des édifices s'écroulent. Les sirènes démarrent, les images d'horreur se multiplient. Une épaisse fumée noire remplit la superficie du moniteur. Après quelques secondes, ça devient étourdissant. Ce n'est pas beau à voir, mais une chose est certaine : c'est jouissif, être le témoin de catastrophes humaines et géopolitiques à l'écran.

Le malheur des autres, ça sert à tapisser son petit monde, à se distraire de l'ennui, à se blinder contre le réel. Bien calé dans le divan de son salon, on assiste à cette misère, à ces explosions, à ces tueries barbares. Ainsi, on oublie nos tracas du quotidien, nos problèmes de bureau, nos symptômes persistants, nos chicanes de couple, nos tensions familiales, nos difficultés financières, nos manies habituelles. Notre petite vie rangée et confortablement supportable, quoi.

EN PRIMEUR CETTE SEMAINE, les images et les slogans les plus grossiers sur le conflit au Proche-Orient. La désinformation à son meilleur, en somme.

On se sent concerné, on prend parti « pour » et « contre ». Surtout « contre ». En feignant de s'intéresser à un conflit dont les complexités élémentaires nous échappent et dont la trame historique nous est profondément méconnue, on revendique à tort et à travers. On invoque la nécessité de la dénonciation, on signe des pétitions aux clauses nombreuses dont on ne saisit pas toujours les implications concrètes. Pour ce qui est des conséquences, on n'y songe même pas : allez savoir ! D'ailleurs, qui sait vraiment ? Dans le noir, donc, on avance sur un terrain glissant. À force de se laisser entraîner par les passions, on devient excessif. Qu'importe ? Qui s'en rendra compte, au fond ? L'important n'est-il pas de dénoncer haut et fort ?

Tous ces petits malins qui s'expriment sur le conflit et diffusent leurs réactions spontanées, ils nous offrent LES SOLDES DE L'INFORMATION au quotidien. Le scénario est bien connu. À partir d'images percutantes, on dénonce les affrontements entre les bons, à savoir les opprimés – les

Palestiniens – et les méchants, à savoir les oppresseurs – les Israéliens. Comme si la réalité était un film en noir et blanc, ou plutôt, un conflit entre dieu et le diable. Et le Hezbollah ? Et le Hamas ? Les aurait-on oubliés ? « Je me sens tellement impuissante face aux calomnies, à toute cette désinformation. Pourquoi les gens ne lisent-ils pas la presse qui sort d'ici ? Au lieu de se farcir des "informations" qui ne présentent qu'un seul revers de la médaille, ajoutant donc au malheur du monde[14] », écrit Sabine Huynh.

Il y a des plaisirs inavouables. Dans certaines sociétés occidentales, on se targue d'avoir évacué la religion depuis des lustres et tout à coup, la nostalgie du manichéisme s'impose. Le vieil héritage catholique remonte, trois générations après, il vous colle encore à la peau. On ne se libère pas de la religion en enlevant la soutane, c'est bien connu. Ça fait partie de vous. Une sorte d'élan irrépressible secoue votre charpente, il accélère le flux sanguin qui circule dans vos veines. Bien sûr, on est tous athées. Mais, comment dire ? Certains sont plus *allergiques* que d'autres à la religion. Ce genre d'allergie donne la caution nécessaire pour agir en toute liberté, sans limites. Ainsi, on se fiche pas mal de la désinformation et de ce que certains spécialistes – de plus en plus rares de nos jours – appellent « la nécessité d'avoir un point de vue nuancé ». Ce genre de soucis, c'est pour les intellectuels gastronomes. Nous, on n'a pas le temps, vous comprenez, on doit se rabattre sur le *fast-food* de l'information. Nous optons pour une

---

14   Sabine Huynh, *La sirène à la poubelle*, p. 25.

CULTURE BON MARCHÉ. *The world is falling apart.* Fixés sur nos écrans, nous en sommes les témoins par procuration. Et nous nous régalons.

Je suis allée derrière l'écran.

Maintenant, je fais partie du film.

C'est depuis ce lieu que je vous parle, cet autre côté du visible.

DE L'ANCIEN ASIONGABER
À LA CITÉ VERMEILLE

Je voulais voir du rouge. Mon désir d'exotisme s'accentuait, il ne cessait d'augmenter. MON CORPS, MA PEAU, MES YEUX ÉTAIENT AVIDES, comme lorsqu'on éprouve une envie insatiable de sexe ou de nourriture. C'est physiologique, ce manque qui s'érige depuis le fond de l'estomac, remonte jusqu'à la gorge et creuse l'œsophage. Un vif élan nous propulse vers l'extérieur, peu importe l'objet dont on s'empare ou s'abreuve. Une prise saisie au vol, à pleines mains : voilà une image parfaite de l'assouvissement recherché. Oui, une proie, un objet qui rempliraient l'existence instantanément, par leur simple présence, par leur corps-matière. Là où je me trouvais, il n'y avait pourtant aucune proie. Où va Artémis en l'absence de gibier ? Que fait-elle de son instinct de chasse ? Si, chez elle, le désir est plus fort que la pulsion, de nouveaux reliefs apparaîtront sur son chemin. L'horizon, quoiqu'inchangé, semblera élargi. Il n'y aura ni bécasse à capturer ni venaison à se mettre sous la dent, mais un domaine entier à conquérir. Et chez moi, ce désir de rouge, à quoi s'arrimait-il ? J'étais prise d'un élan pulsionnel, cela ne faisait pas de doute. Or il n'y avait pas de sang.

Je me suis rendue à Eilat, station balnéaire plantée à l'extrême sud d'Israël. À l'entrée du désert du Néguev, je me suis retrouvée dans l'ancien Asiongaber, lieu de départ des flottes de Salomon vers Orphir. Dans la Bible, c'est en ce lieu que s'étaient trouvées les stations des enfants d'Israël après l'exode de l'Égypte. Dès sa fondation, la ville avait servi d'avant-poste militaire et elle avait connu une croissance rapide : c'était le point crucial d'échange avec l'Afrique et l'Asie, surtout depuis que l'Égypte avait refusé le passage dans le canal de Suez. De nos jours, la ville était réputée pour la magnificence de ses récifs de coraux, dont il existait plus de cent variétés, et pour le faste de son milieu aquatique, composé de quelque huit cents espèces de poissons. À ceux qui le souhaitaient, il était possible de plonger avec des dauphins en liberté. Le ciel d'Orient, en particulier, était magnifique en ce coin de pays. Un siècle et demi plus tôt, la voyageuse Cristina Trivulzio di Belgiojoso écrivait à son sujet :

> Le ciel d'Orient n'a pas la couleur du saphir, mais plutôt celle de la turquoise, surtout pendant la nuit ; une transparence infinie semble le rattacher à un océan de lumière lointaine, devant laquelle on le dirait jeté comme un voile ; les étoiles elles-mêmes ont je ne sais quelle blancheur qui n'a rien de commun avec la pâleur, et qui ressort, sur la teinte aussi blanchâtre du ciel, comme une parure de diamants sur l'un de ces teints délicats que les poètes comparent à l'albâtre. Tout est parfaitement harmonieux

dans l'aspect de ce ciel, et je m'étonne souvent que l'uniformité des teintes n'en efface pas les contours[…][15]

Depuis, les lieux avaient bien changé. Dorénavant, c'était un îlot de vacances et de jouissance, une sorte de Las Vegas israélien en miniature. Je n'y ai trouvé que du clinquant et du bon marché. Avec tous ses bars, ses discothèques et ses restaurants, jusqu'à la vaste promenade où marchands, touristes et baigneurs circulaient jour et nuit, Eilat affichait une ambiance artificielle qui m'a déplu – cela, malgré le charme originel du lieu et la beauté de sa géographie.

Mais il y avait la mer Rouge ! De cette mer regorgeant de perles, de son bleu noir profond, il se dégageait une sensualité extraordinaire. Il fallait s'écarter de la faune de visiteurs qui s'étaient emparés de la plage pour découvrir une atmosphère invitante. Avec un climat sec et ensoleillé en permanence, il faisait jusqu'à 45 °C à l'ombre durant l'été. Au sortir d'une baignade, on avait envie de faire l'amour sur-le-champ, emmêlés dans les vagues qui roulent et viennent échouer sur le sable brûlant. Oui, à la mer Rouge, le désir féminin atteignait sa splendeur. Les eaux le portaient, elles le célébraient. Et c'était d'autant plus exquis qu'on était au bout du pays, à l'extrême pointe du territoire israélien. Du côté droit, on apercevait l'Égypte et du côté gauche, la Jordanie. La perspective, franchement époustouflante, m'a donné l'impression d'être arrivée au bout du monde.

---

15 Cristina Trivulzio di Belgiojoso, *Asie mineure et Syrie. Souvenirs de voyage*, p. 357.

Trois jours avant que deux soldats israéliens ne soient enlevés à la suite d'un accrochage entre le Hezbollah et l'armée israélienne à la frontière libanaise, j'avais traversé une autre frontière. En me dirigeant vers l'ouest, je m'étais rendue à Pétra, la cité vermeille aux gigantesques falaises et aux vastes sanctuaires. Cette cité perdue avait été taillée dans la pierre rouge par les Nabatéens, peuple ingénieux qui s'était installé en Jordanie deux mille ans auparavant. Jusqu'en l'an 100 de notre ère, la ville était restée sous leur contrôle, malgré les tentatives du roi Séleucide Antigone, de l'empereur romain Pompée et du roi Hérode le Grand pour conquérir la ville et la soumettre au contrôle de leur empire. Entre-temps, elle était devenue un carrefour stratégique pour les routes de la soie et des épices reliant la Chine, l'Inde et l'Arabie méridionale à l'Égypte, la Syrie, la Grèce et Rome. À la période byzantine (330 av. notre ère-1453), Pétra était encore habitée, mais l'ancien Empire romain s'était tourné vers Constantinople, ce qui avait fait décliner son importance. Puis, au XIIe siècle, on l'avait abandonnée.

L'oracle avait-il prédit qu'elle connaîtrait ce triste sort ? Il l'avait pourtant fait avec Liéthra, ville de la Macédonie qui avait péri, disait-on, grâce à un sanglier... Et justement, cette dernière ville m'a fait penser à la Pleuron nouvelle, cité érigée sur les pentes du mont Aracynthe, en Grèce, et qu'Homère mentionne dans *L'Iliade*. J'ai songé : « Artémis doit être dans les parages, tant il y a de liens qui me ramènent vers elle ». Et justement, il y avait lieu de croire que les Nabatéens et les Grecs entretenaient une sorte de rivalité post-historique. De nos jours, la ville de Pétra ne se classait-elle pas à un rang inférieur au temple d'Artémis à Éphèse, considérée comme l'une des sept merveilles du monde ?

———

Pour se rendre dans cette ville que l'on avait donc qualifiée de « huitième merveille du monde », il fallait traverser la frontière de la Jordanie, puis remonter vers le nord. Le trajet en voiture durait environ deux heures. On n'avait pas le choix, il fallait emprunter ce long détour, même si la distance géographique entre Pétra et Ein Gedi était courte. Tout de même, je n'aurais pas aimé voyager à dos de chameau, comme c'était la coutume parmi les dandys européens du XIXe siècle. Dans son ouvrage *L'Orient et ses peuplades* (1867), la grande voyageuse Olympe Audouard dressait le portrait des hommes qui affluaient vers la vieille ville de Jérusalem durant la semaine sainte, afin de poursuivre ensuite leur voyage dans les pays arabes :

> Parmi cette foule, on remarquait un certain nombre de dandys de la vieille Europe, qui, trouvant insipide et banal de se faire transporter à Jérusalem à l'aide de la vapeur, et d'y arriver par des voies carrossables, croient qu'il est de meilleur ton, plus chic, comme on dit en argot, de rester hissés pendant plusieurs semaines sur le dos d'un chameau pour traverser le grand désert qui s'étend de Jérusalem au mont Sinaï, et de prolonger le voyage d'un mois en passant par *Pétra et Korak*[16].

———

16 Olympe Audouard, *L'Orient et ses peuplades*, Paris, E. Dentu, Éditeur, 1867, p. 430-431.

À notre époque, mon compagnon et moi, nous voyagions simplement. Nous avions acheté un circuit à Pétra dans une agence de voyages de Jérusalem. Au petit matin, un guide israélien viendrait nous chercher à Eilat, ainsi que d'autres voyageurs, pour nous emmener jusqu'à la frontière. Après l'avoir traversée, un autre guide, Jordanien celui-là, nous emmènerait visiter le site. Voilà l'entente que nous avions conclue.

Dans le minibus de location qui partait d'Eilat, nous étions dix nord-américains : trois couples de touristes en vacances, deux solitaires et nous. L'ambiance était légère et les conversations se déroulaient sur un ton candide, comme c'est souvent le cas avec les Américains. Tout a changé quand nous sommes arrivés au poste-frontière, où l'on pressentait le changement de régime politique en présence des deux militaires jordaniens, qui semblaient taciturnes et distants. Ils portaient leur veston militaire kaki, le costume officiel, agencé à des pantalons de camouflage. En les voyant, j'ai réprimé un petit rire. Ils m'ont fait penser aux policiers de chez nous qui s'habillent de façon similaire comme mesure de pression syndicale. C'est alors que mon compagnon m'a empoigné le bras. Avec sérieux, il m'a dit :

— Ne rigole pas devant ces types. En Jordanie, il n'y a pas de démocratie. Qui sait ce qu'ils seraient capables de faire…

Et si on affichait un sourire en leur présence, allaient-ils nous retenir pour un interrogatoire ? J'ai d'abord cru qu'il exagérait. Puis, en jetant à nouveau un coup d'œil vers ces militaires, j'ai compris qu'il avait raison. Nous étions sur le point d'entrer dans un territoire gouverné par une monarchie, où le système politique, les rapports sociaux et la place des femmes dans la société étaient structurés de manière fort différente qu'en Israël. D'ailleurs, il n'y avait pas foule à cette frontière, à part notre petit groupe de voyageurs et quelques conducteurs accompagnés de passagers. Malgré cela, l'accueil était froid et la procédure, assez lourde. Au final, les deux soldats nous ont fait patienter durant quarante-cinq minutes.

Dans l'attente, quelques voitures provenant d'Israël ont traversé en Jordanie. Je me souviens avoir aperçu une automobile blanche s'arrêter. Le conducteur est sorti, un autre type est arrivé. En vitesse, celui-ci a enlevé la plaque d'immatriculation jaune moutarde et l'a remplacée par une plaque blanche avec des caractères arabes. Surprise, j'ai pensé : voilà sans doute un individu impliqué dans les relations diplomatiques. Bien qu'il n'avait pas une voiture de service reconnaissable, cela semblait évident. Quelle autre raison aurait pu expliquer qu'on change sa plaque d'immatriculation ainsi ? Puis, une deuxième, une troisième voiture sont arrivées. C'étaient tous des modèles communs. Le scénario s'est répété. Le conducteur est sorti, un type est venu démonter sa plaque d'immatriculation israélienne, puis il l'a remplacée par une plaque jordanienne. Ça alors ! C'était donc la procédure officielle, quand vous arriviez d'Israël, de changer la plaque d'immatriculation de votre voiture afin de vous rendre en Jordanie.

Quand j'y repense maintenant, cela me paraît logique. Après tout, la Jordanie est une monarchie absolue gouvernée selon la charia par les descendants d'un roi obscur et ayant pour constitution le Coran. Selon la « règle dynastique des tribus », la transmission du pouvoir s'effectue entre frères, puis entre demi-frères du roi. L'élection du roi et des princes héritiers est votée par un conseil de princes. Certes, il y a une reine, mais elle n'a aucun pouvoir politique. On aurait dit un conte patriarcal classique où les personnages féminins sont acculés à des rôles mineurs... Alors, franchement, il était normal que les simples touristes ne soient pas les bienvenus. Quiconque souhaitait pénétrer en Jordanie devait se conformer aux règles et aux doctrines de ce pays intolérant à l'égard des autres traditions et cultures. Heureusement, notre séjour était de courte durée. L'aliénation des étrangers qui doivent se soumettre à l'idéologie ambiante, ce ne serait pas pour nous.

Et pourtant, je l'ignorais encore, mais le pire nous attendait. Le pire, c'était la petite marche d'une centaine de mètres qu'il fallait accomplir pour traverser la frontière. À pied, donc. Après avoir récupéré nos passeports, l'un des deux militaires nous a fait signe d'avancer. En levant les yeux vers la droite, en haut, j'ai aperçu un mirador. Un gardien armé d'une mitraillette y était posté. Il y avait donc un danger potentiel. À mes côtés, j'ai senti le corps de mon compagnon se raidir légèrement. Autour de nous, les Américains ont cessé de parler, ils avançaient à pas incertains en regardant le sol. Gare à celui qui succomberait à l'envie soudaine de s'enfuir en courant ! Gare aux téméraires ou aux demeurés qui tenteraient de fouler le sol jordanien de manière illégale ! Gare aux sportifs qui ne résisteraient

pas à l'envie de se dégourdir les jambes ! Car l'avertissement valait aussi pour les visiteurs que l'on avait étiquetés
« grand public ». En d'autres termes, quiconque franchis-
sait la ligne d'arrivée trop vite risquait d'être abattu sur-le-
champ. Et moi, dans de telles circonstances, je n'avais pas
peur. Étais-je insouciante ? Il est vrai qu'Artémis n'avait pas
l'habitude de flancher lorsqu'elle apercevait un dieu armé,
même si elle était dépourvue de son arc et de ses flèches.

Pendant quelques minutes, nous avons eu l'impression sordide d'être traités comme des suspects. J'ai pensé :
« Et qui sait si jamais ça jouait dur, depuis ce matin, dans
l'arène politique ? Dans cette perspective, serions-nous
éligibles au rang d'otages ou de détenus potentiels ?
Étions-nous susceptibles de devenir les victimes d'une
mise en application par trop sévère de la charia ? » Au
premier mouvement louche, le soldat perché en haut du
mirador nous tiendrait en respect. Déjà, son arme pointait dans notre direction. Oui, le cas échéant, il déclen-
cherait sa mitraillette : c'était son métier. Quel accueil
les Jordaniens réservaient-ils donc aux Occidentaux qui
venaient enrichir leur industrie touristique ? C'était beaucoup plus pénible que d'entrer en Russie, où l'on devait
subir les vieilles manières communistes, le mauvais accueil (sauf chez les petites gens croisés dans le métro ou
dans la rue), après s'être procuré un visa à durée temporaire et au coût élevé. Sur le continent européen, il n'y
avait que dans Berlin, à Checkpoint Charlie, je crois, que
l'on avait réservé jadis un traitement similaire aux voyageurs. Mais à l'époque de la guerre froide, à quoi d'autre

aurait-on pu s'attendre ? Avec la dégradation des relations diplomatiques entre les États-Unis et l'Union soviétique, il était normal que l'entrée dans Berlin soit verrouillée.

Une fois arrivés en Jordanie, nous ne pouvions qu'être soulagés. Dans notre groupe, certains poussaient de gros soupirs. Les Américains ont recommencé à parler : « *Well, that was not funny* », « *How do they treat American tourists ? What a shame !* » En attendant devant l'édifice de la douane, comme l'avait prescrit notre guide israélien, nous avons partagé quelques impressions. C'était réconfortant d'échanger avec nos compagnons d'infortune. Cinq minutes plus tard, un homme de taille moyenne, les yeux bleus perçants, la chevelure châtaine bouclée aux reflets blonds s'est dirigé vers nous. Il portait une barbe de trois jours, était vêtu de pantalon de lin et d'une chemise de coton blanc ouverte sur la poitrine. Avec son allure décontractée, il avait plutôt l'air sympathique.

— *Hello, hello !,* fit-il. *My name is Abdul. How are you ?*

Nous avons reconnu notre guide jordanien. Il nous a serré la main, puis nous sommes tous montés dans la fourgonnette noire qui devait nous conduire à Pétra. Durant le trajet de deux heures, le chauffeur en uniforme est resté muet pendant qu'Abdul s'efforçait d'alléger l'atmosphère. Avec la chaleur intense, la climatisation fonctionnait à plein régime. Mais il y avait une tension dans l'air, comme si chaque mot que l'on prononçait risquait d'être retenu contre nous... Surtout, il fallait éviter de poser des questions sur le régime politique, ainsi que l'agente de voyages l'avait recommandé.

On croisait des campements de Bédouins installés au bord de la route que nous empruntions. Au loin, des individus avançaient à dos d'âne dans le désert. À toutes les intersections, les poteaux de signalisation étaient placardés d'affiches imposantes montrant le roi de Jordanie et les siens. Naturellement, les siens, c'étaient tous des hommes. J'ai songé : « La monarchie absolue, quelle belle invention du patriarcat ! » Le roi détenait tous les pouvoirs, qu'ils soient législatifs, judiciaires, exécutifs, constitutionnels, politiques ou économiques. Et les femmes, quelle place leur revenait dans cette autocratie ? Au Parlement, sur les cent cinquante sièges élus à la Chambre des représentants, quinze leur étaient réservés. Dix pour cent de la totalité, en somme. Il paraît que cette situation représentait une avancée importante au pays depuis les dernières décennies. Oui, parmi l'ensemble des pays arabes au Proche-Orient, la Jordanie avait la réputation d'être progressiste. On pouvait tout de même se demander si, de manière générale, les femmes étaient beaucoup plus estimées que les dromadaires et les chameaux. À vrai dire, oui, elles valaient mieux que ces bêtes indispensables aux déplacements et aux relations commerciales qui avaient été si prospères dans la région au cours des siècles passés. Elles valaient mieux que ces animaux, car elles apportaient du plaisir aux hommes. Surtout, elles leur apportaient une descendance. Elles donnaient naissance à des fils qui allaient devenir à leur tour des frères et des cousins. Puis, un jour, ceux-ci deviendraient des pères et des princes. Ils éliraient un nouveau roi, ils poursuivraient la tradition. *Inch'Allah.*

Nous sommes enfin arrivés à une brève distance de la cité vermeille. Le soleil était au zénith lorsque nous avons amorcé notre longue marche vers le site. Après avoir enjambé le *siq*, gorge étroite entourée d'immenses falaises, nous avons accédé à la grande place menant à Al-Khazneh, le plus célèbre monument de l'endroit. À travers des constructions grandioses, j'ai perçu immédiatement l'influence du monde gréco-romain. Dans l'ancienne cité, il y avait cinq cents tombeaux vides, un amphithéâtre, des obélisques, des temples et des autels sacrificiels, des rues à colonnades, sans compter le majestueux monastère *Ad-Deir*. D'après certains scientifiques, ces grands bâtiments avaient été construits en fonction des orientations astronomiques, en tenant compte des équinoxes, des solstices et des autres événements célestes majeurs de la région. À n'en pas douter, je découvrais ici une civilisation extraordinaire.

J'aurais aimé faire une promenade en solitaire, dégagée des essaims de touristes. Le respect que je vouais aux morts, quels qu'ils soient, me plongeait habituellement dans une atmosphère intime et propice au recueillement lorsque je croisais des stèles et des tombeaux. Or, l'endroit s'apparentait davantage à un site archéologique qu'à un cimetière. Le passage du temps avait fait son œuvre : au mieux, je m'apprêtais à faire une visite historique. Mes pas s'enfonçaient dans le sable, ma peau brûlait sous le soleil éclatant. Des questions tournoyaient dans mon esprit : « À quel moment une visite commémorative devient-elle une visite historique ? Oui, à quel moment l'histoire affirme-t-elle son emprise sur les sites mémoriels où sont enterrés en grand nombre des défunts ? À partir de quand quittons-nous le domaine de la commémoration pour entrer dans celui de l'histoire ? Où se dresse la frontière temporelle qui nous permet d'échapper à l'entreprise de deuil et de commémoration ? Ainsi, sous prétexte que des civilisations sont anciennes, la valeur archéologique du site où elles se sont établies dominerait son importance historique, voire commémorative ? Après cent ans, cesse-t-on de pratiquer des rituels et de faire son devoir de mémoire ? » Une fois de plus, mes questions sont restées sans réponse. Et puis, à Pétra, je n'ai pas trouvé de sanctuaire.

Bien entendu, on ne pouvait louer ce site monumental pour y faire son petit tour privé. Le jour où j'y suis allée, un chef d'État du Japon y faisait une visite diplomatique. À ma sortie du *siq*, j'ai aperçu des soldats jordaniens vêtus de costumes nationaux qui paradaient à cheval. Ils ont formé un cercle derrière moi, après quoi ils ont tiré des coups de pistolet dans les airs. Ensuite, le chef d'État et ses gardes du corps ont défilé au milieu de la procession. Malgré son caractère par trop protocolaire, quel spectacle majestueux c'était ! Naturellement, il n'y avait pas de public, c'était une pure visite de formalité. Voilà donc à quoi cela pouvait ressembler, un tour privé à Pétra : c'était réservé aux « officiels ». D'une monarchie à l'autre, les rois entretenaient leurs relations. On s'accueillait, on se saluait, on se rendait les honneurs… entre mecs.

Durant les brefs moments où j'ai enlevé mon chapeau, j'ai compris que j'attirais l'attention. Des hommes portant qamis et turbans, l'habillement traditionnel, circulaient près de nous à dos d'âne. Dès qu'ils m'ont aperçue, ils m'ont pointée du doigt avec insistance. J'imagine qu'ils exprimaient leur surprise, leur attirance, leur curiosité. Une femme à la longue chevelure blonde, c'était à la fois exotique et recherché dans ce coin du monde. Plus tard, sur l'heure du déjeuner, nous nous sommes attablés au restaurant général. Nous mangions et conversions avec Abdul, qui nous expliquait en détail certains aspects du site que nous avions découvert durant la matinée. Quelques regards se sont dirigés vers moi, mais rien de plus. J'avais gardé mon chapeau, ça calmait le jeu.

Une fois le repas terminé, j'ai décidé de couvrir mes bras nus d'une couche supplémentaire de crème solaire. Le soleil était direct et la température atteignait les 40 °C, on devait se prémunir contre d'éventuelles brûlures. Avec discrétion, j'ai sorti un pot de crème de mon sac. Je l'ai ouvert, puis j'ai commencé à étendre la substance blanche et onctueuse sur mes bras. Le serveur, apercevant mon geste, s'est trouvé déstabilisé ; durant quelques secondes, son regard a vacillé. Ensuite, il s'est fixé sur mes avant-bras, comme s'il était hypnotisé. En reculant, l'homme a interpellé un de ses collèges à l'arrière de la salle. Son compagnon, fasciné, s'est avancé vers notre table. Dès qu'il a aperçu ma peau enrobée d'un mince filet de crème, il a chancelé. Le grand plateau rempli d'assiettes qu'il transportait a tangué ; à la dernière seconde, il a réussi à le retenir avant qu'il se fracasse au sol. Je m'en suis rendu compte et mon geste s'est interrompu. Sur mon bras gauche subsistait encore une noisette de crème, il me fallait l'étendre… J'ai ramené mon bras vers moi, sous la table. Je me suis empressée de masser ma peau en regardant mon assiette vide. Une fois que j'ai eu terminé, j'ai levé les yeux : les deux serveurs semblaient envoûtés. Sans même user des charmes d'Aphrodite, je les avais ensorcelés.

Sur l'heure du midi, une brèche s'était ouverte dans la cité vermeille : la peau blanche, la chair exposée et la chevelure blonde avaient fait basculer les hommes de Pétra. J'étais devenue UNE FEMME-TOTEM QUI DÉRANGE L'ORDRE ÉTABLI dans ce royaume patriarcal où les corps féminins doivent être voilés. Vrai, il n'y a pas de demi-mesure dans les monarchies, encore moins lorsqu'elles sont absolues. Plus tard, quand l'heure de notre départ est arrivée, j'ai quitté sans regret la cité des merveilles. Car sous ses beautés extraordinaires, celle-ci se révélait une sorte de NO WOMAN'S LAND.

Une fois à l'extérieur du site, nous nous sommes arrêtés quelques instants dans un café arabe. C'était la fin de l'après-midi, l'endroit était presque vide et nous attendions notre chauffeur. Un homme d'âge mûr était installé sur la terrasse, où il fumait le narguilé. Abdul continuait à déployer ses efforts pour nous mettre à l'aise. Il nous fournissait d'autres informations sur les beautés encore plus magnifiques qui nous attendaient, si par hasard nous revenions. Les Américains étaient fatigués, ils se plaignaient du soleil et de la chaleur. Le chauffeur est arrivé enfin et nous sommes repartis vers Eilat. Cette fois, j'ai eu le sentiment que nous étions sur le point de traverser du bon côté.

À la frontière israélienne, trois femmes militaires nous ont accueillis sèchement. Ces trois Eunomies assuraient le maintien de l'ordre et la conduite respectueuse de la loi dans l'État hébreu. Elles n'affichaient pas l'attitude distante des soldats jordaniens rencontrés durant la matinée. Surtout, elles étaient bavardes : « *Why did you come to Israel ?* », nous ont-elles demandé. Mon tour est venu. Je leur ai répondu que j'avais présenté une communication dans un colloque organisé par les *Canadian Studies* à l'Université hébraïque de Jérusalem, après quoi j'étais allée visiter un endroit merveilleux. Elles ont voulu vérifier si cela existait, un département d'études canadiennes à la HUJI. Il m'a fallu préciser : « Mais non, ce n'est pas un Department, c'est un Centre. L'une d'elles a récapitulé : « *Centre for Canadian Studies—is that it ?* » « *Yes. The Halbert Centre for Canadian Studies* ». Pendant qu'elle est accourue vers son ordinateur, la deuxième a insisté : « *Why are you doing this ?* » J'ai froncé les sourcils. Je n'étais pas certaine de bien comprendre sa question. Voulait-elle savoir pourquoi je participais à un colloque international ? Ou pourquoi me spécialisais-je dans les *Canadian Studies* ? Peut-être cherchait-elle à connaître les raisons qui motivaient le genre d'activités professionnelles qui m'avaient amenée en Israël ? Qu'est-ce qu'elle voulait dire, enfin ? Mon compagnon est venu à ma rescousse : « *Well, you know, we are scholars. One of the things we do is to give presentations at international conferences… and that includes the Canadian Studies Conference in Jerusalem.* » « Bien, voilà une parole efficace », me suis-je dit. Cela n'a pas semblé la convaincre. Elle a poursuivi son petit interrogatoire : « *Why are you coming from Jordan ?* » J'avais envie de lui répondre : « Mais ma chère dame, quand on présente des conférences à l'étranger, on aime bien se balader un peu dans les environs, vous savez… » Rapidement, elles ont laissé passer les Américains. C'étaient de simples touristes, visiblement, il n'y avait rien à en tirer. Et nous, qui n'affichions pas un profil typique de vacanciers, elles nous retenaient. Des chercheurs en vacances qui fréquentent le voisin plutôt détesté, ça semblait louche, en somme.

On dit d'Eumonie qu'elle est la déesse du printemps et des pâturages verts. Et justement, pourquoi ne retournaient-elles pas à leur verdure, ces trois-là ? Au fond, c'étaient des compagnes de la sulfureuse Aphrodite… Je rêvais trop, sans doute. À la place, elles ont continué de me pomper. « *Are you Jewish ?* », m'a demandé la troisième. Et moi, de répondre à voix basse : « *What's the point ?…* » Aussitôt, je me suis raclé la gorge, puis je me suis reprise : « *No, I am not Jewish. Ani lo yehudi* ». Des mots hébreux étaient sortis de ma bouche, causant une surprise générale. Elles m'ont regardée, les yeux écarquillés. « *You speak Hebrew ? Why do you speak Hebrew ?* », a repris l'une d'elles. Toutes deux étaient de stature semblable et leurs visages se confondaient maintenant sous le soleil aveuglant. « *I don't really speak Hebrew. I just know a few words* », ai-je répondu. La deuxième – ou était-ce la première ? – a insisté : « *Do you have family in Israel ?* ». Je devenais laconique : « *Nope* ». Puis, la première – ou était-ce la troisième ? – a répliqué : « *So why come here ?* » Qu'est-ce qu'elles m'exaspéraient, à la fin ! En pareilles circonstances, Artémis aurait repris son arc et ses flèches. Je me suis contentée de lancer une presque-boutade : « *Because it is an interesting country to visit* ». Hum ! Mauvaise réponse ? La première est revenue avec nos passeports. Elle s'est adressée à ses compagnes qui lui ont répondu « *nakhon* », « bien sûr ». Elles ont dû se rendre à l'évidence : nos papiers étaient en règle. Et puis, il existait bel et bien, le *Halbert Centre for Canadian Studies* à la *Hebrew University of Jerusalem*. Elles nous ont enfin laissé passer. Nous avons rejoint les deux couples de touristes américains qui nous attendaient, l'air exaspéré, pour accomplir la portion finale du trajet.

Le soleil était sur son déclin quand le chauffeur israélien nous a ramenés vers notre hôtel. Je me suis retirée de la conversation remplie de banalités et j'ai fermé les yeux. Puis, j'ai imaginé Artémis couronnée d'un croissant de lune, en train de diriger un char qui nous ramenait à bonne adresse.

DANS LA VILLE BLANCHE

Après tant de rouge, j'ai remonté vers le nord, EN QUÊTE DE BLANC. J'étais fascinée par Tel Aviv, la métropole que l'on avait érigée *from scratch* au début du XXᵉ siècle. Depuis sa fondation en 1909, elle dansait au milieu des dunes, illuminée de mille feux. Elle présentait cette particularité qui la distinguait bien de Jérusalem et de Haïfa : c'était *la* ville où l'on se balade. Pas seulement la ville « qui ne dort jamais », celle où l'on festoie jusqu'au petit matin, comme le veut le dicton. Et on se baladait où ? Du square Dizengoff jusqu'à la plage, de la jolie rue Shenkin au majestueux boulevard Rothschild. À vrai dire, les possibilités étaient infinies pour une promeneuse et une chercheuse de traces. Quelle que soit la trajectoire empruntée, la cité s'offrait tout sourire. Les rues suintaient la jeunesse, le plaisir, la nouveauté. La déconstruction, aussi. Oui, partout, la JOIE ET LA FUREUR DE VIVRE étaient palpables à Tel Aviv.

Vers midi, je suis allée à la plage. Il y avait beaucoup de monde, mais c'était impossible d'y rester : le soleil frappait trop fort. J'y suis retournée à 18 h, après m'être arrêtée à un bar à jus où j'ai commandé une grande portion d'orange-pamplemousse. À ce moment de la journée, la plage était beaucoup moins achalandée. De rares familles s'y trouvaient, des couples gais défilaient à vélo ou en joggant sur la piste cyclable qui encerclait la portion de sable et de mer accessible aux baigneurs. Certains, peu nombreux, profitaient des derniers moments de la journée pour nager ou patauger. Mon compagnon est allé se rafraîchir, tandis que j'observais la faune urbaine qui m'entourait. Quelques femmes orthodoxes sont arrivées, dans leurs tenues reconnaissables ; elles se sont assises à proximité d'une plate-bande en béton et se sont mises à bavarder. J'aimais beaucoup ce tableau : des individus aux mœurs, aux habitudes et aux traditions inconciliables se côtoyaient ici dans le respect et le laisser-aller. Une image du vivre ensemble à son meilleur ? « Eh oui ! », ai-je pensé, « voilà précisément une manifestation des plus intéressantes de ce qu'on appelle vivre ensemble chez nous, en Occident ». Et il en va ainsi parce qu'à Tel Aviv, on ne réfléchit pas à ce genre de concept – qui, d'ailleurs, me paraît si creux. On *vit* ensemble, voilà tout. Dans la cité blanche, il y a « nous », qui que nous soyons, et il y a « les autres », quels qu'ils soient. De cet amalgame exubérant est née l'une des sociétés « les plus fascinantes dans le monde », ainsi que la décrivait Amos Oz il y a une douzaine d'années, comme je l'avais lu dans un journal ou un magazine français dont j'oublie le nom. Moi qui n'avais encore jamais mis les pieds à Tel Aviv, son propos m'avait alors interpellée.

Aujourd'hui, je peux l'affirmer avec certitude : Tel Aviv est un vaste royaume d'individus, de destins et d'histoires formidables. Depuis le début du XXᵉ siècle, les rêves et les aspirations de milliers de femmes et d'hommes se sont greffés à sa blancheur. Et puis, la rigidité des codes identitaires, la stratification des classes sociales et l'emprise des origines y sont fantastiquement absentes. Ce n'est pas un hasard si la ville, également surnommée « *The Bubble* », est la capitale homosexuelle du Proche-Orient[17]. Faut-il s'étonner que la question « D'où venez-vous ? » revête si peu d'intérêt aux yeux de ses habitants ? Ici, tous viennent d'ailleurs, et certains sont issus de nulle part. Dans ce contexte, il n'y a aucune concurrence entre « ailleurs » et « nulle part », pas plus qu'il y en a entre les nombreux « ailleurs » et « nulle part » que cette ville contient. C'est par l'individualité, la singularité, l'exception, voire l'anomalie, que Tel Aviv rayonne. Voilà une situation qui me plaît énormément.

———

Ville bigarrée, forte de ses métissages, Tel Aviv n'abrite pratiquement que des « étrangers » récents ou installés depuis deux ou trois générations. Parmi les descendants des premiers *kibboutznikim*, il se cache toujours une grand-mère russe ou polonaise, un arrière-grand-père allemand. À cela s'ajoute un frère marié à une Yéménite, des cousins à Paris, Casablanca, Buenos Aires et Montréal, des neveux ou des enfants qui poursuivent leurs études en Californie ou à Marseille… Un mélange d'appartenances

---

17 Non seulement il s'y tient une importante parade gay au début juin, mais en outre et, en 2014, Tel Aviv avait érigé un monument à la mémoire des gays et lesbiennes (juifs et non juifs) qui avaient été victimes de la Seconde Guerre mondiale.

qui se décline en de multiples variations et en diverses couleurs, il n'y a que ça. C'est ce qui fait la richesse de cette société à la fois jeune et dynamique, lettrée et militarisée. Ici, on ne nous demande pas non plus « Où allez-vous ? » On s'en fiche, tout simplement. Dans une vie urbaine tumultueuse où un attentat survient de façon sporadique, où les jeunes se font appeler au front du jour au lendemain et où l'accès au logement et aux garderies est limité, on a trop à faire. Et pourtant, cette ville est empreinte de générosité. Elle accueille sans réserve le voyageur, l'étudiant, l'immigrant, l'apatride, le métèque. Comme l'écrit de belle manière Sabine Huynh :

> elle t'accueillera
> toi l'étranger
> comme elle m'a accueillie
> moi
> l'étrangère en mes pays
>
> elle t'accueillera
> drapée dans sa pelure-palimpseste
> qui te révélera à toi-même
> elle t'offrira les os de jonc
> de ses vies bancales
> leurs membranes tissées
> de mer
> de terre[18]

On surnomme Tel Aviv « la ville blanche ». Mais est-ce le reflet de la réalité ? Quand on regarde l'ensemble du paysage

---

18 Sabine Huynh, *Ville infirme, corps infini*, Laon, Éditions La Porte, 2014, p. 18.

urbain, on a l'impression que cette teinte reflétant la lumière de toutes les couleurs se fait rare. Ou alors, c'est une sorte de blanc délavé, un peu jauni, aux tons de beige. Il y a bien quelques édifices d'un blanc immaculé, mais ils ne sont pas nombreux. Lors de sa première visite à Tel Aviv en 1995, l'architecte français Jean Nouvel a été très surpris de constater qu'il ne voyait rien de blanc à l'horizon. Au fond, il avait raison. Car l'appellation « ville blanche » servait moins à capter la réalité de l'urbanisme qu'à distinguer Tel Aviv de Jérusalem, ville où la pierre dite « blanche » comprend au moins six ou huit couleurs différentes. Nouvel s'était rendu dans la cité pour réaliser un projet de restauration et de conservation des édifices Bauhaus, qui représentent la plus importante collection de ce style dans le monde. À la fin du siècle dernier, la dégradation de quelque mille cinq cents édifices de ce style était si avancée que Tel Aviv avait été menacée de perdre son statut de Ville du patrimoine mondial de l'UNESCO. Les notions architecturales et les techniques de construction que les Juifs allemands avaient exportées en Palestine dans les années 1930 pour concevoir des édifices Bauhaus étaient difficiles à reproduire. Ainsi, les choses avaient été laissées à l'abandon depuis des décennies. Mais au tournant du XXIᵉ siècle, fort heureusement, la restauration de ce patrimoine urbain a été accomplie.

———

Les Tel Aviviens avaient vécu dans l'ombre de Jaffa et de son héritage de quatre mille ans pendant un peu moins d'un siècle, quand on leur avait présenté enfin leur propre « vieille ville » et son centre historique. C'était une idée de génie. Elle permettait de distinguer la ville blanche et ses habitants de la foule de villages arabes décrépits. Et puis, encore plus intéressant, ces édifices blancs allaient devenir des mines d'or : oui, il y aurait un immense *boom* immobilier, sorti de nulle part. C'était donc ça, le Bauhaus : mélanger les étincelles de l'utopie avec la patine de la tradition ; fusionner la blancheur radieuse de l'avant-garde européenne avec une lumière méditerranéenne éblouissante, comme l'a écrit Sharon Rotbard dans son essai *White City, Black City : Architecture and War in Tel Aviv and Jaffa*. Les avantages qui en découlaient étaient nombreux : les Tel Aviviens pourraient adopter un style de vie bourgeois, et en même temps, exposer une façade socialiste et progressive. On se réconfortait en se disant que si la ville était grise et fade, en réalité, elle était vraiment blanche et propre. Bien qu'elle se trouvait au Proche-Orient, c'était une ville internationale qui répondait au dernier cri de l'avant-garde. Et puis, malgré son caractère résolument moderne, elle était historique. Ainsi, malgré leurs nombreuses contradictions, la ville blanche et les récits sur le style Bauhaus sont devenus l'extension parfaite de la vision que se faisait Theodor Herzl du futur État juif. L'architecture victorieuse de Tel Aviv, qu'était-ce d'autre, en effet, sinon le symbole de l'exaltation des Juifs allemands qui avaient conquis l'Orient ? En même temps, il s'agissait d'une merveilleuse réponse au vide, à l'absence de cité et de territoire juifs dans le monde, une réalité qui avait constitué l'un des grands drames de l'histoire des Juifs d'Europe et de la diaspora.

———

Je dois l'avouer, ma première visite à Tel Aviv était accompagnée d'un doute à l'égard de cette « ville blanche » où les saveurs et les formes de l'Europe se mariaient à la perfection, disait-on, à la terre d'Orient. J'avais déjà visité une autre ville blanche, Lisbonne, où la luminosité se reflétait sur les toits ocre. Dans la capitale portugaise, le blanc était sali par la pollution des tramways, des bus et des vieilles bagnoles qui circulaient sans restriction dans le quartier historique. Lisbonne se caractérisait aussi par les vêtements colorés qui pendaient aux nombreuses cordes à linge qui décoraient ses quartiers populaires. Ceux-ci faisaient contraste à ce blanc vieillot, aux murs souvent érodés et aux édifices décrépits qu'il habillait. En raison de son relief accidenté, c'était une ville sinueuse, où l'on imaginait croiser l'ombre de Pessoa tout près du Café A Brasileira, un établissement que l'écrivain fréquentait jadis. En ce qui me concerne, une seule visite dans ce lieu, en 2004, avait été décisive : l'ambiance agréable de fin de journée avait été gâchée par une odeur de *fast-food* quand un employé des cuisines s'était attablé à quelques mètres de moi avec son lunch, ce qui était franchement désolant. Sans compter le plat de morue salée que j'avais commandé : il était noyé dans l'huile d'olive, un vrai massacre culinaire ! Je n'ai rien vécu de la sorte à Tel Aviv.

Il y avait aussi *Dans la ville blanche* (1983), un film d'Alain Tanner campé à Lisbonne que j'avais adoré dès mon premier visionnement. Du vrai cinéma : une œuvre sensuelle, aux images pittoresques et évocatrices, dans laquelle l'errance du protagoniste masculin, ses trajectoires « hors temps » et sa liaison avec la jeune employée de l'hôtel où il séjourne m'avaient plu au plus haut point. Longtemps, ce film est resté l'un de mes favoris, tant il demeure emblématique du désir (pas seulement masculin), de la perte de soi, de l'inachèvement des corps amoureux. Au final, dès que j'ai découvert Tel Aviv, ainsi que les films qui la mettent en scène, mes doutes se sont vite dissipés. Car c'est une ville fantastique. « Et puis », me suis-je dit, « les cités blanches ont un point commun : elles se prêtent admirablement à être filmées ». Sur ce plan, Tel Aviv n'est pas en reste. Il faut voir, par exemple, *Alila* (2003) d'Amos Gitaï, pour se frotter, en tant que spectateur, à son désordre ensoleillé, de même qu'à ses immeubles décrépits où se rencontrent des personnages bigarrés, tel celui incarné par Ronit Elkabetz, l'une des actrices les plus merveilleuses du cinéma israélien.

———

Pendant longtemps, Tel Aviv avait été hantée par les réminiscences de la Shoah. Dès la fin de la Seconde Guerre mondiale, puis après la création de l'État d'Israël, de nombreux survivants avaient émigré dans la cité hébraïque. C'étaient des individus perdus, traumatisés, endeuillés, démunis. Certains avaient réussi à refaire leur vie en tentant d'« oublier » l'expérience des camps de la mort et de l'extermination. Dans une scène connue de son poignant documentaire *Shoah* (1985), Claude Lanzmann interroge Abraham Bomba, un barbier de Tel Aviv. Cet homme avait survécu au camp de Treblinka, où il rasait la tête des Juifs avant qu'ils ne soient dirigés vers les chambres à gaz. Dès mon premier visionnement, j'avais été frappée par le contraste saisissant entre l'atmosphère ensoleillée et allègre de Tel Aviv et le moment précis où Bomba se brise devant la caméra. Durant l'interview, la façade qu'il impose à son interlocuteur s'effondre. Il cesse de parler et même de couper les cheveux de son client. L'émotion le happe, le trauma refait surface. Quelques instants plus tard, à force de persuasion par Lanzmann, il raconte le souvenir douloureux qui hante sa mémoire au camp : le moment où il a aperçu les femmes de sa famille à Treblinka, quand on les a dirigées vers lui afin qu'il leur rase les cheveux. Jusque là, il avait réussi à accomplir froidement sa lourde besogne. Mais cette fois, ça avait été un pur non-sens de les retrouver, sachant que leur vie se terminerait dans les fours crématoires quelques minutes plus tard. Il les avait embrassées, puis serrées contre lui. S'il avait refusé de leur raser le crâne, on l'aurait probablement fusillé sur-le-champ. Voilà l'une des scènes de films les plus bouleversantes qui m'accompagne depuis des années, dans laquelle Tel Aviv y apparaît telle une cité lumineuse ayant accueilli cet homme après le traumatisme du génocide. Oui, la ville blanche, c'était un endroit de prédilection pour reconstruire sa vie après avoir connu l'horreur des camps, la Seconde Guerre mondiale et cette grande catastrophe que l'on appelle aussi « l'Holocauste ».

C'est à Tel Aviv également que le réalisateur Emmanuel Finkiel avait campé la majeure partie de son très beau film *Voyage* (1999) dans lequel le paysage ensoleillé tranche, une fois de plus, avec la réalité affective et psychique des survivants de la Shoah et des Juifs de l'Est. Une scène, en particulier, m'avait marquée. Quand la vieille dame russe arrive pour la première fois dans la ville, elle descend du bus et demande aux passants de l'aider à trouver son chemin. Elle les interpelle en yiddish et personne ne la comprend. Après quelques tentatives infructueuses, elle interroge un passant, tandis qu'elle est déconcertée : « Mais on ne parle pas le yiddish, à Tel Aviv ? » L'homme lui répond ; eh bien non, on ne parle pas le yiddish ici. D'ailleurs, cela fait plusieurs décennies que la langue de l'Ancien Monde n'est pas utilisée en Israël. La pauvre dame reprend alors son chemin, découragée. Elle croyait émigrer dans un État hébreu où la *mame-loshn* serait reine, et tout à coup, elle est profondément désillusionnée. Il est vrai, d'ailleurs, que depuis des lustres, c'est-à-dire bien avant la chute du bloc de l'Est, la création de l'État d'Israël, la Seconde Guerre mondiale et avant même la fondation de Tel Aviv, le yiddish était surtout perçu comme un idiome qui appartenait au passé. Oui, la *mame-loshn* des Juifs de l'Ancien Monde, c'était franchement décalé à Tel Aviv. Il y avait bien eu quelques écrivains, dont les poétesses Kadia Molodowsky et Rachel, qui avaient tenté, au tournant des années 1950, d'y poursuivre une vie littéraire et intellectuelle autour de publications telle que la revue *Di Heym* (« La maison »), dont le nom exprimait leur nostalgie du foyer. Et, bien entendu, il y avait eu le grand poète Avrom Sutzskever, qui avait appartenu au groupe *Yung Isroel*.

Mais à part ces figures d'exception, le résultat s'était révélé plutôt navrant. La langue vernaculaire des Juifs de la diaspora, on ne l'avait jamais vraiment parlée ni estimée, dans la ville blanche.

————

Je me suis promenée longtemps. Puis, j'ai voulu saisir l'immensité telle qu'on la voit depuis l'une des plus jolies artères de la cité. Au boulevard Rothschild, j'ai déployé mes habiletés de yogi : j'ai fait la posture de l'arbre. Tête droite, jambe gauche relevée, pied déposé en haut de la cuisse droite, j'ai ensuite levé les bras vers le ciel. Je regardais vers l'horizon en respirant : c'était calme, apaisant. Exactement comme dans le poème « Arbres » de Marina Tsvétaïeva, dans une traduction libre d'André Markowicz : « Arbres ! Je vais vers vous !/Me sauver/Du hurlement du marché !/Par vos expirations vers le haut/Comme le cœur est [respiré] ![19] » Quel bonheur de sentir le sol sous son pied, tandis que le tronc s'étire, que l'on se meut entre terre et ciel ! J'étais un fil au milieu de l'alignement de ficus aux racines géantes qui bordaient les allées du boulevard en son centre. Oui, comme le disait la grande poète : « Vers vous ! vers le mercure vif-clapotant/du feuillage – même s'il s'effondre !/ Pour la première ouvrir les bras tout grands !/Laisser tomber les manuscrits ![20] »

Après quelques instants, j'ai défait la pose. Un vieux journal traînait par terre, à deux mètres de distance.

————

19   Marina Tsvétaïéva, « Arbres », traduction libre d'André Markowicz (non publiée).
20   *Ibid.*

Je me suis penchée pour le ramasser. C'était une édition du *Haaretz* qui datait de la veille. Je l'ai ouvert pour en faire une sorte de tapis miniature ; j'y ai appuyé les avant-bras, et hop ! j'ai levé les jambes doucement, l'une après l'autre, vers le ciel. La tête en bas, le regard rivé au sol, je me tenais dans une étrange position : tandis que mon corps était renversé à la verticale, les caractères hébraïques qui faisaient la une des nouvelles se succédaient de droite à gauche. Une double inversion, en somme. « Essaims de reflets verts, [qui viennent] comme des vagues/écumeuses dans vos bras/[vous] mes [femmes] têtes nues, échevelées/Mes frissonnantes...[21] » En regardant le paysage à l'envers, en observant les passants, les cyclistes et les chiens qui défilaient comme des marionnettes, j'ai savouré l'instant. Tête nue, échevelée, renversée, j'étais moi aussi une « frissonnante ».

À Tel Aviv, j'ai collectionné une multitude de fragments qui se sont imposés sur mon chemin : souvenirs épars, images évocatrices, sons percutants, rencontres fortuites, découvertes inusitées. Un amalgame d'acacias et de ficus géants découvrant des façades tantôt jolies, tantôt dégradées à proximité de la mer Méditerranée et de la plage parsemée de galets. Un environnement faste, voué à l'ensoleillement perpétuel, dégageant ici et là des odeurs d'asphalte surchauffé et de pipi de chat. Un peu dans le désordre, voilà ce que j'y ai trouvé. Ces souvenirs, ces images, ces traces composent la trame narrative de mon propre parcours dans la cité éblouissante.

---

21 Marina Tsétaïéva, *op. cit.*

Juillet 2010. Un dimanche matin, je sors de l'Hôtel Cinéma avec mon compagnon. À quelques pas de là, rue Zahmenhoff, je me plais à imaginer Etgar Keret en train d'écrire depuis que j'ai lu sa nouvelle *Suddenly, A Knock on the Door*, où le protagoniste mentionne habiter dans cette rue… Je traverse le square Dizengoff pour me rendre à la pharmacie du coin. Soudain, un grand type en patins à roulettes défile, il est vêtu de noir de la tête aux pieds… C'est un *hassid*, oui, mais un *hassid* de Tel Aviv. Il se balade et ses *peyes* se balancent au gré du vent. Il est seul, sans son troupeau, mais il n'affiche pas cet air sérieux, ce teint blafard que l'on rencontre souvent chez les *hassidim*. Il arrive à notre hauteur, regarde mon compagnon qui porte un fedora et les deux hommes se saluent. Après, chacun poursuit son chemin. Reflet du caractère débonnaire de Tel Aviv et de la bonhomie qui s'y répand, cette rencontre fortuite est entièrement cadrée par la ville déconstruite. En y repensant, je crois que ce type ressemblait davantage à un flâneur, à un personnage sympathique qui pourrait figurer dans un roman graphique urbain, qu'à un dévot qui plonge le nez chaque jour dans sa Torah. Cette image, ce personnage, j'aurais voulu le capter avec mon appareil photo. Ce sera pour une prochaine fois.

Et le sexe, dans la cité blanche ? Peut-être que de nouvelles études allaient démontrer l'impact de la guerre sur la vie sexuelle des femmes ? Il est vrai que dans une société militarisée, la féminité se définit autrement que dans la plupart des sociétés occidentales. Une chose était claire, cependant :

les femmes séculières étaient fortement engagées dans la maternité en Israël. Je ne sais pas si bon nombre d'entre elles seraient d'accord avec Zeruya Shalev, d'après qui il s'agit d'une sorte de mission, pour les femmes, que de peupler l'État hébreu. Mais à l'évidence, elles y participent activement, car le taux de natalité est élevé. Sur les terrasses des cafés et des restaurants, de nombreuses jeunes mères affluent avec poussettes et bébés. Par-dessus tout, il y a cette intensité de vivre en présence de la menace qui pèse sur la population de ce pays où la vie humaine, le bonheur peuvent être arrachés soudainement. Oui, il y avait cette exaltation, reflet symétrique de ce soleil d'Orient et de l'ardeur de vivre qui se répandait en se multipliant. Tant d'éléments grâce auxquels IL FAISAIT BON VIVRE À TEL AVIV. Et parmi les bonnes choses de la vie, l'érotisme n'était pas en reste.

———

Une autre fois, c'était en 2008 … Au coin des rues Dizengoff et Jean-Jaurès, il y avait un bar à salades avec une terrasse agréable. Un endroit simple, au centre de la cité, qui servait du frais. On était en fin de matinée, il devait être 11 h 30. Il y avait un plein soleil. Dès qu'on sortait, que l'on quittait la zone de confort à l'intérieur des immeubles où la climatisation fonctionnait à plein régime, la chaleur intense de juillet descendait sur nos épaules comme une chape de plomb. Je me suis attablée. Une serveuse sympathique est venue prendre ma commande. Quelques minutes plus tard, elle m'a servi une *lemonada*. C'était sucré, pétillant, légèrement sirupeux. Aussitôt, une cascade de gémissements et de cris a déferlé vers la terrasse. J'ai tendu l'oreille : une femme était en train de jouir. Elle gémissait, hululait, geignait, puis s'exclamait. De toute évidence, c'était intense, profond, savoureux. Rien à voir avec une scène ludique, quand l'excitation accompagnée de hauts cris perchés frôle la comédie. Rien à voir, en somme, avec une jouissance *ridicule*. Le rythme était constant, ascendant. L'atmosphère devenait corsée. La montée était progressive et balisée, ponctuée de relents de vif plaisir.

Soudain, j'ai eu très soif. J'ai siroté ma *lemonada*, puis j'ai voulu en commander une autre. Une saveur s'est déposée dans ma gorge. Elle atteignait le bout de ma langue et semblait se prolonger hors de moi ; elle se fondait à l'odeur et aux bruits de la rue. Ce paysage animé, accentué de sons percutants, me laissait un goût rond en bouche. La jouissante s'est mise à crier d'une voix en crescendo : l'orgasme était complet, la voix féminine qui se tenait derrière ces sons langoureux était magistrale. Devant moi, la ville continuait d'être animée par les passants et la circulation automobile. On entendait quelques bruits de klaxons, quelques moteurs d'autobus. J'ai pensé : « Voilà un tableau urbain odorant, sensuel, organique ». La scène était dépouillée au maximum, le tableau, quasi parfait.

On dit de certains vins qu'ils sont « ronds en bouche ». Pourquoi ne dit-on pas de certains amours qu'ils sont « ronds en sexe » ? Ce mélange de saveurs, de sons et d'odeurs − effluves, parfums, liquides −, voilà ce qu'il m'inspirait. Depuis l'appartement au-dessus de la terrasse, l'amour rond en sexe m'était offert gratuitement. C'était bien meilleur qu'une scène chaude dans un film érotique ou dans une vidéo *soft porn*. Oui, c'était bien meilleur, parce que c'était *live*. Et aussi, parce qu'on ne voyait rien. On avait le loisir d'imaginer la scène, les gestes, les corps, les ombres. C'était à la fois explicite et discret. Le tableau entier donnait envie de s'abandonner à la volupté, de passer la journée entière, puis la soirée à faire l'amour. Quitte à tout laisser de côté : le travail, les rendez-vous, les tâches professionnelles. Au-dessus de la terrasse du bar à salades, le sexe était bon et cela donnait très envie de faire pareil. Oui, cela donnait très envie de se retrouver en plein jour dans un autre appartement de la rue Dizengoff et de jouir librement derrière des fenêtres ouvertes. Je me suis dit : « Au fond, c'est ça, la vraie vie : elle s'incarne dans les choses simples et fraîches, elle nous tient en mouvement dans un instant sublime où l'on croirait frôler l'absolu ». Dans ce maelström urbain où les couleurs, les saveurs et les sons coulaient à profusion, l'intensité atteignait un apogée. En un mot, c'était délectable. J'étais le témoin d'une véritable jouissance inscrite dans le quotidien : entrelacement de l'appétit et du désir, du bruit et de la musique à la jonction de l'intime et du public. Dans la ville blanche, LE CRI DU VIVANT EN TRAIN DE S'EXTASIER relève du droit privé. Qu'il soit offert ainsi, en partage, relevait presque d'une bénédiction. Et celle-ci nous ramenait bien loin de la sainteté, au cœur de l'essence de Tel Aviv.

———

Une autre fois encore, c'était en… juillet 2010, je crois. Comme toujours à cette période de l'année, Tel Aviv succombait de chaleur. J'avais loué une chambre à l'Hôtel Cinéma, en face du square Dizengoff. Dormir dans un ancien cinéma, cela me plaisait bien, d'autant qu'il logeait dans un immeuble à l'architecture Bauhaus. Les chambres étaient modestes, mais j'aimais le décor en empruntant le long escalier en fer forgé qui menait jadis à la salle de projection. On pouvait voir une série de photographies des années 1920 et 1930, ainsi que d'anciennes caméras allemandes sur pied. Et puis, il y avait une jolie terrasse où l'on servait des rafraîchissements. Bon an mal an, l'accueil du maître d'hôtel francophone était toujours chaleureux. Oui, à l'Hôtel Cinéma, je me sentais un peu comme chez moi.

Cette fois, j'y étais avec mon compagnon. Comme d'habitude, nous avons déposé nos valises, puis nous sommes allés nous balader. Le soleil était au zénith et nous étions assoiffés. Nous bavardions, en quête d'une terrasse, nous étions joyeux. Dans la rue Dizengoff, on construisait de nouvelles tours d'habitation ; sur une façade, on annonçait des « *PENTHOUSIM* », le pluriel de penthouse en hébreu. Cela m'amusait toujours, ce genre d'emprunt américain qu'on avait intégré dans l'hébreu moderne. Parfois, c'était très réussi aux plans graphique et sonore, comme dans ce cas. Ce boulevard, cette ville étaient peuplés de nombreux personnages qui leur conféraient un charme particulier. Si l'esthétique de la plage dominait, il y avait un charme désuet de l'Europe qui se mélangeait au cosmopolitisme branché de Tel Aviv, où perçait l'influence californienne. Ce charme désuet, ce cosmopolitisme en vogue imprimaient leur singularité sur les visages et les corps de tous les âges qui défilaient dans les rues. Cela ne faisait aucun doute : pour un écrivain, Tel Aviv, c'était un royaume de merveilles.

Nous marchions à un rythme soutenu en bavardant. À un moment, mon compagnon a ralenti le pas. Je l'ai interrogé :

— Tu es fatigué ?

— Non, non, a-t-il répondu, évasif.

Quelques secondes plus tard, j'ai compris pourquoi il marchait lentement. Devant nous, une blonde plantureuse vêtue d'un T-shirt blanc, d'un jeans et de talons hauts, se déhanchait allègrement. Elle marchait avec une copine, toutes deux rigolaient. Je me suis tournée vers mon compagnon, il avait les yeux vrillés sur elle. À mon tour, j'ai observé la longue silhouette qui avançait en se trémoussant. Oui, c'est vrai qu'elle était belle. Aguichante, surtout. Grande et mince, avec des rondeurs exquises. On a continué de parler, pendant que je surveillais la pin up du coin de l'œil. Puis, les deux femmes sont entrées dans une épicerie. Sur-le-champ, mon compagnon m'annonce :

— Tiens, on va acheter de l'eau.

— Tu ne veux pas aller sur une terrasse ?

— Oui, après. Entrons d'abord ici.

J'ai maugréé quelque chose en marchant devant lui. Ça commençait à me déplaire, cet engouement qu'il portait à cette belle inconnue. Puis, en levant les yeux, j'ai vu celle-ci de profil tandis qu'il se dirigeait vers la porte d'entrée. Oh ! quelle surprise ! Elle avait des lèvres pulpeuses, des yeux maquillés, avec une mâchoire très carrée. J'ai baissé mes lunettes de soleil, je l'ai dévisagée. J'ai alors constaté ce qu'on ne voyait pas à distance : cette blonde plantureuse était un homme. Ma revanche était à portée de main. Je suis entrée dans le petit commerce, suivie de mon compagnon. L'air rêveur, ce dernier affichait un regard allumé. Il l'ignorait encore, mais le moment de son infortune était arrivé :

— Tu as l'air content.

— Oui. Ça me fait toujours plaisir de venir ici.

— On n'est jamais entrés dans cette épicerie. Un peu crad, quand même.

— Je voulais dire… ici, à Tel Aviv.

— Ah. Et devine quoi ?

— Hum ?

— C'est un homme.

Instantanément, il a plissé les yeux, comme pour refuser d'entendre ma phrase qui semblait dépourvue de sens.

— Quoi ? Qui ça ?

— La belle blonde que tu observes depuis tout à l'heure. C'est un homme.

— Mais voyons, que racontes-tu ?

— Je l'ai vu de près : c'est un homme, je te dis.

— Hein ! C'est impossible… a-t-il lâché. Ça ne se peut pas !

Et moi de le regarder, tandis qu'il semblait fantastiquement dérouté. J'ai senti chez lui l'élan de panique intérieure typique à l'hétérosexuel qui découvre en avoir pincé, durant quelques secondes, pour un autre homme déguisé en femme. Au même instant, la belle blonde s'est pointée au bout de notre rangée. Dans cette proximité, son visage trop maquillé et sa mâchoire carrée, à la limite de la caricature, révélaient clairement que c'était un transsexuel, pour le plus grand malheur de mon compagnon.

Je l'ai regardée. Je voyais l'homme en elle. À son tour, mon compagnon l'a dévisagée. Il a cligné des yeux, comme s'il avait fait un mauvais rêve qu'il voulait oublier au plus vite. Il avait du mal à capituler. Oui, il se résolvait mal à accepter que ce fût un transgenre. En se tournant vers moi, il a chuchoté :

— T'as raison ! Ce n'est pas une femme !

— Un travelo, oui, c'est ça.

La blonde s'est acheminée vers les caisses avec ses victuailles. Nous l'avons encore regardée. Puis, mon compagnon s'est tourné vers moi :

— Mais voyons donc !..., a-t-il chuchoté, les yeux écarquillés.

— Tu sais bien, Tel Aviv, c'est aussi la *Bubble*. Un repaire international de culture gaie. C'est ici que se trouve Dana International, l'un des travestis les plus célèbres dans le monde… et tant d'autres. Se promener dans la rue Dizengoff, c'est un peu comme arpenter la rue Sainte-Catherine vers l'est, à Montréal, jusqu'au quartier gai… en plus éclaté.

J'ai vu le trouble dans ses yeux. J'ai pensé à la réussite extraordinaire de cet homme – pardon, de cette femme – qui avait trompé mon compagnon sans même l'avoir cherché. Et pendant qu'on poursuivait notre chemin, j'ai savouré ma victoire. Au fond, n'était-ce pas révélateur ? C'était exactement le genre de péril qui pouvait arriver comme ça, à Tel Aviv, rien qu'en se promenant sur un grand boulevard. Mon compagnon ne le savait-il pas ? Dans la cité blanche se côtoyaient des couleurs extrêmes, sur lesquelles la lumière chatoyait en permanence.

L'ENCEINTE DE LA TROUPE
DE THÉÂTRE *HABIMA*

La cité blanche et neuve avait ses revers : parfois, la mémoire y était ensevelie. Un jour de juillet 2010, en revenant de la plage, la découverte d'une plaque historique dans la rue Gordon m'a plongée dans l'univers fascinant des artistes de la scène qui avaient émigré en Palestine juive depuis Moscou au début du siècle dernier. Alliant la fragilité de la mémoire au sort funeste réservé à l'histoire, l'archive urbaine s'est offerte dans la ville débordant d'énergie, de vitalité, de soif insatiable et de nouveauté.

En longeant la vitrine d'une galerie d'art, j'ai regardé les œuvres qui étaient présentées. C'est alors que mon compagnon m'a interpellée :

— Regarde !

Il pointait du doigt une plaque commémorative qui reposait sur un socle emboîté dans le trottoir. Celle-ci n'avait rien en commun avec les *Stolpersteine*, ces plaques à la mémoire des victimes juives de la Seconde Guerre qui ont été intégrées dans le pavé de certaines villes d'Allemagne et d'Autriche. Je me suis approchée. L'inscription affichait :

UN PAYS OÙ LA TERRE SE FRAGMENTE

(1888-1980)

The actress Hanna Rovina
a founder of the « Habima »
National Theater lived
in the building located
at 36 Gordon Street.

Je me souvenais bien de la comédienne qui jouait le rôle de Léa dans *Le dibbouk* d'Anski, symbole légendaire du théâtre juif. Cette production fabuleuse de la troupe *Habima* avait été réalisée en hébreu grâce à une traduction du grand poète H. M. Bialik. L'une des fondatrices de cette troupe de théâtre, Hanna Rovina l'avait dirigée jusqu'à la fin de sa vie. C'était donc là, dans cet immeuble correspondant au n° 36 de la rue Gordon, que la comédienne de la célèbre troupe avait vécu pendant de nombreuses années, jusqu'à la fin de sa vie en 1980. J'ai observé longtemps la façade de l'immeuble, ses fenêtres et balcons. Comme c'est souvent le cas, quand je découvre la résidence d'un écrivain ou d'un artiste que j'admire dans une ville étrangère, une émotion m'a traversée.

— C'est probablement l'ancien quartier des artistes de langue hébraïque de Moscou qui sont venus s'établir en Palestine juive au début du siècle dernier, a avancé mon compagnon.

Pendant que nous examinions le texte gravé sur la plaque commémorative, une dame d'un âge honorable s'acheminait dans notre direction. Vêtue avec élégance, elle portait une robe et des bijoux mauves. Spontanément, elle m'a fait penser à certains personnages en apesanteur qui se déploient dans les tableaux de Marc Chagall. Une fois arrivée à notre hauteur, elle a ralenti le pas ; elle a planté sa canne sur le trottoir et a tendu l'oreille. Après avoir saisi quelques bribes de notre conversation, elle nous a interpellés.

— Cette plaque vous intéresse ?

Nous avons levé les yeux, puis avons répondu :

— Oui, beaucoup !

— Il est rare que les gens y portent attention. Dans les rues adjacentes, vous en trouverez plusieurs, a-t-elle avancé. C'est ici qu'habitaient les artistes de la troupe *Habima*, la première troupe de théâtre hébraïque en Israël.

Elle a marqué une pause, comme pour s'assurer que nous l'écoutions.

— Je les ai tous connus. Mes parents faisaient partie de cette troupe. Mon père était comédien et ma mère, danseuse. Aujourd'hui, ces gens ont disparu. Je suis pratiquement la seule héritière de ce monde qui soit encore en vie. C'est un peu triste, vous savez.

Nous la regardions intensément. Elle avait trouvé des auditeurs passionnés.

— Et pourquoi cette plaque se trouve-t-elle dans un socle planté sur le trottoir ? a demandé celui qui m'accompagnait. Pourquoi ne pas l'avoir installée sur la façade de l'immeuble ?

— Le propriétaire a refusé. Il trouvait que ça représentait des vieilleries… Il ne voulait pas qu'elle ternisse l'image de son édifice, a-t-elle répondu en soupirant.

Nous avons jeté un coup d'œil à l'immeuble. La devanture, très chic, avait été rénovée récemment. Alliant une large baie vitrée au blanc laiteux caractéristique de plusieurs édifices Bauhaus des années 1920, l'édifice abritait une galerie d'art contemporain et une boutique de vêtements signés par des designers locaux. Selon toute vraisemblance, le propriétaire était un fervent de neuf, avec sa belle façade sans aspérités. Avec sa manière particulière de jeter l'histoire au rancart, en faisant tabula rasa avec un passé glorieux… « Faire reluire le présent en décapant l'ancien n'aura jamais été aussi funeste », ai-je pensé en m'éloignant de l'immeuble.

Mon regard a oscillé de la plaque historique à l'édifice rénové. Dans le tissu urbain de Tel Aviv, l'une était censée être le prolongement de l'autre. Et pourtant, une frontière invisible les opposait. Oui, la disparité matérielle était saisissante. Ce n'était pas le résultat de divisions linguistiques ou culturelles ni d'affrontements identitaires. Loin de présenter un caractère « multiethnique », ce quartier se distinguait par sa population majoritairement israélienne. Dans ce contexte, le refus du passé n'était-il pas l'expression d'une mémoire lacunaire ? D'un côté, l'art contemporain était valorisé ; de l'autre, la vie artistique d'autrefois était balayée du revers de la main. Mais dans ce pays où le présent avait longtemps tourné le dos au passé, nous n'en étions pas à un paradoxe près, une fois de plus.

La langue errante s'est alors frayé un chemin jusqu'à nous.

— *Ir redt oyf yiddish ?* Vous parlez le yiddish ? lui a demandé mon compagnon.

Elle a reculé d'un pied, tant elle était surprise. Avec un petit rire ému, elle a répondu :

— *Avade !*, bien sûr ! *Ober... S'iz a groyse khidesh tsu hern yiddish !*

— *Mir hobn gelernt di mame loshn tsu besser farshtayen yidishe geshikte un literatur...*[22]

La vieille dame nous a remerciés, puis elle est repartie en souriant. En lui parlant dans sa langue maternelle, désormais enfouie, nous lui avions fait un intense plaisir.

À nouveau, je me suis approchée de la vitrine. Une œuvre de Jack Jano, fort originale, y était exposée. C'était une petite valise de bois reposant dans un caisson d'acier rouillé et traversé de barreaux — tels des barreaux de cellules de prisonniers — et reposant sur une structure munie de roulettes. Des caractères hébraïques avaient été peints en noir à la verticale ; ils semblaient dirigés vers le ciel. Comme je l'ai appris ensuite, l'artiste avait l'habitude de récupérer de vieux objets liturgiques, dont plusieurs avaient appartenu à des synagogues, afin de concevoir ses œuvres. Pendant que j'observais cette pièce intrigante, la question qui m'avait interpellée quelques instants auparavant est revenue avec force : comment pouvait-on refuser le passé artistique glorieux des années 1920 et 1930 et, par un étrange détour de circonstances, valoriser celui associé à une vie religieuse ancestrale ? Oui, comment expliquer qu'un objet célébrant ce passé religieux,

---

22 — « Mais... Quelle surprise d'entendre du yiddish ! » – « Nous avons appris la *mame loshn* afin de mieux comprendre l'histoire et la littérature juives... »

dorénavant considéré « folklorique » par de nombreux Tel Aviviens, soit exposé dans la vitrine de cette galerie d'art contemporain ? C'est ici que l'incohérence atteignait son comble. La réponse, fort simple, était à la fois évidente et déconcertante. Outre sa facture contemporaine, l'œuvre de Jano était in parce qu'elle se vendait à prix fort.

Dans ce périmètre restreint d'une longueur d'environ cinq mètres qui s'étendait de la vitrine de la galerie d'art jusqu'au trottoir coexistaient deux formes de mémoire juive. D'une part, la présence de la plaque que l'on avait repoussée sur le bord du trottoir révélait une volonté de faire table rase avec le passé. Fait d'autant plus surprenant, le passé en question avait déjà fait l'objet d'une commémoration... Autant dire qu'il s'agissait d'un véritable retour en arrière, d'une sorte de déni à l'endroit de la mémoire officielle. D'autre part, la valorisation d'une œuvre artistique évoquant la tradition juive dans ce périmètre et par les mêmes décideurs révélait une intention purement commerciale. Si l'on peut s'enrichir avec la tradition juive, pourquoi ne pas l'utiliser à des fins mercantiles ? Bien entendu, ces objets rituels n'étaient pas vendus en tant qu'icônes religieuses, tels ceux que l'on retrouvait, par exemple, dans les boutiques « Judaïca ». La vision artistique de Jack Jano créait une médiation : son emplacement dans la vitrine de la galerie d'art Engel permettait de redécouvrir la tradition sous une forme renouvelée qui semblait accrocheuse.

La vieille dame avait raison. En nous promenant dans les rues adjacentes – Frug, Frishman, Sirkin et Dov Hoz –, nous avons découvert d'autres plaques commémoratives. Peu à peu, les rues et les immeubles du quartier sont apparus comme les morceaux d'un casse-tête qu'il fallait reconstituer. D'un immeuble à l'autre, chaque pas était susceptible de nous conduire vers une nouvelle découverte. Grâce à la présence de ces plaques, un passé récent, diachronique, faisait irruption dans le quotidien, avec lequel il se situait en porte-à-faux.

C'est ainsi que l'archive urbaine s'est révélée à nous dans son ensemble. Source d'émotions vives, voire d'émerveillement, elle tirait sa force de son intégration réussie dans l'architecture Bauhaus du quartier. Sa présence révélait la complexité d'une culture israélienne reposant sur le socle de l'ancien empire russe, articulée à un éventail mirobolant de langues et de traditions, et forgée de nombreuses influences politiques, dont certains courants révolutionnaires comme le bolchevisme. Soudain, je m'en suis rendu compte, je n'étais plus abandonnée à la flânerie. J'étais redevenue une scriptographe, une chercheuse de traces. Je ne me baladais plus dans les rues situées entre la plage et la rue Dizengoff : c'est le quartier entier qui me traversait.

———

Je m'en souvenais bien. *Habima* (terme hébreu qui signifie « la scène » en français), la première troupe de théâtre en langue hébraïque, avait été fondée en 1917 par un groupe de Juifs de Moscou, des professeurs nourris de la révolution bolchevique. À cette période où l'enseignement de l'hébreu était interdit en Russie, ses membres étaient déterminés à créer un théâtre professionnel d'avant-garde

et à exprimer l'esprit révolutionnaire du peuple juif en re-
donnant vie au langage et à la culture hébraïques. Le grand
dramaturge de théâtre russe Constantin Stanislavski avait
rattaché la troupe au Théâtre d'art de Moscou et sa création
avait été autorisée par Joseph Staline, qui était alors com-
missaire du peuple à l'endroit des questions de nationalité.
En 1926, la troupe avait entrepris une tournée de plusieurs
mois qui l'avait amenée de Moscou à Tel Aviv. Avec l'aide
d'Alexei Dikiy, le directeur du Théâtre d'art de Moscou,
Habima avait mis en scène deux pièces à succès, *Der Oytser*
(Le trésor), écrite en yiddish par Shalom Aleichem en
1928, suivie de *The Crown* de David Calderon en 1929. Le
succès qu'elle avait remporté était foudroyant, la troupe
avait acquis une importance nationale. Elle s'était dotée
d'un répertoire permanent et d'une salle de spectacles à
Tel Aviv et elle avait engagé la poète Leah Goldberg à titre
de conseillère littéraire. Depuis 1958, *Habima* était devenu
le Théâtre national d'Israël. Dorénavant, le théâtre logeait
dans un nouvel édifice qui avait été inauguré en 2012.

Je me suis mise à rêver… Ce quartier était une véritable « enceinte » qui accueillait une vie artistique bouillon-
nante en Palestine juive. Ici, la devanture d'un immeuble
surplombée de balcons regorgeant de fleurs évoquait le
riche quotidien d'un couple d'artistes dont l'appartement
devait être rempli d'œuvres d'art, d'objets raffinés et de
livres. Là, la cour arrière où avaient vécu certains des plus
éminents comédiens et directeurs artistiques d'*Habima*
révélait les échos de conversations intimes dans le jardin.
Les bâtiments qui nous entouraient avaient été conçus

par les architectes Arye Sharon, Zev Rechter et Joseph Neufeld, les fondateurs du Cercle des architectes de Tel Aviv en 1932. Parmi les artistes qui y avaient vécu, il y avait notamment Hanna Rovina, Zvi Ben-Chaïm, Aharon Meskin, Raphael Klatchkin, Tmimah Yudelevitch, Fany Lubitsch, Zvi Frieland et Chanele Hendler. Pour chacun, une plaque commémorative marquée d'un sceau de la ville avait été installée sur les édifices concernés.

Notre périple s'est poursuivi dans l'autre portion de la rue Frug, où nous avons fait une découverte renversante. Sur le trottoir, encore une fois, une stèle affichait la liste des artistes du théâtre hébraïque qui avaient habité le quartier. Elle était entourée d'une banderole de sécurité à motifs rouges et blancs, tandis que le sol était jonché d'immenses feuilles de plantes mortes et de déchets. Ainsi « emballée » et entourée de détritus, la stèle de métal ne pouvait remplir sa fonction commémorative, d'autant que les passants y avaient difficilement accès. Je me suis approchée. Puis, j'ai aperçu le texte bilingue hébreu anglais qu'elle affichait :

AS FROM 1936, THE FOUNDERS OF

« HABIMAH » NATIONAL THEATER

(ESTABLISHED IN MOSCOW IN 1918),

OF « OHEL » THEATER (1925-1969) AND OF

« HA-MATATEH » THEATER (1928-1954)

RESIDED FROM 1936 WITHIN

THE COMPOUND OF DOV-HOZ, GORDON,

FRUG STREETS KNOWEN (sic) AS

« HABIMAH COMPOUND »

UN PAYS OÙ LA TERRE SE FRAGMENTE

(OF THESE BUILDINGS WERE PLANNED
BY THE ARCHITECTS ARYE SHARON,
ZE'EV RECHTER AND (—)

Le nom de Joseph Neufeld, le troisième fondateur du Cercle des architectes à Tel Aviv en 1932, était devenu illisible. Si plusieurs noms avaient été effacés en entier ou en partie avec le temps, la liste semblait néanmoins complète. Que s'était-il donc passé pour que cette plaque commémorative se retrouve aux ordures ?

J'ai regardé longuement LA STÈLE PLANTÉE AU MILIEU DES DÉTRITUS. L'ensemble formait une sorte de chantier mémoriel en déconstruction. J'étais vraiment surprise du sort qu'on avait réservé à la culture hébraïque ici, à Tel Aviv ! La culture yiddish, je savais qu'on l'avait rejetée en Israël dès la création du pays, et même bien avant. C'était le résultat des tensions qui perduraient entre yiddishistes et hébraïstes depuis plusieurs décennies en Europe de l'Est. Les paroles de Ruth Wisse, ancienne professeure de littérature et de culture yiddish à l'Université Harvard, ont résonné dans mon esprit : « *For many decades, Yiddish was considered garbage* ». Je n'avais pas idée que l'on avait pu faire chose semblable, un demi-siècle plus tard, avec la culture hébraïque en Palestine… dans ce beau quartier de Tel Aviv. Ce tas de déchets qui ressemblait à une installation artistique repoussante rendait compte d'un processus mémoriel ancré dans un double mouvement et marqué par la contradiction : la troupe de théâtre *Habima* avait été reléguée dans l'oubli après avoir fait l'objet d'un hommage particulier. Autrement dit, le chemin qui menait de la commémoration à la faillite de la conscience historique était simple, rectiligne. À nouveau, j'ai entendu les vers de Sabine Huynh à propos de la cité blanche :

> elle est ce corps-capharnaüm
> de poubelles et d'îles grecques
> dans une assourdissante fureur
> allègre
> qui transcende les grues
> grignotant inlassablement
> l'horizon[23]

Quelque chose s'est mis à tourner. Des images ont jailli dans ma tête, en boucle. C'étaient d'autres déchets, de gigantesques sacs-poubelle remplis à ras bord, qui s'alignaient sur le trottoir en attendant qu'une grosse benne vienne les récupérer. Une grande armoire que l'on jette dans la cour depuis l'étage. Un appartement jadis rempli de meubles, de livres, de style – un appartement distingué, typiquement européen, avec une signature allemande – qu'on avait vidé entièrement. Les volets étaient fermés, la lumière n'y entrait plus : on avait tiré le rideau sur le passé.

C'étaient de vraies images cinématographiques. Elles montraient d'autres vieilleries, exprimaient des déchirures anciennes. Tout à coup, il était question d'autres souvenirs jetés aux ordures au cœur de Tel Aviv. Un jour, la mémoire avait jailli du placard, un secret de famille honteux était réapparu grâce à de vieux journaux... exactement le genre de choses qu'une famille cherche à

---

23 Sabine Huynh, *Tel Aviv / ville infirme / corps infini*, p. 17.

oublier. Ces images étaient tirées du documentaire *Ha'dira* (*The Flat*, c'est-à-dire *L'appartement*) que j'ai découvert à la Cinémathèque de Jérusalem, au début mars 2012. Un film courageux, que le cinéaste Arnon Goldfinger avait réalisé après la mort de sa grand-mère, une femme assimilée de la bourgeoisie allemande qui ne s'était jamais vraiment adaptée à la Palestine juive.

———

Ça commence ainsi : un appartement de Tel Aviv, vu de l'intérieur. Dans le salon, le store de métal descend, la noirceur s'installe. Puis, lumière. On se retrouve dans un salon de la bourgeoisie allemande du début du XXᵉ siècle. Une bibliothèque étoffée, remplie de classiques de la littérature allemande et des littératures européennes traduites vers l'allemand, occupe le mur du fond. Sur les autres murs, des tableaux représentent le couple. Autour, des meubles dernier cri des années 1920 qui n'ont rien perdu de leur chic. Le goût, la classe de ceux qu'on appelait les *yekkes*. Dans l'un des beaux quartiers de Tel Aviv, nous voilà plongés au cœur de l'Europe et de la culture allemande. Rien ici n'évoque la Palestine juive. Et c'est ainsi que tout a débuté, en un sens. Au-delà de la famille représentée dans ces images, la ville blanche elle-même a été fondée, comme on le sait, à partir de rien, par des Juifs allemands distingués. Ces derniers ont transplanté ici leur haute culture, ils ont instauré un environnement urbain doté d'une architecture singulière, résolument moderne, je le répète – l'architecture de Gropius et ses collègues du Bauhaus, qui avait été fondée à Weimar en 1919.

Cet univers reflétant le meilleur goût de l'Europe semble totalement démodé aux yeux des petits-enfants et des arrière-petits-enfants qui vident l'appartement. Après le décès de la grand-mère, ceux-ci découvrent dans la garde-robe des fourrures à tête de renard que les dames très distinguées portaient lors des soirées chic, et dont il ne reste aujourd'hui que le petit cadavre qui vous regarde droit dans les yeux. Souvenir d'une autre époque qui suscite l'effroi, suivi de quelques éclats de rire. C'est un premier signe de l'*unheimlich*, l'inquiétante étrangeté qui se cache parmi le plus familier... Mais qui eut cru que cela pourrait se trouver aussi dans l'appartement cossu de votre arrière-grand-mère, quand vous êtes un jeune Israélien ou une jeune Israélienne du XXIᵉ siècle et que vous n'avez rien à faire de l'Ancien Monde et de toutes ces vieilleries rapportées de là-bas que l'on va emballer dans un gros sac-poubelle et que la benne avalera d'un coup le lendemain ? Ce passé, on s'en fiche. Il n'a plus de valeur, il est désuet. Surtout, il est impossible de s'identifier à ces objets bizarres qui suscitent moins la curiosité que le dégoût.

Mais il y a pire. L'amitié des grands-parents avec certains nazis haut placés – une amitié qui s'est poursuivie pendant des décennies après la Seconde Guerre mondiale, c'est-à-dire après l'extermination des Juifs d'Europe dans les camps de concentration – en est le meilleur exemple. Ce destin funeste, les grands-parents l'avaient évité en troquant habilement leur futur de victimes dans les camps contre celui d'émigrés en Palestine. Tout cela sera découvert plus tard, par un petit-fils qui mettra la main sur de vieux journaux nazis retrouvés dans les papiers du grand-père. Mais, il ne faut pas l'oublier, c'était quand même la terre des pauvres, la Palestine, à cette période. L'Orient sans splendeur et avec tant de défauts, le premier étant de n'avoir rien à offrir, ou presque, aux Juifs assimilés qui étaient d'abord et avant tout des Européens, c'est-à-dire des esprits éclairés et raffinés. Ces derniers n'avaient rien à voir avec les pauvres *Ostjuden* de la Pologne, ces individus folkloriques habitant des *shtetlekh*, petites bourgades juives de la Galicie et d'ailleurs. Non, ils n'avaient vraiment rien en commun avec ces parlants yiddish auxquels ils ne voulaient en aucun cas être associés – quelle injure cela aurait représenté ! Cette « injure », tous les Juifs de la haute société ont dû l'encaisser, une fois qu'ils sont descendus des trains qui les avaient conduits à Oświęcim et dans les autres camps d'extermination, en pleine Seconde Guerre mondiale. Ils étaient loin de se douter, alors, qu'il y avait bien pire que d'être confondus avec les Juifs de l'Est. À quelques centaines de mètres, les fours crématoires d'Auschwitz crachaient une fumée noire qui avait annulé toutes les distinctions.

Les grands-parents d'Arnon Goldfinger s'en étaient mieux tirés. Ils avaient quitté l'Europe dès les années 1930, période où Tel Aviv accueillait des Juifs du continent. Ces derniers n'auraient aucune chance de se rencontrer ailleurs en si grand nombre, toutes classes mélangées. Et pourtant, ils partageaient une caractéristique commune : ils étaient tous des émigrés. Oui, ils étaient tous déracinés pour une simple raison, ils avaient échappé aux violences commises à l'endroit de leur peuple. Ils étaient tous déracinés parce qu'ils étaient Juifs et que, depuis la nuit des temps, leur destin se composait d'une succession d'exils. Et c'est dans une ville flambant neuve de la Terre sainte que leur vie allait recommencer.

Quelque part, un lien s'est tissé entre la dame élégante de la rue Frug, l'héritière de l'enceinte d'*Habima*, et la grand-mère d'Arnon Goldfinger. Bien qu'elles provenaient d'horizons différents – Moscou et Berlin –, et qu'elles ne parlaient pas la même langue – d'un côté, le yiddish, le russe et l'hébreu, de l'autre, l'allemand –, ces deux femmes étaient liées par le futur qu'on avait réservé à leur monde, en ce début de XXIe siècle. Ce « monde d'hier », dont elles étaient issues, personne n'en voulait à Tel Aviv : ni la société ni leurs descendants. À vrai dire, on n'en avait jamais voulu, que ce soit à l'époque de la Palestine juive ou un demi-siècle plus tard, quand Israël avait été fondé. Mais par un curieux détour de l'histoire, L'ÉTRANGÈRE QUE JE SUIS PERMETTAIT À LEUR RENCONTRE D'ADVENIR. Quelque chose s'est érigé ici, dans l'écriture : leurs destins se sont croisés grâce à un simple geste de ma main.

UNE PASSERELLE ENTRE
VILNIUS ET TEL AVIV

À Tel Aviv, parmi les générations récentes de migrants, il y avait aussi les Juifs venus de l'Est après la chute du mur de Berlin et le démantèlement du Rideau de fer. Au début des années 1990, ils étaient quelque six cent mille à se rendre en Israël. Les masses juives originaires de l'ex-URSS qui se dirigent vers l'État hébreu, ce n'était pas un phénomène nouveau. Auparavant, les militants sionistes et les « *refuzniks* » avaient formé une importante vague migratoire après la guerre des Six Jours (1967). Revendiquant une appartenance culturelle plutôt que religieuse, ils étaient éduqués, détenaient souvent des diplômes universitaires et apportaient de nombreuses compétences au pays. De nos jours, ils représentaient un peu plus de dix pour cent de la population totale d'Israël. Au croisement de l'ancien et du Nouveau Monde juif, il y avait d'abord Vilnius et Tel Aviv, et tous ceux qui avaient quitté la première capitale pour émigrer dans la deuxième.

Parmi eux, Sivan Beskin, écrivaine et traductrice née à Vilnius, en Lituanie, était arrivée avec sa famille en 1990, à l'âge de quatorze ans. En 2012, je me suis rendue au Café

Shine, où elle m'avait donné rendez-vous. Nous avons passé quelques heures à discuter de littérature européenne et israélienne, de traduction littéraire, du rapport complexe avec les générations passées chez certains écrivains et de causes sociales comme l'accessibilité au logement et aux garderies. J'avais la chance de rencontrer cette femme de lettres qui avait traduit en hébreu Marina Tsvétaïeva, la poète russe que j'aimais tant. Sivan œuvrait aussi en tant que chroniqueure dans la revue littéraire *Ho !*, une publication qui avait apporté un vent de fraîcheur dans la littérature israélienne et dont le nom (« *Oh !* » en français) signifiait l'étonnement dans toutes les langues.

Nous avons discuté de sa ville natale, Vilnius. À l'été 2008, j'y avais séjourné pendant un mois afin d'apprendre le yiddish. Jadis une grande capitale de la culture juive en Europe, Vilnius – nommée aussi Wilno et Vilna, selon les différentes périodes – affichait de nos jours un penchant marqué pour le nationalisme et, à mon avis, pour le clinquant. Plusieurs capitales issues de l'ancien bloc de l'Est partageaient cette caractéristique : Kiev, Riga, Saint-Pétersbourg, Moscou, Bucarest... Dans l'ensemble de ces villes, un fait redoutable m'avait frappée. Dès qu'ils s'étaient débarrassés des Juifs, ces peuples avaient liquidé la culture et l'intelligence qui faisaient jadis leur richesse et qui assuraient le rayonnement de leurs propres capitales sur le continent européen. Dorénavant, de larges franges des populations de l'Est se composaient d'individus rustres, à l'esprit étroit et aux valeurs médiocres qui avaient sombré dans la léthargie des pauvres.

Repliées sur elles-mêmes, elles valorisaient des principes arriérés et affichaient un lourd penchant pour la xénophobie. La noirceur totale, en somme.

En tant qu'ancienne capitale du monde yiddish et de l'aristocratie intellectuelle juive, Vilnius se situait exactement à l'opposé de Tel Aviv, la capitale hébraïque moderne. Ville médiévale à l'architecture baroque et aux nombreuses églises, la première avait été un centre réputé d'étude de la Torah du XVIIIe siècle aux années 1930. L'un de ses personnages distingués était le Gaon de Vilna (le Génie de Vilnius, 1720-1797), illustre penseur du judaïsme et éminent représentant de l'autorité juive de l'époque moderne qui avait influencé des générations de penseurs issus de différents pays. On l'ignorait souvent, mais Vilnius était aussi la ville natale du diplomate et romancier français Romain Gary, l'homme aux multiples visages et aux nombreux hétéronymes. Au 16, rue Grande-Pohulanka, près de l'immeuble où il avait habité enfant, une sculpture de gamin fragile réalisée par l'artiste Romas Kvintas avait été érigée en son honneur. À Vilnius, on retrouvait aussi le YIVO, aujourd'hui l'Institute for Jewish Research, établissement de renom fondé dans les années 1930 par le linguiste Max Weinreich (1894-1969), qui avait mis sur pied la standardisation de la grammaire et de l'orthographe yiddish il y a près de cent ans. Avec la montée du nazisme en Europe, le YIVO avait déménagé à New York dans les années 1930, où il se trouve toujours ; l'établissement abrite le plus grand fonds d'archives en yiddish dans le monde. Tel Aviv, quant à elle, avait été conçue dans un esprit qui s'opposait justement au passé tel que l'incarnait Vilnius. Capitale de l'hébreu moderne, elle était un centre d'apprentissage de la langue et avait accueilli le grand poète national H. N. Bialik (1873-1934), dont l'ancienne maison avait été reconvertie en très joli musée sur la rue qui portait aujourd'hui son nom. Ces deux villes juives étaient donc associées à des traditions linguistiques qui se situaient en porte-à-faux l'une avec l'autre, tout en étant intimement reliées.

Si les liens entre Tel Aviv et Vilnius étaient d'abord ténus, une grande figure littéraire unissait les deux cités : le poète yiddish Avrom Sutzkever (1913-2010). Héros du ghetto de Vilna, il s'était installé en 1947 en Palestine juive, où il avait habité jusqu'à la fin de sa vie. À n'en pas douter, il avait joué un rôle déterminant dans la communauté des écrivains yiddish de son époque, notamment à titre de fondateur de la célèbre revue *Di Goldene Kayt* (1949-1995). De plus, il avait été membre de groupes de poètes yiddish dans ces deux villes respectives, *Yung Vilna* et *Yung Isroel*. Considéré comme le plus grand poète juif de l'après-guerre par certains, Sutzkever était aussi le poète yiddish national.

J'ai pensé au rapport complexe que Sutzkever avait entretenu avec le russe, sa deuxième langue. Au procès de Nuremberg, où il était allé témoigner après la Seconde Guerre mondiale, Sutzkever avait voulu s'exprimer en yiddish. On le lui avait refusé et il avait dû prendre la parole en russe. Ça lui avait laissé une drôle d'impression, comme s'il avait récité un *kaddish* à la mémoire des victimes des camps de l'horreur nazie, ainsi qu'il l'avait affirmé ensuite. Mais tout cela, c'était à une autre époque. Devant moi, il y avait Sivan, une poète amoureuse des langues, elle aussi. Je savais qu'elle parlait l'hébreu et le russe, tout en s'intéressant au yiddish et au français. Je lui ai demandé quel rapport elle entretenait avec le russe et l'hébreu.

— Depuis le début, c'est une situation assez complexe, m'a-t-elle répondu. Ma langue maternelle est le russe et ma deuxième langue est le lituanien. À Vilnius, le russe était une langue minoritaire. Pour moi, écrire dans plusieurs langues, c'était la chose la plus facile à accomplir, parce que j'ai toujours vécu dans un contexte multilingue. J'ai commencé à apprendre l'hébreu au secondaire, puis à écrire en hébreu à l'âge de vingt-trois ans. Aujourd'hui, je parle le russe seulement avec mes parents – avec ma sœur, nous parlons l'hébreu. Et je lis des histoires en russe à ma fille, qui est âgée de trois ans.

La traduction, c'était arrivé plus tard dans sa vie, après l'écriture. Elle m'a parlé de la difficulté qu'elle avait rencontrée à plusieurs reprises, en cherchant à rendre en hébreu un texte en russe dont les intonations peuvent être très différentes, surtout quand il s'agit d'une écrivaine comme Tsvétaïeva. Pour cette raison, elle avait dû chercher toutes sortes de solutions un peu folles pour respecter la complexité de ses textes.

— Je m'amuse aussi avec ce genre de défis dans mon propre travail d'écriture, m'avait-elle dit en souriant. Après quoi, elle m'avait avoué :

— EN VOYAGEANT À TRAVERS LES LANGUES, j'ai appris à devenir une autre personne – une autre écrivaine, en quelque sorte. La traduction, ça m'a un peu transformée.

Elle m'a raconté que certains aspects de la culture européenne, dont l'histoire de l'art en Italie, étaient très importants dans son écriture. Elle se sentait aussi liée au yiddish, mais de manière distancée. Après, nous avons parlé davantage de la revue *Ho !*, à laquelle collaboraient aussi Moshe Sakal et Matan Hermoni, des écrivains israéliens que je connaissais. C'était la première revue littéraire fondée en Israël depuis très longtemps, dont le premier numéro avait été publié à la fin de l'année 2004. L'objectif de la revue *Ho !* était d'ouvrir la société israélienne à une vision plus vaste et cosmopolite de la littérature. Auparavant, Sivan m'a expliqué que les années 1990 avaient représenté un véritable creuset sur le plan des revues littéraires en Israël. À cette période, la littérature était surtout une forme de journalisme et tout était centré sur ce qui se passe « ici » et « maintenant ». Ce qui provenait de l'extérieur de la culture israélienne était systématiquement rejeté, en quelque sorte. C'était la même chose pour la musique rock ; et maintenant, certains musiciens rock étaient aussi associés à la revue. Ses deux principaux fondateurs – dont Dory Manor, le rédacteur en chef – avaient vécu pendant un certain temps en France. Pour cette raison, la revue entretenait des liens importants avec la France. De plus, elle accordait une place importante à la traduction, entre autres celle des auteurs français vers l'hébreu. Compte tenu de sa popularité et de l'émergence d'écrivains dans la jeune vingtaine qui publiaient dans la revue, *Ho !* représentait un véritable succès :

— Il semble que nous ayons ouvert une nouvelle voie à la poésie israélienne, m'a dit Sivan, les yeux pétillants. Il y a une ou deux décennies, en Israël, personne ne voulait rien savoir de toute forme d'héritage, quel qu'il soit. Au point où c'était une honte d'avoir des origines autres qu'israéliennes, c'est-à-dire d'être cosmopolite. Les Russes, les moyen-orientaux, les Arabes, les Juifs de langue yiddish, et même les Français étaient perçus de manière négative. La littérature était essentiellement centrée sur la culture et la langue nationales. Puis, les États-Unis ont cessé d'incarner la principale référence. De nos jours, les références sont de plus en plus diversifiées.

J'ai songé à l'héritière d'*Habima* et à la grand-mère d'Arnon Goldfinger. Elles n'étaient pas les seules, en somme, à avoir souffert de la faillite de la mémoire et du rejet de la diaspora au profit de la cause nationale en Israël.

———

Pour Sivan, une passerelle s'érigeait donc entre Vilnius et Tel Aviv grâce au travail des mots. Et pour moi, ce lien entre les deux villes était ancré dans ma relation avec une autre écrivaine israélienne, Lilach Netanel. À la différence de Sivan, Lilach n'était pas née à Vilnius, mais c'est dans cette petite ville de l'Europe de l'Est que nous nous étions rencontrées. Nous avions étudié le yiddish ensemble à l'université de Vilnius et, depuis, nous étions restées amies. Elle et son compagnon, l'écrivain Ilaï Rowner, habitaient dans un kibboutz à proximité de Tel Aviv. Tous deux étaient francophiles. Ils avaient passé quatre ans à Paris, où Ilaï avait fait son doctorat en littérature française à Paris VIII avec Julia Kristeva. De mon côté, j'avais aussi habité Paris, avant de circuler un peu partout dans le *Yiddishland*, jusqu'en Éretz-Israël. Du coup, cela nous avait réunies.

Lilach et moi, nous étudiions le yiddish – une langue que parlait sa grand-mère allemande – en tant que chercheuses à l'université. Le *revival* et les activités culturelles en groupe submergées d'émotions, ça nous branchait moins. Et moi, je n'étais pas de la troisième génération, je ne m'étais pas découvert un ancêtre ou un parent juif disparu dans les camps nazis, dans les forêts de l'Ukraine ou dans les camps de travail du Goulag. Les rafles du Vel d'Hiv, elles ne faisaient pas partie non plus de mon héritage familial. Cela changeait la donne. Je n'étais pas en quête de mes origines, je ne renouais pas avec une branche de ma famille qui avait été exterminée, envoyée aux travaux forcés ou qui l'avait échappé belle entre 1939-1945. À Vilnius, donc, Lil et moi, on s'était bien entendues. On était toutes les deux plongées dans l'apprentissage de la langue et fascinées de découvrir Vilnius, mais après trois semaines, on en avait eu un peu marre. Pas du campus, mais plutôt de cette ville peuplée d'habitants à la mentalité souvent arriérée et aux habitudes convenues. Oui, après trois semaines, on en avait assez de cette jolie petite ville remplie d'églises où il y avait parfois des actes de vandalisme commis envers les Juifs. Et depuis, il y avait eu des marches néonazies à fort achalandage qui avaient traversé sans encombre ses grandes artères et sa place publique. Le nationalisme aveugle et excessif des pays baltes qui prenaient leur revanche sur le communisme, c'était franchement dégoûtant. À la fin de ce séjour linguistique, Lil et moi, nous étions retournées dans nos villes respectives, Tel Aviv et Montréal. Depuis, nous étions restées en contact. Chaque fois que je me rendais au Proche-Orient, nous nous donnions rendez-vous dans un café ou un restaurant de Tel Aviv.

———

Après Vilnius et Tel Aviv, nous nous étions rencontrées à Montréal. En décembre 2015, Lil était venue présenter une communication sur la littérature hébraïque dans une université québécoise. Le lendemain matin, je l'avais emmenée au belvédère Summit Circle afin d'admirer le panorama de la ville depuis Westmount. Un léger duvet de neige recouvrait les trottoirs, les rues, les terrains et les habitations. Au sommet de la montagne, nous avions observé le paysage entièrement recouvert de blanc. Il ne ressemblait pas à celui de Tel Aviv, bien entendu. Pourtant, une véritable « ville blanche » s'étendait à l'horizon : c'était celle que les poètes yiddish du début du XXe siècle avaient célébrée dans leurs écrits… Contrairement à Tel Aviv, où les différentes teintes de blanc sont permanentes, ce duvet moelleux répandu au sol durerait quelques heures, au mieux, il se prolongerait quelques jours. Le soleil d'Orient, lui, ne s'aventurait pas jusqu'en Amérique du Nord. Hiver comme été, l'astre lumineux nous présentait son autre face, plus lointaine. Et ce jour-là, il était absent. Nous nous sommes promenées dans les rues adjacentes, bordées de maisons cossues. Le temps gris me faisait penser à la mélancolie des aurores, quand la lune s'éternise, dans l'espoir de rencontrer le soleil. Lilach semblait plongée dans le ravissement de la découverte :

— C'est incroyable, à quel point c'est calme, ici ! Et cette neige, c'est si doux ! Cette température, ce froid, comme ça fait du bien !

D'entrée de jeu, Lil semblait convaincue des bienfaits de l'hiver.

— Si on avait un climat semblable chez nous, dit-elle, les choses se dérouleraient autrement. Oui, c'est certain. Avec ce genre d'atmosphère douce et enveloppante, il n'y aurait pas autant de conflits. D'ailleurs, tu le sais, c'est souvent l'été que les conflits sont déclenchés. À cette saison, il fait si chaud en Israël que les gens ne se supportent plus. Ils sont à bout de nerfs, ils deviennent impulsifs, ils prennent de mauvaises décisions. Et c'est ainsi que les guerres éclatent. Tout ça est dû en partie, je crois, à la présence du soleil et à la chaleur accablante qui descend sur le pays.

J'ai songé à Sutzskever. Il avait connu les deux : le froid glacial de la Sibérie et la chaleur intense de Tel Aviv. Durant la Première Guerre mondiale, une vague de pogroms avait forcé sa famille à déménager en Sibérie, où il était resté jusqu'à l'âge de huit ans. La blancheur infinie des paysages nordiques, il l'avait connue intimement. Il l'avait dépeinte dans plusieurs textes, dont un poème intitulé *Siber*, publié à Jérusalem en 1953, avec des dessins de Marc Chagall. Le poète avait chanté la nature étincelante. Sous sa plume, le froid mordant et les paysages neigeux étaient devenus une source d'inspiration inépuisable. Dans son dernier recueil, *Murs vacillants (Tse-*

vaklte vent), il avait écrit un poème intitulé « Pain et sel », dans lequel il évoquait la présence du soleil et de la neige. Si le soleil appartient à tout le monde, écrivait-il, il était d'abord le sien. Sutzkever se qualifiait lui-même de « fils du soleil » ayant pour mémoire la trace d'un animal sauvage sur la neige.

———

Plus tard, en songeant aux poèmes de Sutzkever et aux commentaires de Lil, j'ai pensé : « CE QU'IL FAUDRAIT À ISRAËL, C'EST UN GLACIER. Pour rafraîchir les esprits, les apaiser avant qu'ils sombrent dans la furie qui engendre le chaos, quoi de mieux, en effet, qu'un glacier ? Pour contrer les brûlures du soleil et prévenir la colère des dieux ; pour empêcher les hommes patriotiques de succomber à leurs tourments, quand la chaleur accablante imprime sur leurs tempes un martèlement régulier ; pour calmer la rage qu'ils éprouvent et apaiser leurs cœurs, une immense montagne de glace offrirait peut-être une solution, du moins un remède. D'ailleurs, comme l'écrivait Leah Goldberg, n'est-ce pas "l'étendue des neiges" qui servait de patrie ? »

> J'appellerai patrie l'étendue des neiges,
> la glace verdâtre entourant le cours d'eau
> la langue du poème dans un pays étranger.
> Peut-être que seuls les oiseaux migrateurs connaissent
> lorsqu'ils sont suspendus entre ciel et terre
> la douleur de deux patries
> avec vous j'ai été plantée deux fois

avec vous les pins j'ai poussé

et mes racines, dans deux paysages différents[24].

L'idée semblait farfelue, mais elle se fixait dans mes pensées. Pendant quelque temps, j'ai continué de rêvasser à cette sorte de fleuve suspendu dans le solide, à cette masse de froid concentré qu'on aurait importée dans le désert d'Orient. De temps en temps, les militaires israéliens iraient chercher des morceaux de glace et des poussières de neige. Ces doses de froid matériel, ils pourraient les rapporter aux dirigeants du pays pour apaiser leur fièvre. Ça les calmerait un moment, en leur évitant d'avoir recours, par exemple, la morphine, à des drogues dures ou à des prières. Si la glace ne procurait pas les effets d'une drogue, il reste qu'à très court et à très long termes, elle pouvait se révéler plus terrible encore. Un glacier n'était-il pas suffisamment puissant pour noyer près de vingt villages ?

Par le passé, en 1934, Staline et ses copains avaient eu l'idée iconoclaste d'établir un territoire juif au Birobidjan. Cet endroit perdu sur la planète était situé au 48e parallèle nord, à la frontière de la Chine, le long de la rive gauche du fleuve « Amour » – quelle ironie, ce nom, alors que ce projet était nourri de haine envers la population visée ! Autant dire qu'on voulait ériger une sorte de camp de détention sans clôtures ni barbelés pour y entasser des Juifs qui seraient coupés du monde entier. Pas étonnant de constater que ce projet s'était conclu par un échec.

---

24 Extrait de « Un pin » (Arbres), traduction d'Esther Orner, dans Esther Orner et Rachel Samoul, « Écrire des poèmes dans l'entre-deux », *Babel* n° 18, Université du sud Toulon-Var 2008, p. 159-164.

Je me suis dit : « Au fond, ce n'est pas le peuple juif qu'il fallait déplacer au nord, c'est le nord qui devait se rendre dans l'État juif ». Pour équilibrer les humeurs et, peut-être, assurer la survie du pays à long terme, les dirigeants s'abreuveraient de neige et de glace. Ils réfléchiraient à tête reposée au lieu de succomber à une pulsion meurtrière ou à une envie soudaine de coloniser davantage les territoires. Et si d'aventure ils y succombaient, une Artémis des neiges les pourchasserait avec son cerf ; après quoi ils seraient ramenés dans les lieux de repos désignés.

Ainsi, en cas de situation critique, lorsqu'il serait tentant de provoquer un incendie ravageur ou un conflit de taille, les hommes qui dirigent le pays pourraient s'étendre tranquillement sur la neige au milieu du désert. Des cellules de crise pourraient y être aménagées pour les militaires hauts gradés, les gestionnaires et autres experts en situation de « danger » national. De vastes aires de repos réservées aux hommes d'âge mûr de la droite politique que la raison aurait temporairement abandonnés s'y prélasseraient quelque temps, de manière obligatoire, compte tenu de leur urgent besoin de ressourcement. Pendant ce temps, des équipes féminines entretenant des liens importants avec la communauté internationale seraient aux commandes du pays. Eh quoi ? Personne n'y avait encore songé ?

D'ailleurs, ce glacier pourrait éventuellement régler un autre problème de taille associé au territoire israélien : la disparition progressive de la mer Morte. Des équipes d'ingénieurs spécialisés pourraient établir des systèmes de traitement et de transformation des eaux glacées afin qu'elles deviennent compatibles avec les composantes de cette mer idyllique, mais souffrante, et son environnement particulier. Autre avantage supplémentaire : ce serait une façon merveilleuse de ravitailler de blancheur Tel Aviv avec de la neige. Oui, ça serait utile, si la cité se trouvait à nouveau menacée de perdre son statut au patrimoine mondial de l'UNESCO et qu'aucune équipe d'architectes ne se trouvait disponible pour accomplir une tâche similaire à celle qu'un Jean Nouvel et son groupe avaient déjà réalisée à la fin du XXᵉ siècle. Ainsi, il y aurait non seulement une passerelle, mais un pont véritable qui relierait Tel Aviv et Vilnius, par l'entremise de leurs climats et de leur géographie respectifs. Ce serait le plus haut pont jamais érigé qui relierait l'Ancien Monde juif au nouveau. Et pourquoi ne pas songer à bâtir un pont monumental en poutre-caisson en béton, comme celui de Chibanpo, en Chine ? Sa construction mobiliserait des centaines d'ouvriers et des dizaines de militaires durant quelques années, au cours desquelles on cesserait d'agrandir les colonies en Cisjordanie. Je me suis dit : « Oui, un glacier en Israël, c'est une idée de génie ».

DE LA TERRE QUI TREMBLE, PAROLES
DE FEMMES « DU MAUVAIS CÔTÉ »

À force de voyager au Proche-Orient, J'ÉPROUVAIS DÉJÀ UN SENTIMENT DE SATURATION À L'ÉGARD D'UNE MÉMOIRE XXIᵉ SIÈCLE. J'avais l'impression que le rythme de violences qui avaient ponctué le siècle précédent se poursuivait, à une échelle réduite, dans ce fragment du monde où Artémis découvrait non seulement de nouvelles écritures, mais aussi de nouveaux guerriers. Sur son passage, la terre tremblait, elle ne cessait de se fracturer. Depuis le début du siècle nouveau, Israël avait connu la seconde Intifada (2000), plusieurs attentats terroristes, les tirs de roquettes et les missiles durant la guerre de Gaza (2014). Le Hamas (Gaza) et le Hezbollah (Liban), les principaux groupes terroristes, semaient chaos et destruction parmi les populations israélienne et palestinienne. On l'oubliait trop souvent : les résurgences du conflit israélo-palestinien, ce n'était pas simplement une guerre entre deux opposants. À cet égard, la désinformation était répandue et les malentendus étaient grands. La couverture médiatique disproportionnée court-circuitait les faits réels pour servir – parfois involontairement – des buts de propagande ou pour amplifier la portée réelle de ce conflit à l'échelle mondiale. Oui, j'éprouvais un sentiment de saturation d'une mémoire collective défaillante, doublée d'une profonde ignorance à l'endroit de l'Histoire moderne.

———

En juillet 2006, quand la guerre entre Israël et le Hezbollah avait éclaté, une nouvelle appartenance m'avait été révélée. Elle dévoilait les contours d'un espace insondable, celui d'où émergeaient les voix. À bien y réfléchir, peut-être les voix du *khresterion* avaient-elles remplacé mes rêves d'Auschwitz ? L'hypothèse tenait la route, elle semblait logique. Mais peut-être que cette guerre fulgurante m'avait ramenée à une origine refoulée depuis longtemps. Après tout, j'étais née en pleine guerre du Yom Kippour, en octobre 1973. Oui, j'étais arrivée dans ce monde quelques heures après le début des affrontements, après que les Égyptiens et les Syriens aient attaqué par surprise les Israéliens durant la fête la plus solennelle de calendrier juif. Pendant trois décennies, j'avais vécu en ignorant que ces combats avaient ponctué le moment de ma naissance. Comment cela avait-il été possible ? Je ne trouvais pas d'explication. Au total, du 6 au 25 octobre, le bilan des pertes humaines avait été lourd. On dénombrait plus de 3 000 morts du côté israélien et plus de 9 500 morts du côté arabe. À cela s'ajoutaient plus de 27 000 blessés dans les deux camps. Combien y avait-il de morts, déjà, le 7 octobre au matin ? Entre les premiers signes de mon arrivée — perte des eaux, contractions, douleurs — et ma sortie du ventre maternel, combien de combattants étaient tombés ?

Qui rendait l'âme, au moment où je poussais mon premier cri ? Ne disait-on pas d'Artémis qu'elle causait des morts subites ?

J'avais dû me rendre à ce constat éprouvant : à ma façon, j'étais une enfant de la guerre. Oui, je le répète, c'est la guerre qui avait fait son chemin en moi. Dans un mouvement réciproque, je l'avais accueillie secrètement, avec tout ce qu'elle charrie de non-sens, de destruction, de calamités humaines. N'est-ce pas dans le temps, et non dans l'espace, que l'origine s'érige ? Avant d'avoir été exilé de la Terre sainte, le peuple d'Abraham n'avait-il pas été exilé de la temporalité ? En un sens, le « temps de l'exil » si cher à Shmuel Trigano constituait la trame narrative de ma naissance. Depuis, j'étais une héritière de la guerre et de la cruauté. Je n'avais de comptes à rendre à personne, mais je devais me débattre, à ma manière, avec cet héritage singulier. Celui-ci défiait ma propre filiation et mon appartenance nationale. Autant dire qu'il s'agissait d'une abstraction ou d'une idée farfelue. Car je n'étais pas issue d'un pays ou d'un territoire aux prises avec des conflits armés. C'était tout le contraire, d'ailleurs. Voilà l'une des raisons pour lesquelles je détestais que l'on me pose la question « D'où venez-vous ? ». En mon for intérieur, J'AI TOUJOURS SU QUE JE VENAIS DE L'AUTRE CÔTÉ DE LA GUERRE. Autrement dit, je savais que c'était aussi la guerre qui m'avait engendrée. Était-ce grâce à une intervention d'Artémis, déesse des accouchées qui aimait tout ce qui se croise et se mêle, jusqu'au sang et aux blessures, comme je le soupçonnais ? Depuis les confins des temps, et dans une synchronicité troublante, la guerre m'avait extraite des ancrages identitaires pour m'inscrire sur une route divergente, au confluent de frontières transversales. Certes, on ne peut raconter cela aisément à un interlocuteur. J'avais l'habitude de respecter les convenances, alors je m'efforçais de remâcher les mots d'usage : « Je viens de Québec ». Au fond, même si c'était vrai dans les faits, je savais que c'était un leurre. J'étais une étrangère, mais pas selon la définition courante. La ville où l'on naît, ce n'est pas nécessairement celle à laquelle on appartient. C'est plutôt la ville où, grâce aux aléas de l'Histoire, on a été projetée d'un monde à l'autre.

À Jérusalem, j'avais trouvé la liberté de me perdre et celle, plus grande encore, de me retrouver.

———

Quelques années après ce premier contact avec la guerre, j'avais discuté du service militaire avec un professeur de sociologie de l'Université hébraïque de Jérusalem. Son fils cadet, âgé de dix-neuf ans, revenait d'une offensive à Gaza qui avait duré trois semaines. Si je me souviens bien, il avait été affecté dans une unité de blindés. À son sujet, son père n'avait qu'une parole : « Depuis qu'il est revenu, il n'est plus le même ». Peu de temps après, j'ai rencontré ce garçon à l'occasion d'un *seder* (célébration de la Pâque juive) dans l'appartement familial. Il était jeune, sensible et presque muet ; tout le contraire de son frère aîné, un individu volubile dont j'ai oublié le visage. Le frère cadet, lui, semblait porter une grande douleur. Comment dire ? Son comportement n'était pas incohérent, mais il était évident que la guerre l'avait traumatisé. Je ne savais pas ce qu'il avait vécu. Il n'avait pas été blessé, mais la douceur de ses traits et la beauté de son visage s'opposaient fortement à l'idée même de la violence. Une fois l'offensive terminée, il était revenu. Oui, dans les faits, il était rentré. Mais allait-il en revenir pour de bon ? Oublier ce qu'il avait vécu sur le terrain, c'était impossible… Je me suis demandé : « Peut-être entend-il des voix ? » Oui, peut-être entendait-il la voix de la mort, dont les échos se répercutaient dans son esprit de manière lancinante ? Peut-être l'entendait-il à travers la plainte de ses compagnons blessés ou tués, ou à travers les lamentations des Palestiniens que sa propre unité de combat avait blessés ou tués ? Entendait-il les cris des enfants ? Les hurlements et les pleurs des mères à qui ils avaient été arrachés ? J'aurais aimé qu'il entende les voix du *khresterion*, comme cela m'arrivait parfois. Oui, si je l'avais pu, j'aurais aimé lui apporter une consolation.

———

C'est un fait universel : les femmes et les enfants sont souvent les premières victimes des conflits. En cherchant à donner une voix aux femmes, l'écrivaine québécoise Madeleine Gagnon avait réalisé un ouvrage rempli d'humanité et de compassion, *Les femmes et la guerre*. Je me sentais interpellée par sa démarche, qui s'ouvrait sur un constat : de manière générale, les femmes luttent pour la démocratie, tandis que les hommes combattent pour la libération nationale. Et de nos jours, qu'en pensaient les femmes d'Israël que j'avais rencontrées ? Comment celles qui se trouvaient du côté de « l'oppresseur » israélien, c'est-à-dire du « mauvais côté », selon les médias occidentaux, faisaient-elles face à ce qu'on appelait au pays « la situation » ? De l'hébreu *matsav*, le terme « situation » avait valeur de code et il « englobait énormément de choses : la peur, l'angoisse, la situation existentielle, la guerre, les choses qui nous attendent » en présence du conflit, comme l'avait souligné David Grossman dans un entretien à l'Institut français de Jérusalem Romain Gary autour de son roman *Une femme fuyant l'annonce* (Prix Médicis, 2011) auquel j'avais assisté en avril 2012[25].

« Désarroi des mères, depuis la nuit des temps[26] », écrit Sabine Huynh. Écrivaine et traductrice franco-vietnamienne ayant émigré en Israël, Sabine se souciait beaucoup du sort des enfants, quelle que soit leur appartenance. « Chaque enfant qui meurt est ma honte, où que je vive et quelles que soient mes convictions[27] », affirmait-elle dans son texte percutant *La sirène à la poubelle*, un journal de guerre depuis Tel Aviv centré sur le conflit de Gaza datant de 2014. À juste titre, elle critiquait la propagande des médias, en particulier les images obscènes d'enfants morts ou de mères en pleurs qui étaient diffusées massivement et à répétition. À son avis, c'était une façon de violer l'intimité des morts et des endeuillés, de porter atteinte à leur dignité. « De quoi ces morts sont-ils la preuve », interrogeait-elle, « sinon de l'infamie

---

25   Soirée avec David Grossman, Institut français de Jérusalem Romain Gary, 23 avril 2012.

26   Sabine Huynh, *op. cit.*, p. 20.

27   *Ibid.*, p. 27.

de ceux qui, au lieu de chercher à protéger leur enfance à tout prix, les destinent à mourir en martyrs sur l'autel de la guerre ? » Et elle avait raison. « Nous sommes tous responsables de leur mort, poursuivait-elle, certains le sont davantage que d'autres. Chaque enfant qui meurt est un coup de poignard dans mon ventre de mère, qu'il soit un nourrisson ou un adulte. Ici, nous pleurons tous les morts, certains davantage que d'autres ».

Mais les pères souffraient, eux aussi. Ils étaient même blessés, torturés, assassinés… Qu'est-ce qui les distinguait tant des femmes et des mères ? Aussi triviale qu'elle paraissait, cette question demeurait complexe. David Grossman, qui avait perdu un fils en 2006 lors du conflit contre le Hezbollah, s'était prononcé à ce sujet dans le même entretien à l'Institut français de Jérusalem Romain Gary en avril 2012 :

> Une question importante au sujet de ce roman est probablement la suivante : Pourquoi avoir choisi une protagoniste féminine ? À mon avis, la femme est beaucoup plus originelle dans la famille. Ce n'est pas un cliché. J'ai fait une enquête au préalable au sein de quelques familles avant d'écrire ce roman. Dans la famille, donc, la place de la femme est particulièrement importante […] Ainsi, il me semblait opportun d'inscrire la femme au centre de l'histoire racontée. Un homme obéira plus naturellement aux systèmes comme l'armée et le gouvernement, entre autres. Après tout, ce sont les

hommes qui ont créé ces systèmes ; ce sont eux qui les détruisent et qui, de façon paradoxale, les servent. Une femme s'opposera plus facilement à la hiérarchie qu'impose le système.

Je pense souvent au récit de la Genèse. Dieu interpelle Abraham qui lui ordonne d'offrir son fils en holocauste. Pourrait-on imaginer que Dieu se soit adressé à Sarah ? C'est impossible. Sarah, quant à elle, n'aurait pas répondu à un tel ordre, alors qu'Abraham a réagi immédiatement[28].

En 2008, quelques mois après ma première rencontre avec Lilach Netanel, la violence avait encore frappé au Proche-Orient. Le 27 décembre, la guerre de Gaza avait éclaté. Depuis la bande de Gaza, le Hamas lançait des roquettes sur la ville de Sdérot. Afin d'y mettre un terme, les Israéliens avaient déclenché des raids et bombardements aériens, qui allaient être suivis d'une offensive terrestre. J'étais alors retournée dans la ville qui m'avait vue naître, où je passais les fêtes de Noël en famille. Quand j'avais appris la nouvelle, je m'étais dirigée spontanément vers la fenêtre de ma chambre, qui donnait sur les plaines d'Abraham. À l'extérieur, les paysages enneigés créaient une atmosphère si paisible que le contraste était bouleversant. Rapidement, j'avais écrit à Lilach afin de m'enquérir d'elle. Comment vivait-elle la chose ? Elle m'avait répondu qu'elle allait « bien », mais elle se disait profondément accablée par « la situation ».

---

28 Soirée avec David Grossman, Institut français de Jérusalem Romain Gary, 23 avril 2012.

Nous avons entretenu une brève correspondance durant la période du conflit. C'étaient nos carnets de guerre, en quelque sorte. Dès le départ, j'avais espéré que nos échanges seraient brefs. Au final, ils avaient duré un mois. Le 18 janvier 2009, les Israéliens avaient déclaré un cessez-le-feu, suivis du Hamas. Puis, les tirs s'étaient poursuivis dans les deux camps durant quelques jours. La violence qui frappait *depuis* chez soi, c'était une chose pour le moins difficile à expliquer, m'écrivait Lilach. Dans sa lettre du 2 janvier, elle décrivait l'atmosphère de « tranquillité effrayante » dans laquelle elle avait passé la soirée précédente à Tel Aviv :

> Les cafés sont ouverts et bondés, les vélos décorés de fleurs sont garés tout près, un groupe de musiciens joue dans un coin du parc de la rue King George. Il y a peut-être une femme, une seule, qui hurle de rage devant un groupe de manifestants qui distribuent des pamphlets contre la guerre. Les bâtiments rénovés du boulevard Rothschild brillent au soleil dans une composition fascinante et conviviale de fer, de bois et de béton peint de couleurs chaudes. La végétation, composée surtout d'oliviers et d'acacias, est si présente, si abondante, que la ville oscille constamment du béton au végétal, du rigide à la variation arbitraire. C'est LE VISAGE MÊME DE LA LIBERTÉ.

Ce visage de la liberté était la réponse des Tel Aviviens à la violence. Quand la vie est si fragile et menacée, n'est-il pas urgent de la célébrer ? Au moment où Lil m'avait écrit, le gouvernement israélien s'apprêtait à prendre une décision au sujet de la poursuite des attaques à Gaza. Pendant ce temps, il pleuvait des bombes et des missiles dans la région entière :

> Après une semaine de bombardements aériens (c'est-à-dire de violences horrifiantes, de tueries et de désastres) par l'armée israélienne, les missiles du Hamas continuent de tomber (c'est-à-dire à ravager, à blesser à mort, à enfoncer un demi-million d'Israéliens dans des abris sous la terre) au sud d'Israël, poursuivait-elle. Je suis protégée, saine et sauve, mais profondément troublée, écrivait-elle.

C'est bien connu, quand la violence émerge, la parole fait défaut. « Pour l'instant, personne ne parle de la violence ; on est trop occupés à en produire. Produire de la violence pour empêcher qu'il y ait plus de violence », affirmait Lilach. C'était un argument répandu dans la population israélienne, surtout parmi ceux qui se sentaient victimes malgré eux. Plusieurs avaient l'impression de n'avoir qu'une seule alternative, c'est-à-dire frapper encore plus fort que l'ennemi. Selon la couverture médiatique du conflit, on pouvait croire qu'Israël était obligé de protéger ses citoyens bombardés par le Hamas depuis le retrait israélien de Gaza. Du reste, l'une des tâches monumentales qui revenaient aux Israéliens, c'était le devoir d'expliquer la violence.

Les gens, c'est-à-dire les Israéliens, c'est-à-dire mes collègues, mes amis, mes proches et moi-même sommes constamment ramenés à cette tâche impossible, le devoir d'expliquer la violence. Expliquer la violence qui est dirigée contre nous, ainsi que la violence que nous produisons. C'est la tragédie de toute existence qui se déroule dans cette région. Expliquer la violence constitue l'épopée de nos vies ; c'est devenu une pratique quotidienne, un savoir-vivre.

Or, l'alternative qu'il faudra exprimer face à cet impératif ne tarde pas s'imposer, à mon avis. Elle se taille une place entre les nombreux discours. C'est l'alternative qui existe, selon moi, entre deux valeurs : expliquer la violence ou bien la proclamer comme une zone dépourvue de sens. La deuxième valeur qualifie une violence sans mots, une violence qui doit se taire enfin. Une violence qui ne pourra plus profiter de l'aide si douteuse de la langue des politiciens et des militaires, des journalistes et des écrivains.

Au moment où nous correspondions, la ville familière où j'étais retournée célébrait son 400e anniversaire. Dans l'histoire de l'humanité, quatre cents ans, c'était jeune. Mais du point de vue des Israéliens, il en allait autrement. Plusieurs ministres nés peu après la Seconde Guerre n'avaient-ils pas le même âge que le pays qu'ils dirigeaient ? « Que peuvent faire nos pauvres historiens ? », interrogeait ma correspondante. « Attendre, peut-être, que l'État d'Israël termine le cycle des souvenirs et des expériences vécues pour entrer enfin dans le cycle des archives et du passé, avec une juste mesure d'oubli. Oui, une juste, une toute petite mesure d'oubli, pour pouvoir enfin continuer, comme l'écrivait Beckett ».

———

Une fois la guerre terminée, les événements avaient fait place aux estimations et aux réflexions. Selon Lilach, la société israélienne refusait d'accepter l'image d'elle-même en tant que société violente. « Les officiers de l'armée s'adressent maintenant à nous dans les journaux afin de justifier les actions à Gaza et l'usage de la force. À leurs yeux, ils font partie d'une armée sensible aux valeurs humanitaires, qui cherche à éviter autant que possible de heurter le peuple palestinien », écrivait-elle. Les militaires affirmaient publiquement qu'ils avaient souhaité mettre un terme aux actes terroristes du Hamas, et non attaquer les Palestiniens.

Ainsi, elle me racontait que ses compatriotes étaient « fatigués, las et amers ». Et pourtant, ils étaient « engagés ». Les citoyens de sa région rassemblaient maintenant de la nourriture, des couvertures et des vêtements destinés à la population de Gaza. Les intellectuels, eux, remplissaient les journaux avec des articles portant sur l'avenir de la moralité. Un groupe d'artistes donnait un concert dont les revenus allaient être entièrement versés aux Palestiniens qui habitaient les régions bombardées. Dans un geste humanitaire, le gouvernement israélien avait fait construire un hôpital à la frontière qui se destinait à accueillir les blessés de la région de Gaza. « Des médecins israéliens de l'ensemble du pays arrivent pour y offrir leur aide », expliquait Lilach. Or, au grand étonnement des Israéliens, les Palestiniens n'arrivaient pas à recevoir ce qu'on leur offrait. Pour une raison qui échappait, ils ne recevaient « aucun soin, aucun traitement, aucun pardon », déplorait-elle.

Ainsi, les citoyens des deux côtés avaient été acculés à s'observer les uns les autres, « de ce regard qui a persisté durant les attaques mutuelles et les terreurs ; un regard qui se prolonge jusqu'à aujourd'hui », notait-elle avec découragement.

———

En 2016, un nouveau conflit avait éclaté à Gaza. Cette fois, j'avais écrit à Sivan Beskin pour connaître son opinion. Je lui avais demandé comment elle se sentait, en tant que mère et écrivaine, face aux guerres qui survenaient de façon sporadique. Comme elle vivait à Tel Aviv, c'est-à-dire loin de la Green Line, de la frontière avec Gaza et de la frontière avec la Syrie, elle se trouvait relativement en sécurité. Et pourtant, depuis que son fils Niv était né en 2012, Israël avait connu deux montées du conflit. « Courir vers l'abri, avec de jeunes enfants apeurés, c'est à la fois terrifiant et déprimant », soulignait-elle. Ce qu'elle déplorait plus que tout, c'était le caractère « interminable » du conflit israélo-palestinien : « Quand je pense à toutes les occasions de mettre un terme au conflit qui ont été ratées au fil des ans, cela me rend folle. Et quand je pense que mes propres enfants devront s'enrôler dans une armée d'occupation, cela me rend encore plus folle », avouait-elle.

Comme Zeruya Shalev, elle était d'avis que s'enfuir ou ne pas faire son service militaire, ce n'était pas une solution pour les jeunes soldats. Surtout, Sivan faisait un constat pessimiste à l'égard des hommes d'État et à l'absence d'espoir qui affligeait les militaires.

> J'ai le sentiment que ce n'est pas la même armée que celle dans laquelle j'ai fait mon service, il y a vingt ans, écrivait-elle. Je veux dire : les territoires et l'occupation, c'était aussi une réalité dans les années 1990. Mais à cette période, c'est-à-dire au temps de Rabin, nous avions l'espoir qu'il y aurait la paix, alors nous pouvions défendre notre pays. Aujourd'hui, c'est totalement différent. Je ne voudrais pas que mes enfants collaborent avec les dirigeants qui font durer le conflit. J'aimerais convaincre mon fils de devenir médecin, par exemple, car c'est le genre de profession dans laquelle ON FAIT DU BIEN, MÊME QUAND ON EST DU MAUVAIS CÔTÉ. Il m'arrive d'avoir ce genre de pensées un peu excessives…, avouait-elle. Cela dit, je ne sais absolument pas s'il voudra être médecin, s'il sera doué pour ça.

À l'instar de Lilach, Sivan était restée loin des zones de combat quand elle avait fait son service militaire dans les années 1990. À cette époque, les jeunes pouvaient trouver du sens à leur service militaire, répétait-elle, car ils avaient le sentiment qu'Israël agissait de manière appropriée et que l'armée faisait le travail qui lui incombait. La seule exception dans le tableau avait été la présence de l'armée is-raélienne au Liban, qu'elle qualifiait d'« inutile ». D'ailleurs, l'armée avait quitté la région quelques années plus tard.

> Aujourd'hui, j'ai l'impression que l'armée est contrôlée par les mêmes fanatiques religieux qui gouvernent partout à notre époque. Ça devient une sorte d'instrument qui sert un objectif unique : garder la Cisjordanie sous occupation, ce qui est inutile, dangereux et immoral. Alors, je n'ai pas du tout envie que mes enfants parti-cipent à ça.

Nous vivions à une drôle d'époque, en effet. En Israël et ailleurs, les types de la droite, les excessifs, les fana-tiques, les populistes, les vulgaires despotes et les conser-vateurs rétrogrades qui visaient leur profit personnel et le contrôle absolu de leur territoire, en carburant à la haine des immigrés, du savoir et de la culture, ils étaient nom-breux à occuper des postes stratégiques à la tête des pays démocratiques. Du jour au lendemain, ils étaient prêts à faire reculer l'humanité de deux siècles, et même davan-tage. À chaque occasion, ILS REVÊTAIENT L'HABIT DE L'ENVAHISSEUR. Quand serions-nous enfin débarrassés de ces êtres phallocrates et misogynes, de ces despotes et de ces persécuteurs ? On le savait bien : la fin d'un man-dat politique n'était, hélas, qu'un pas en avant dans une longue marche qui risquait souvent de se révéler funèbre.

> Je crois qu'on ne devrait jamais laisser des hommes nantis et plus âgés nous gouverner, ajoutait Sivan,

parce que ces types ignorent tout de la protection de l'enfance, de la nécessité de créer des liens affectifs avec autrui et de la vie réelle. Ils se sentent libres d'envoyer mourir les enfants des autres et la paix n'est absolument pas leur objectif primordial. Sincèrement, je pense qu'un individu qui ne s'est jamais occupé d'un enfant — en tant que parent actif ou enseignant, travailleur social, par exemple, et non en tant que père qui n'est jamais à la maison parce qu'il a assez d'argent pour se payer une nounou à plein temps ou une épouse ménagère — n'est pas vraiment en mesure de gérer un pays. Il vit dans un monde différent et il ne se soucie pas beaucoup de tout ce qui nous tient à cœur.

Le genre de types que dépeignait Sivan, c'étaient surtout DES HOMMES QUI SE CROYAIENT « DU BON CÔTÉ ». Comme si la terre d'Orient était nécessairement divisée entre deux segments, l'un « bon » et l'autre « mauvais ». Et le mauvais, bien entendu, il fallait le dominer sans scrupules, quelles que soient les conséquences pour les habitants des deux camps. Artémis n'avait-elle pas raison d'affirmer que les hommes tuent pour affirmer leur suprématie, mais qu'ils échouent sans cesse ? Jamais ils ne seront aussi puissants que les fauves. Seuls ces derniers ignorent prodigieusement la mort, tandis qu'eux-mêmes méconnaissent le goût qu'elle imprime à la vie[29].

---

29   Voir Sandrine Willems, *Artémis et le cerf*, « Les impressions nouvelles », Leuven, 2002, p. 29.

Colonies, règne du béton au milieu du désert, espaces arrachés, territoire usurpé. Ils avaient le sentiment de conquérir enfin le nouveau siècle, après les horreurs qu'avait apportées le précédent, après les attentats survenus en Israël au début des années 2000. Mais sans doute fallait-il ajouter à cette liste les nombreux pogroms qui avaient émergé par vagues, à la fin du XIXe siècle, dans l'ancien empire russe. Conquérir la terre d'Orient, donc, tel était leur objectif suprême. Il fallait y parvenir sans moyenner. La violence envers les Juifs avait atteint une telle ampleur qu'elle défiait les calculs les plus extravagants ; depuis les droits de l'homme, cela ne valait plus grand-chose. Ou si peu. La désillusion avait atteint son comble, il fallait maintenant se relever pour de bon. Il fallait dresser le XXIe siècle comme s'il s'agissait d'un animal sauvage et dangereux. Pour cela, les dirigeants actuels, ceux qui avaient été élus depuis Rabin, s'arrogeaient le pouvoir de croître, de s'étendre, de dominer. Oui, dominer enfin, et de façon impitoyable. On devait en finir avec l'injustice, la survivance, la marginalisation — et on ne parle même pas de l'antisémitisme ! Le terme était trop modeste pour rendre compte de toutes les atrocités qui s'étaient accumulées au fil des siècles, d'ailleurs. Toute cette violence qui s'était déversée avec acharnement sur le peuple juif, c'était devenu une sorte d'incendie impossible à éteindre. Elle allait maintenant se propager ailleurs, cette violence, oui, elle allait emprunter d'autres avenues, atteindre de nouvelles cibles. Au XXe siècle, les

Juifs avaient été des victimes. Au XXIe siècle, les Israéliens seraient les vainqueurs. S'il le fallait, ils allaient accomplir un doux massacre. C'était dans l'ordre des choses.

Le déracinement, c'était bel et bien terminé. L'enracinement, tel était le motif suprême, la raison du succès à venir.

———

La perte était infinie, rien ni personne ne pourrait jamais l'éliminer. Aucune compensation n'était possible, ni même envisageable. Réparer, combler, restaurer, tous ces espoirs de *tikkun olam*, de réparation, ce n'étaient que des lubies. La vérité, c'est que les Israéliens allaient rendre à leur peuple ce qu'on avait enlevé aux Juifs. Ils allaient se multiplier, s'étendre sur le territoire. Au fond, la Terre sainte leur appartenait. Sur ce point précis, croyants et athées se rejoignaient. Pour les premiers, une patiente dévotion, une foi inébranlable en un Messie sauveur de l'humanité avait élu leur peuple, tout en l'affublant d'un destin particulier qui trouvait sens en ce lieu. Pour les seconds, l'argument était utile pour renverser la situation, en entérinant les excès de la droite. Durant la Seconde Guerre mondiale, on avait été exposé à ses pires abus. Maintenant, c'était à leur tour de devenir bourreaux. Oui, pour venger le peuple juif du siècle précédent – et on ne parle pas des autres ! –, les Israéliens allaient maîtriser la terre d'Orient. Mieux encore : ils allaient la posséder, cette terre, en s'attribuant enfin le statut de propriétaires.

Et moi, depuis l'autre côté de la guerre, j'ai pensé : « En construisant des immeubles de béton qui s'alignent au milieu du désert, en grugeant la terre des Palestiniens sans retenue, les Juifs devenus Israéliens ont oublié qu'ils sont locataires, et non propriétaires du sol. Et pourtant, comme le rappelait Erri de Luca dans son ouvrage *Noyau d'olive*, le texte biblique est limpide à ce sujet. Cet oubli, source d'un énorme malentendu, permettait dorénavant à Israël d'engraisser par endroits. Avec son corps disproportionné, elle souffrait des symptômes d'une obésité infantile qui risquait de se transformer bientôt en obésité morbide.

CHEZ LA « MARIÉE DE LA MER »

Depuis longtemps, j'avais envie de visiter Jaffa, l'une des plus anciennes villes du monde. Je rêvais à ses orangeraies qui s'étendaient à l'infini, au lien charnel qui unissait les Arabes à la terre. Jadis, les cueilleurs et les ouvriers venus de la Palestine, de la Syrie et du Liban affluaient vers Jaffa, car celle-ci fournissait du travail en abondance. C'est ainsi qu'elle était devenue l'une des villes les plus prospères de la Palestine. Objet de conquêtes et d'invasions depuis les temps anciens, ses illustres habitants comprenaient Thoutmôsis III (1458-1425 av. notre ère), cinquième pharaon de la XVIIIe dynastie d'Égypte, le roi David, le roi Salomon, les Perses, les Croisés, les Britanniques, puis les Juifs. Pour la poète Salma Jayyusi, Jaffa incarnait le symbole de la Palestine perdue et retrouvée. Plus que d'autres villes, elle occupait une place centrale dans le monde arabe, car l'oranger était l'arbre floral le plus inspirant de la Palestine.

Depuis le vieux Jaffa, je voulais en explorer les différentes artères, me balader dans ses rues, à l'écoute d'un détail, à la recherche d'une inscription révélatrice du passé qui ne datait pas d'hier, mais qui n'était pas loin non plus. Avant la *Nakba*, Jaffa était peuplée d'Arabes. Or, ceux-ci avaient été majoritairement chassés du quartier, dépossédés de leurs résidences et de leurs terres lors de la guerre d'indépendance en 1948. D'une population originelle atteignant environ 65 000 personnes, il ne restait plus que quelque 3 000 à 4 000 Arabes après l'exode. Dans la portion jouxtant le port de Tel Aviv, je m'étais donc mis en tête de découvrir des traces des maisons arabes de jadis. Cela n'allait pas être simple. Il y avait eu tant de démolitions et de reconstructions qu'il ne restait presque rien. Et puis, comme tant d'autres quartiers anciens dont les habitants avaient été chassés ou décimés à cette période de l'histoire, celui de Jaffa ne faisait pas exception. C'était devenu un quartier commercial un peu branché. Autour du marché, par exemple, de nouvelles constructions hébergeaient des hôtels, des établissements et des commerces pour les résidents et les touristes occidentaux. À l'angle de la rue principale, il y avait l'édifice de la banque Leumi. Sur la façade, une plaque historique indiquait que le premier bureau de la Anglo-Palestine Company avait ouvert ses portes dans cet édifice le 26 juillet 1903. À quelques pas de là, le bord de mer de Tel Aviv avait été entièrement rénové, avec ses boutiques chic et ses restaurants clinquants. Il s'en dégageait une atmosphère surfaite qui m'a déplu au plus haut point. Et puis, partout où l'on regardait, il n'y avait pas un mur, une plante ou une brindille dont l'emplacement n'avait été prévu. Seule la mer était authentique.

Jadis, le roi de Jaffa avait offert sa fille Andromède en sacrifice pour apaiser la colère de Poséidon, le dieu de la mer, qui menaçait la ville. La belle Andromède, nue, était attachée aux pierres de la côte de Jaffa, dans l'attente de sa mort. Mais Persée était arrivé, Il avait tué le monstre marin qu'avait envoyé Poséidon et ensuite, il avait épousé Andromède. Pendant des milliers d'années, les pierres d'Andromède avaient servi de quais naturels. Ces quais étaient dangereux pour les vaisseaux commerciaux et les bateaux de pêcheurs. Aujourd'hui, en m'invitant chez la « mariée de la mer », le joli surnom de Jaffa, j'étais animée de ce sentiment profond : la passion de la découverte.

Durant les années 1920, Arabes et Juifs travaillaient ensemble dans les orangeraies. Les paysans palestiniens transmettaient leur savoir-faire à leurs élèves, ne se doutant pas que deux décennies plus tard, la colonisation européenne aurait lieu. L'arrivée des *kibboutznikim*, ces jeunes sionistes d'Europe à la peau trop pâle qui pelait sous le soleil, a renversé la situation. En imposant le travail agricole et en s'attachant à une vision européenne de la Palestine, d'après laquelle celle-ci d'Orient était vue de l'Occident, ils ont labouré la terre de façon méthodique et rigoureuse. Ils l'ont tant sillonnée qu'une blessure s'est ouverte. Ils l'ont forcée à s'adapter à leur idéal, et non l'inverse. À trop vouloir la posséder et la domestiquer à leur guise, à vouloir réinventer « la géographie de la magie divine », pour reprendre les mots de Mahmoud Darwich, ils ont traumatisé la terre et ses habitants. Pourtant, comme l'écrivait le grand poète, elles renfermaient

ce qui mérite vie : l'hésitation d'avril, l'odeur du
pain à l'aube, les opinions d'une femme sur les
hommes, les écrits d'Eschyle, le commencement
de l'amour, l'herbe sur une pierre, des mères debout sur un filet de flûte et la peur qu'inspire le
souvenir aux conquérants[30].

Une décennie auparavant, j'avais parcouru l'ancien
quartier juif de Cracovie, ceux de Vilnius, de Riga et
même de Saint-Pétersbourg, en quête de traces des
anciennes maisons juives. J'en avais trouvé plusieurs.
Chaque fois, c'était une trouvaille de haute valeur que
je n'aurais pu faire en consultant un guide touristique.
Depuis, le quartier juif de Cracovie était devenu beaucoup plus populaire, ainsi que j'avais pu le constater
lors de ma deuxième visite en 2006. À Berlin, j'avais
déambulé ainsi. Grâce à la présence de *Stolpersteine*, ces
petites plaques dorées posées à même le sol sur lesquelles
on avait gravé les noms des anciens habitants juifs qui
avaient péri dans les camps, ma tâche avait été facilitée.
Mais l'ensemble de ces plaques formait un parcours plus
touristique ; ça n'avait pas la même valeur. Ce que je
préférais par-dessus tout, c'était me promener dans des
quartiers qui n'étaient pas identifiés « juifs » et surtout,
qui n'étaient pas devenus branchés. Aujourd'hui, c'était
la même passion qui m'animait lorsque j'ai amorcé ma
promenade à Jaffa. Une fois de plus, je m'aventurais dans

---

30 Mahmoud Darwich, « *Sur cette terre* », *La terre nous est étroite et autres
poèmes*, Paris, NRF/Gallimard, 2000, p. 214.

une ville secrète à l'intérieur de la cité, en quête d'échos freudiens… Je cherchais la ville-palimpseste. Avec mon flair de scriptographe, de chercheuse de traces, j'allais certainement trouver quelque chose. Je savais aussi que souvent, ce quelque chose ne correspond pas du tout à ce qu'on a imaginé. Parfois, ces découvertes viennent vers nous, de façon imprévue. En 2006, le premier soir de mon arrivée à Francfort, en arpentant les rues autour de mon hôtel avec mon compagnon, j'avais trouvé la synagogue de Westend. Construite entre 1908 et 1910, c'était la plus grande synagogue de Francfort-sur-le-Main. Elle était somptueuse, ce qui était d'autant plus frappant, quand on sait que la majorité des synagogues d'Allemagne avaient été détruites durant la Nuit de Cristal en novembre 1938. On y avait allumé un incendie, il y avait eu des dégâts, mais elle avait résisté, et c'était la seule qui était restée debout.

Des anciens quartiers juifs des villes d'Europe à Jaffa, il y avait une constante : les vieux murs, retapés ou vétustes, suintaient le chaos. Ils transpiraient l'histoire récente de leurs habitants expatriés, chassés, voués à la déportation ou à l'exode, quand ils n'avaient pas été assassinés. À Jaffa, une fois la vieille ville passée, on aurait dit que les maisons gémissaient. Elles pleuraient le rose, un vieux rose, couleur de terre cuite, au hasard des brocanteurs, dont les devantures des boutiques étaient jonchées de meubles : tables et chaises, vieux fauteuils élimés. Une grande absence se faisait sentir. Oui, un vide s'est imposé sur mon chemin, dans les rues et les allées que j'ai empruntées. Comme Vilnius qu'on avait débarrassée de ses Juifs, Jaffa dépourvue de sa population arabe se révélait à travers ses blessures et ses fractures. La présence en creux des fantômes habitait les lieux.

En entrant dans le vieux Jaffa, les édifices décrépits aux murs de brique découverts s'accumulaient sur mon passage. Certains avaient une façade colorée : s'ajoutant au rose, le jaune et le bleu dynamisaient l'espace aux artères imprévisibles. Ces édifices étaient tous munis de nombreux ventilateurs qui s'accrochaient aux façades, telles des sangsues en forme de petite boîte carrée. À l'angle de la rue *Shimon Ha' Tsaddik*, qui menait au marché, une plaque avait été apposée sur un édifice rénové à la façade beige. L'inscription en hébreu, suivie de l'anglais, se lisait ainsi : « *This historical building was used as the* HQ *of the Israeli Security Agency (Shin Bet) between 1948 and 1970* ». C'était donc un ancien poste de contrôle du Shin Beth, le Service de sécurité intérieure israélien. Pendant vingt-deux ans, l'agence de contre-espionnage israélienne avait eu ses quartiers généraux ici.

J'ai tourné le coin de la rue pour me retrouver au milieu d'un vaste marché aux puces branché. En regardant les devantures des boutiques, j'ai pris quelques photos. Plus tard, en les regardant, j'ai constaté que toutes les images étaient floues. On aurait dit qu'elles étaient teintées d'onirisme. Tous ces vieux fauteuils récamier, au velours un peu râpé, entassés parmi des tables et des chaises, ils inspiraient la nostalgie d'une autre époque. C'était le genre d'objet mystérieux dont on aurait souhaité ramener un exemplaire chez soi pour accentuer le décor, lui ajouter une nouvelle dimension, le faire vibrer avec d'autres auras. Qui en avaient été les propriétaires ? On ne le saurait jamais. Dans d'autres circonstances, c'est ça qui était beau : un objet trouvé au hasard, dont on ignore l'histoire et qui nous fait rêver. Mais ici, des connotations de gravité et de tristesse hantaient ces meubles. On imaginait les propriétaires arabes qui avaient été chassés de leur maison, dépossédés de leurs biens en quelques heures... J'ai plongé dans la mélancolie en songeant à la longue période ayant précédé l'exode. C'était une époque que l'on reconnaissait à des objets particuliers, comme les chaises à porteurs que décrivait en 1867 la voyageuse Olympe Audouard :

> On trouve à Jaffa des *portantines*, espèces de chaises à porteurs, pour les dames qui redoutent la fatigue du cheval. Quatre vigoureux Arabes vous enlèvent, et c'est une justice à leur rendre qu'ils courent, montent, descendent et s'arrêtent sans se souvenir le moins du monde des secousses qu'ils font éprouver aux personnes qui ont l'imprudence de se confier à leurs soins. Il va sans dire que je préférai me confier à un bon cheval, malgré les représentations d'Aly[31].

Malgré son caractère vieillot, la scène était charmante. Et pourtant, lorsqu'elle rapportait que « Le voyage de Jaffa à Jérusalem est de quatorze à quinze heures à cheval[32] »,

---

31 Olympe Audouard, *L'Orient et ses peuplades*, p. 428.
32 Olympe Audouard, *op. cit.*., p. 432.

Audouard m'a semblé verser dans l'exagération. De nos jours, il faut environ une demi-heure pour faire ce trajet en voiture. Était-ce une déformation de son imaginaire ? Avait-elle eu l'impression d'avoir accompli un trajet trois fois plus long en raison des conditions pénibles dans lesquelles son voyage à cheval s'était déroulé ?

J'ai poursuivi ma route, tandis que j'étais aveuglée par le soleil en déclin. À contre-jour, les édifices au relief ombragé s'imposaient à ma vue, telle une masse indistincte que l'histoire aurait oubliée. Les ombres de l'Hadès planaient-elles à l'intérieur de leurs murs ? Il y avait des maisons basses au stuc un peu décrépit, des habitations modestes dépourvues de jardins. Devant, quelques fleurs contrastaient avec le caractère abîmé des édifices ; elles leur conféraient un charme particulier. À un moment, j'ai aperçu devant moi une écolière à la longue chevelure brune avec un sac à dos. Seule au milieu du trottoir d'une grande artère, elle semblait flotter, évasive. À cette heure tardive du jour, elle devait revenir vers la maison, mais rien n'était moins sûr. La lenteur de son pas et son image vue de dos m'ont donné l'impression d'une immense solitude. J'ai aussi croisé une jeune femme et quelques personnes d'âge mûr. Il n'y avait aucune cohérence dans leurs trajectoires respectives, aucune unité non plus. Mais ils avaient ceci en commun : c'étaient des êtres flous, ballotés dans le temps, entre le fossé des générations, dans une ville dorénavant fracturée. Pour la plupart, ces fractures étaient souterraines. Non seulement on ne les voyait pas à l'œil nu, mais contrairement à la Green Line de Jérusalem, elles n'étaient inscrites sur aucune carte, sur aucun registre géographique.

Je me suis rappelé le propos de la critique israélienne Sharon Rotbard dans son ouvrage *White City, Black City : Architecture and War in Tel Aviv and Jaffa*. À Jaffa, avançait-elle, le passage de l'arabe à l'hébreu était sans doute une tentative d'effacement ultime de la part de la municipalité de Tel Aviv. Il ne visait pas seulement la suppression sélective d'un événement particulier ou d'une mémoire historique précise. Très critique à l'endroit des Israéliens, Rotbard y voyait plutôt l'éradication complète de tous les actes de commémoration, de tous les aspects de la documentation officielle, qu'elle soit publique ou privée, qui existait avant 1948. Ainsi, il semblait que tous les textes de Jaffa avaient été effacés, des chansons d'amour portant sur la « mariée de la mer » aux papiers municipaux, des chroniques de journaux locaux aux débats littéraires qui s'étaient déroulés durant des périodes critiques de l'histoire.

J'avais appris également que Jaffa était un véritable labyrinthe sur le plan de l'urbanisme. Et là, tandis que je m'y aventurais, mon œil s'égarait dans les nombreuses allées tantôt ombragées, tantôt luxuriantes. Dans mon champ de vision, une image surgissait à répétition : les jolies portes anciennes. Oui, c'était un trait caractéristique de Jaffa, ces anciennes portes en bois et en fer forgé qui étaient placées un peu partout sur les façades, dans les jardins et les arrière-cours. Elles étaient toutes différentes les unes des autres et formaient un agencement pittoresque. À un moment, un père qui portait ses deux jeunes enfants dans ses bras a traversé la rue Yefet en se dépêchant. Il s'est enfoncé dans une allée où se dressaient de nombreuses portes anciennes. J'ai eu envie de les prendre en photo, tant le contraste était saisissant ; une jeune famille israélienne s'était réfugiée dans une allée aux maisons vétustes, ruines d'un autre temps. Entre le monde d'avant et celui d'aujourd'hui, il y avait un immense décalage. De cette image en mouvement se dégageaient le déracinement et la perte. Et moi, sachant bien que c'était habituel pour les Israéliens d'aujourd'hui de s'installer à Jaffa, je ne pouvais m'empêcher de me demander : « Comment croire en cette nouvelle vie enfermée dans des maisons anciennes ornées de symboles pareils, puisque ces portes ont toutes été arrachées, puis déplacées, comme les habitants arabes eux-mêmes ? » Les lieux de passage n'existaient plus. Ne subsistaient que des portes arrachées qui étaient devenues des objets décoratifs, vidés de leur caractère historique, dépossédés de leur âme.

———

Je suivais mon impulsion, et celle-ci m'amenait plus loin. En poursuivant ma route, j'ai croisé l'énorme bâtiment du Collège des frères de Jaffa. Puis, j'ai marché au hasard pendant une vingtaine de minutes. Je me suis retrouvée dans des rues où se dressaient d'anciennes maisons arabes nanties. Qui les habitait aujourd'hui ? La majorité d'entre elles n'avaient pas été rénovées. Si elles avaient perdu de leur lustre, on imaginait bien la richesse et la culture des anciennes familles qui avaient été propriétaires des lieux.

À un moment, je me suis retrouvée devant une grande maison de stuc rose. Sur la plaque de rue, entièrement en hébreu et en caractères romains (aucun caractère arabe !), il était écrit : Batsheva de Rothschild (1914-1999) Street. Ça alors ! C'était le nom d'une grande allée privée dans laquelle se dressaient quelques maisons arabes, toutes réunies par une seule façade. Cette Batsheva, à l'origine Betsabée, était une membre de la famille des célèbres banquiers français. Elle était la seule de son clan qui s'était installée définitivement en Israël, en 1962. Mécène et philanthrope, elle avait financé des compagnies de danse avant de créer la sienne, Batsheva Dance Company, ainsi que deux fondations pour l'avancement de la science et de la technologie en Israël. Et pourquoi avait-on donné son nom à cette rue ? Mystère. De toute évidence, elle n'avait jamais habité ici.

Dans cette ruelle privée, la rue était en pierre des champs, tandis que le trottoir était constitué de plusieurs marches ascendantes. Les maisons suivantes étaient dotées d'adresses civiques telles que « 3 » et « 5 ». Au numéro « 3 », une plaque de céramique apposée sur la façade indiquait le nom arabe de la famille qui y habitait. Je me suis aventurée jusqu'au bout de la rue. J'ai alors pensé au très beau film *Ana Arabia* (2013) d'Amos Gitaï, dans lequel une jeune journaliste de Tel Aviv se rend à la frontière de Jaffa et de Bat Yam. Dans cette enclave où vivaient Juifs et Arabes, des marginaux qui formaient une petite communauté, la journaliste rencontrait des êtres authentiques dont elle aimait la compagnie, au point d'oublier le reportage qu'elle devait réaliser. Au hasard de petites mansardes

251

décrépites, les cours arrière abritaient de beaux grands citronniers et les habitants vivaient de façon pacifique. La jeune femme avait l'impression qu'il s'agissait d'une oasis de paix au Proche-Orient, un lieu de coexistence extraordinaire. Et moi, j'ai longé le dernier pan de la façade, jusqu'à la dernière maison de l'allée. Au-delà, il y avait une sorte de sous-bois où j'ai décidé de ne pas m'aventurer.

Un peu comme la protagoniste d'*Ana Arabia*, j'étais en quête de vie authentique. En même temps, je n'étais pas dupe. Je savais que cette vie était pratiquement éteinte de nos jours. Au deuxième étage, il y avait une terrasse de fortune où l'on apercevait un feuillage vert foncé ; elle était surveillée par une caméra et entourée de fils barbelés. Malgré l'heure tardive, le soleil était toujours aussi frappant. En regardant vers le haut, il était très difficile de ne pas fermer les yeux. Tout à coup, quelque chose a bougé sur la terrasse ; puis, deux têtes d'oiseau sont apparues. Avec leurs aigrettes en couronne, je les ai reconnus immédiatement : c'étaient des paons. Au fond de l'allée Betsabée de Rothschild, dans un espace secret, j'ai rencontré l'animal préféré d'Héra, celui qui était représenté sur tant de mosaïques antiques romaines. Puis, les volatiles se sont mis à criailler. J'étais étonnée qu'ils se pointent en plein soleil, sachant qu'ils étaient plutôt des oiseaux nocturnes. Après quelques secondes, j'ai réalisé qu'ils ne faisaient que leur besogne : ils étaient en train de me chasser.

Je suis revenue sur mes pas. J'ai poussé ensuite ma route un peu plus loin et j'ai aperçu plusieurs amoncellements de déchets en pleine rue. Un peu partout, le faste abandonné des belles maisons arabes côtoyait les immondices, ce qui renforçait le sentiment de tristesse qui s'en dégageait. Pour cette première exploration, je ne pourrais me rendre jusqu'à l'enclave à proximité de Bat Yam qu'Amos Gitaï avait représenté dans son film. Le soir descendait déjà, alors j'ai rebroussé chemin. Une fois la nuit tombée, on ne s'aventure pas en touriste à Jaffa, où le taux de criminalité est important. Je n'ai pas sondé l'endroit davantage, mais je me suis dit que la prochaine fois, j'irais plus loin. Sans doute y avait-il d'autres écritures à repérer, d'autres voix à entendre, d'autres traces à déceler.

———

Depuis quelque temps, les voix du *khresterion* s'étaient tues. Elles avaient été remplacées par les voix de femmes, les poètes et les écrivaines que j'avais rencontrées au fil de mon parcours. En songeant à cette évolution, je me suis mise à rêver au chœur Rana. Formé il y a près de dix ans dans un centre communautaire de Jaffa, il regroupait vingt femmes choristes âgées de 30 à 60 ans dont les profils étaient très différents. Chrétiennes et musulmanes, juives orthodoxes et séculières se réunissaient pour chanter « d'une seule voix » en arabe, en hébreu, en yiddish et en ladino. C'était un exemple rare de coexistence réussie, comme le soulignaient les médias. Je savais que le chœur avait fourni une interprétation mélodieuse du *Chad Gadya* (« petite chèvre »), un chant habituellement réservé pour la fin du *seder* durant la Pâque juive. Ce chant, qui racontait les différents peuples qui ont habité en terre d'Israël, offrait un symbolisme puissant.

UN PAYS OÙ LA TERRE SE FRAGMENTE

En revenant sur mes pas vers Tel Aviv, je me suis laissée bercer par les voix de ces femmes qui s'accompagnaient mutuellement en hébreu et en arabe :

Chad gadya, chad gadya.
dizabin aba bitrei zuzei,
chad gadya, chad gadya.

Va'ata shunra,
ve'achla legadya
dizabin aba bitrei zuzei,
chad gadya, chad gadya.

Va'ata chalba,
venashach leshunra
de'achla legadya
dizabin aba bitrei zuzei,
chad gadya, chad gadya.

Va'ata chutra,
vehikah lechalba,
denashach leshunra
de'achla legadya
dizabin aba bitrei zuzei,
chad gadya, chad gadya.

En Palestine

JE SUIS VOTRE GUIDE, votre Artémis des temps corrompus.

————

Suivez-moi en Palestine, venez fouler le sol de ce royaume d'Orient, venez rencontrer les habitants de cette région vouée à des assauts furieux et anarchiques. Suivez-moi sans crainte : la colère des dieux s'est dissipée, l'heure est maintenant à l'accalmie. Venez fouler le sol de ce domaine aux saveurs exquises de pain et aux odeurs de tourbe, aux enclaves teintées de bleuité ; venez vous délecter de leurs enivrements subtils. Laissez les rythmes langoureux des musiques arabes pénétrer votre âme, moduler votre souffle, guider les mouvements de votre corps. Aventurez-vous dans les zones incertaines qui s'érigent au-delà du monde dit « civilisé ». Vous le constaterez : il n'y a pas que la terre qui soit soumise à de grandes découpures. Les collines sont lacérées par le passage des armées, les sables sont souillés par les dépouilles abandonnées. Au lieu d'observer le spectacle des astres, vous serez dévisagé par le soleil. Ébloui, vous craindrez qu'il ne vous dévore et qu'il éparpille ensuite vos viscères, afin de les offrir en appât aux fauves de la nature qui se nourrissent de carcasses d'animaux sauvages.

Aujourd'hui, nous explorerons les contrées où se tient « la maîtresse de la terre, mère des préludes et des épilogues[33] ». Nous nous avancerons vers l'ultime frontière, celle qui engendre un phénomène étrange : la chute des mots. Nous assisterons à l'avènement du silence qui terrasse l'humanité, en ce siècle encore jeune. En filigrane, tandis que les cris, les pleurs et les tirs auront temporairement cessé, nous entendrons, par échos, les voix des prophètes et des poètes défunts. Et surtout, les voix des femmes : celles d'Amira et de Riman.

———

Il serait cruel, dit-on, de mourir sans avoir aimé. Et s'il est vrai que le soleil éveille les passions et ravive les instincts, ce que les hommes appellent « amour » s'apparente souvent à de vulgaires étreintes consommées avec un appétit vorace, surtout en temps de guerre. Il serait encore plus cruel de ne pas aimer jusqu'à en mourir. D'autant que les combats que mènent ici les hommes, en s'entretuant les uns les autres avec sauvagerie, s'enracinent dans la douleur et la haine. Il paraît que le conflit serait trop grand pour ne pas balayer l'amour ; il précéderait les hommes depuis tant de générations qu'il en aurait réduit la force et la profondeur. Or, cela n'est pas tout à fait juste. Il existe un amour pour lequel les hommes seront toujours prêts à combattre, dans le siècle actuel comme dans le prochain : c'est L'AMOUR DE LA TERRE.

---

33 Mahmoud Darwich, « Sur cette terre », *La terre nous est étroite*, Paris, Gallimard, NRF, 2000, p. 214.

ARTÉMIS III

À force de me promener dans les villes, les collines et le désert, à force de traverser les frontières et de scruter les écritures, j'en arrive à croire que CETTE TERRE EST ÉROTISÉE comme nulle autre dans ce fragment d'Orient incessamment soumis à de terribles secousses, à des drames irréversibles.

Tant de traces, entailles, stries et zébrures flétrissent cette terre ; tant de sillons, vestiges et passages la ravinent qu'elle est devenue lasse. À travers les époques, de nombreuses armées s'y sont déployées, depuis la prise de Jérusalem par les Romains jusqu'aux explosions récentes provoquées par les kamikazes. Aujourd'hui, les barricades ne cessent de se dresser et la terre s'étiole ; la région entière est découpée en tranches de kilomètres carrés.

Assez exploré ses collines et ses mers, ses dunes de rocailles, ses agglomérations en pierres, ses murailles en béton ! Cette terre, je le sais maintenant, est contaminée par le souffle des guerriers, qu'ils soient morts au combat ou revenus l'âme détraquée, la démarche claudicante ; par les cris des enfants et les pleurs des femmes assujettis à ses nombreuses violences, à ses multiples failles.

Cette terre est érotisée par le passage des langues qui la sculptent, des agriculteurs qui la labourent ; par le trajet des écritures qui la parcourent. C'est une terre brûlée par le soleil, *éraflée par les tempêtes de sable, fendue par les combats. Il n'est pas dit qu'un jour, elle ne se retournera pas contre ses habitants.*

Trop de dénivellations amoureuses ont endommagé ce territoire puissant. Car si les peuples s'y affrontent pour combattre, ce qui se cache derrière la somme de conflits qui en défont les contours, ce sont avant tout des amours déçues, pillées, assassinées.

DU MONT SCOPUS
À JÉRUSALEM-EST

De retour au mont Scopus, la jolie colline française de Jérusalem, j'ai marché vers Jérusalem-Est. Entre ces deux segments de la ville, la terre avait subi de nombreuses transformations. Au premier abord, il semblait n'y avoir aucun danger réel : aucune construction qui épuisait les ressources, transformait l'écosystème, mettait en péril l'environnement. Mais entre le mont Scopus et Jérusalem-Est, il y avait une frontière invisible. Au rond-point principal, aucune indication n'annonçait que l'on changeait de secteur, d'ouest en est. À vrai dire, on y aboutissait sans trop s'en rendre compte, en poursuivant son chemin. Il y avait pourtant un indice : le paysage urbain était laissé à l'abandon, la route se trouvait en mauvais état. En l'absence de trottoirs, les passants devaient emprunter un étroit chemin de sable qui ressemblait à un sentier improvisé en bordure de la route d'asphalte où les voitures circulaient à grande vitesse. De toute évidence, mes déambulations s'annonçaient beaucoup plus difficiles dans Jérusalem-Est. Je marchais d'un pas rapide, appuyant le pied posément comme une femme qui redoute les failles et les excroissances en guise d'obstacles.

Au retour, quand j'ai accompli le chemin inverse, de Jérusalem-Est vers le mont Scopus, la différence m'est apparue brutale. Sans avertissement, le chemin difficile aboutissait à un large trottoir qui menait à une intersection bien planifiée. Il y avait maintenant des feux de circulation impeccables, un rond-point spacieux et bien entretenu, des informations en trois langues – hébreu, arabe, anglais – sur les panneaux de circulation, les drapeaux d'Israël hissés bien en vue, une grand-route flambant neuve en asphalte. J'ai pensé : « Ici, se croisent nuit et jour ». D'un quartier arabe cossu, dorénavant un peu laissé à l'abandon, mais recelant d'innombrables richesses, je me suis retrouvée, quelques centaines de mètres plus loin, dans un pays nanti. Oui, je le répète : la rupture était brutale. Moi qui aimais les transitions, les changements en douceur, j'étais profondément bousculée. Devant les très belles résidences arabes de Jérusalem-Est, il y avait des amoncellements de déchets. L'une des résidences les plus fastes, l'ancienne maison d'Issaf Nashashib, avait été transformée en 1982 avec l'aide d'Ishaq al-Husayni, chercheur et membre de la famille renommée al-Husayni, en un centre culturel, le *Dar Issaf Nashashibi Center for Culture, Arts and Literature*. À l'origine, cet établissement servait de bibliothèque de recherche comprenant de nombreux manuscrits, ouvrages et archives en arabe, en turc ottoman et en perse. Depuis 1987, elle accueillait aussi divers événements littéraires qui valorisaient le patrimoine littéraire des Palestiniens. Comme je l'ai appris ensuite, c'était l'un des principaux lieux de conservation de ce patrimoine qui avait été décimé durant la *Nakba*, l'exode des Palestiniens engendré par la guerre d'indépendance de 1948. En mai 2016, le soir de mon arrivée à Jérusalem, j'ai assisté au Palfest, le festival littéraire de Palestine. J'ai entendu quelques poètes et écrivains de différentes origines prendre la parole, mais la soirée fut très brève. J'aurais voulu en interviewer certains. Or ça s'est révélé impossible, car ce festival voyageait chaque jour d'une ville à une autre. Le lendemain, les participants se rendaient à Gaza, une ville où l'on pouvait aller seulement si l'on détenait une autorisation officielle, telle qu'une passe d'autorité militaire.

———

Cette fois, j'allais davantage explorer la Palestine. J'y allais avec mon compagnon et notre guide, Riman, une jeune trentenaire fort sympathique qui habitait Beit-Hanina, une banlieue arabe de Jérusalem. Notre première destination était la librairie du chic hôtel *American Colony*, un « espace de neutralité » situé sur la ligne de couture entre Jérusalem-Ouest et Jérusalem-Est. C'était aussi un établissement de choix, pour ne pas dire de rêve, où avaient séjourné plusieurs visiteurs de renom. Nous avions rendez-vous avec le propriétaire et administrateur de la librairie, Mahmoud Muna, un homme dans la jeune quarantaine qui était aussi le propriétaire d'une librairie éducative de Jérusalem-Est.

Pendant que nous attendions Mahmoud, j'ai conversé avec Riman. Vêtue de jeans et d'un T-shirt, celle-ci ne portait pas le hijab. Elle m'a avoué qu'elle n'était pas mariée et qu'elle n'avait pas d'enfants. Si, pour les femmes, le destin traditionnel consistait à se marier et à fonder une famille, ce n'était pas le celui de toutes les Palestiniennes, loin de là. Depuis les dernières décennies, celles-ci étaient de plus en plus éduquées. Sur ce plan, elles dépassaient les hommes. Elles avaient dorénavant accès à des professions intéressantes et jouissaient d'une flexibilité accrue dans leurs choix de vie. Par exemple, Riman avait été récipiendaire d'une bourse américaine *Fulbright* qui lui avait permis de poursuivre des études de deuxième cycle aux États-Unis. De retour chez elle, elle avait fondé sa propre compagnie de visites guidées en Palestine. Sa clientèle se composait majoritairement de touristes nord-américains et de professionnels qui souhaitaient entrer en contact avec certains établissements et collègues de la Palestine. Durant notre parcours, de Jérusalem-Est à Ramallah, puis à Bethléem, Riman a fait preuve d'une gentillesse et d'une patience exemplaires. Sa discrétion et son sens de la diplomatie étaient tout aussi remarquables. À aucune reprise, elle n'a versé dans un discours politique ou tendancieux, en affichant son allégeance à la cause palestinienne ou en dénonçant certaines actions des Israéliens. Par contraste, notre premier interlocuteur, Mahmoud, allait être plus volubile. Il ne cacherait pas sa colère à l'égard des Israéliens et de ce qu'ils avaient fait subir à son peuple depuis 1948.

Mahmoud est arrivé enfin. Il nous a invités à entrer dans sa librairie située directement en face de l'entrée principale de l'hôtel et nommée simplement « *Bookstore* ». De très belle tenue, c'était une librairie spécialisée dans la littérature du Proche-Orient, qui vendait aussi quelques best-sellers signés par des auteurs israéliens. Malgré sa petite taille, elle comprenait un espace bureau où des cartes postales et des affiches de la Palestine durant le mandat britannique étaient destinées à la vente. J'ai regardé les ouvrages disposés sur les présentoirs et les étagères. Une surprise m'attendait : l'ouvrage *The Bells of Memory : A Palestinian Boyhood in Jerusalem*[34] d'Issa J. Boullata, que j'avais traduit vers le français quelques mois auparavant, s'y trouvait ! Avec Mahmoud et Riman, nous nous sommes ensuite installés sur la jolie terrasse pour discuter. Voyant que nous nous intéressions beaucoup à l'histoire des Palestiniens, Mahmoud a amorcé une longue discussion à propos de ses librairies, de leur mission éducative.

— Il existe deux types de librairies, dit-il. Le premier, ce sont les librairies éducatives avec un café. Mais il y a aussi des librairies de style ancien, avec de vieux meubles…

Pour lui, il était fondamental de préserver l'héritage littéraire des Palestiniens. Telle était la tâche à laquelle il se vouait dans ses établissements. Mahmoud nous a raconté ensuite ce qu'il appelait « l'histoire de la bibliothèque volée des Palestiniens ». En 1948, après la guerre d'indépendance, quand les Israéliens avaient entrepris de déposséder les Palestiniens de leurs terres, de leurs résidences et de leurs biens, ils avaient aussi entrepris de les déposséder de leurs livres. Cet aspect de l'histoire demeurait, aujourd'hui encore, largement méconnu.

---

34 Issa J. Boullata, The Bells of Memory : A Palestinian Boyhood in Jerusalem, Montreal, Linda Leith Publishing, 2014. En français : Issa J. Boullata, Les échos de la mémoire. Une enfance palestinienne à Jérusalem, traduction de Chantal Ringuet, Montréal, éditions Mémoire d'encrier, 2015.

Selon Mahmoud, cette année-là, après que les Israéliens eurent forcé les Arabes à quitter leurs propriétés — ce qui les avait amenés à devenir des réfugiés —, ils avaient mis sur pied une vaste opération de pillage en leur absence. Des unités spéciales circulaient d'une maison à l'autre afin de s'emparer des bibliothèques des résidents qu'ils avaient chassés. À cette époque, il y avait plusieurs familles arabes nanties dans la région, et un grand nombre d'entre elles possédait de très belles bibliothèques. C'étaient des gens de la haute société, cultivés et érudits ; certains étaient des intellectuels et des écrivains. En 1948, donc, tous les livres des maisons arabes avaient été volés et transportés vers la bibliothèque de l'Université hébraïque de Jérusalem. On les avait répertoriés dans une collection nommée « *Absentee Property* », comme si les Palestiniens avaient tout simplement quitté leurs demeures et qu'eux, les Israéliens, avaient voulu protéger les livres ainsi abandonnés. Selon Mahmoud, c'était de la pure hypocrisie. Tout le monde savait bien que ces livres avaient été volés après l'expropriation de leurs propriétaires.

— Ils appellent cela « *Absentee Property* », alors qu'en réalité il s'agit de « *Stolen Property* », de biens volés.

Au fil de son récit, Mahmoud s'animait de plus en plus. Il exprimait sa colère sans retenue, tandis que j'étais atterrée d'apprendre l'existence de cet épisode malheureux de la « Bibliothèque volée ». Tous ces livres regroupés à l'Université hébraïque, ils représentaient donc, en quelque sorte, la grande bibliothèque de Palestine que les Israéliens avaient volée aux Arabes. Mahmoud a poursuivi :

— Quel est le meilleur moyen d'affaiblir une société, si ce n'est de la déposséder de ses ouvrages et de sa littérature ? Voilà ce que les Juifs ont pensé. Et c'est ce qu'ils ont fait.

Je saisissais son aigreur. Il me semblait qu'à travers les paroles de Mahmoud, c'était la douleur de plusieurs générations de Palestiniens qui trouvait une voix d'expression. Il a marqué une pause avant de poursuivre :

— Vous savez, tout ce que je vous raconte a fait l'objet d'un examen attentif. Ce ne sont pas de simples opinions personnelles. Regardez le documentaire *The Great Book Robbery*, il est disponible en ligne. C'est un Juif qui l'a réalisé, un type qui habite Amsterdam, Benny Brunner. Son film est récent, il date de 2012. Il raconte exactement la même chose que ce que je viens de vous dire.

J'étais stupéfaite. C'était la première fois que j'entendais cette histoire. Mahmoud a poursuivi :

— Je connais quelqu'un qui est allé visiter cette collection. Il a trouvé un ouvrage annoté par un membre de sa famille, avec une dédicace personnelle. Il a parlé aux responsables de la bibliothèque. Il leur a dit que ce livre lui appartenait, en leur montrant la preuve. Il leur a demandé s'il pouvait le récupérer. Eh bien, vous savez quoi ? Ils ont refusé. On lui a refusé de rapporter chez lui ce livre qui lui appartenait. C'est ignoble. Du reste, cela montre bien que les Juifs n'avaient pas la moindre intention de rendre aux Palestiniens leurs ouvrages, contrairement à ce qu'ils affirmaient à propos de cette collection.

Que les Juifs, réputés former le « peuple du livre », aient dépossédé les Palestiniens de leurs propres livres, n'était-ce pas désolant, voire infâme ? J'étais troublée par de telles révélations. En même temps, je me questionnais : jusqu'à quel point disait-il vrai ? En l'absence de preuves historiques, j'avais l'habitude de me méfier de ce que mes différents interlocuteurs me racontaient. (Plus tard, j'ai regardé ce documentaire : Mahmoud disait vrai).

Il a parlé ensuite de Jérusalem-Ouest, autrefois un centre culturel de première importance dans le monde arabe, auquel les Arabes n'avaient plus accès depuis 1948. Ensuite, il nous a parlé des Sakahini, les grandes familles qui avaient été dépossédées de leurs biens. Il a mentionné les nationalistes Amin al-Husseini, Nashashibi et quelques autres. Puis, son discours s'est transformé en une critique acerbe. Visiblement, il en voulait aux Israéliens. Il semblait attendre l'heure de la vengeance ou quelque chose comme ça. Or, dans son plaidoyer pour la cause palestinienne qui, a priori, m'intéressait beaucoup, il ne mentionnait que des noms masculins. Il fallait s'y attendre : la culture arabe, on le sait, est une culture patriarcale. Ici encore, on me servait une longue liste de noms d'hommes importants qui avaient supposément fait l'Histoire. À un moment, j'ai soupiré. Dans ce genre de situation, on finit par avoir l'impression que le patriarcat est si universel qu'il gomme toutes les distinctions entre les sociétés et les cultures… Alors je lui ai posé une question simple. Elle me semblait répétitive, et pourtant essentielle :

— Et les femmes ?

Il a enchaîné sur Golda Meir, la présidente de l'État hébreu de 1969 à 1974, celle que l'on avait surnommée la

« dame de fer » de la politique israélienne. Il semblait très fâché que Golda Meir ait fait effacer l'inscription en arabe qui se trouvait sur la plaque de la maison où elle habitait. « Et pour cause », me suis-je dit. Comment aurais-je pu ne pas être sensible à son propos, moi la chercheuse de traces qui s'intéressait aux écritures et aux traces inscrites dans les villes et les régions du Proche-Orient que je visitais ? Tout cela me renversait. En même temps, je remarquais que notre interlocuteur ne mentionnait aucune Palestinienne qui avait joué un rôle significatif aux plans politique et culturel. Ça m'interpellait.

Moi, je pensais notamment à la poète Faiha Abdulhadi, féministe et activiste de renom, ainsi qu'à celles qui s'étaient battues à la dure, après la guerre de 1967. La plus connue, Leila Khaled, militante palestinienne du Front de libération populaire de la Palestine, avait détourné plusieurs avions dès 1969. En 1970, elle avait été emprisonnée en Grande-Bretagne, puis libérée par le gouvernement britannique en échange d'otages de détournement. Dans une interview réalisée en 2000, elle avait affirmé ceci à propos du « processus de paix » entre Israéliens et Palestiniens : « Ce n'est pas un processus de paix. C'est un processus politique dans lequel l'équilibre des forces est pour les Israéliens et pas pour nous[35] ». Il y avait aussi Dalal Mughrabi (1959-1978), une autre activiste politique engagée dans la violence, qui avait participé au massacre

---

35 « *It's not a peace process. It's a political process where the balance of forces is for the Israelis and not for us.* » https://web.archive.org/web/20080827170102/ http://www.avsec.com/interviews/leila-khaled.htm.

de la *Coastal Road* en Israël en 1978, où elle avait d'ailleurs été tuée. Pour les Israéliens, c'était une terroriste, mais en Palestine, elle était considérée comme une martyre. Plusieurs places publiques, rues et parcs avaient été nommés en son honneur. Plus tard dans la journée, à Ramallah, capitale de la Palestine, une ville elle aussi tournée vers la France en tant que modèle culturel, j'ai vu l'une de ces « places des martyrs ». Avec sa liste de noms, sa jolie fontaine et ses mosaïques colorées, elle était dépourvue d'austérité, mais remplie de nostalgie.

———

Nous avons poursuivi notre trajet en voiture. Entre deux destinations, Amira m'a écrit. Elle savait que je me trouvais à Jérusalem-Est et que je voyageais alors en Palestine. Elle voulait apporter une précision à ce qu'elle m'avait dit plusieurs jours auparavant, lors de notre rencontre au YMCA.

> Tu te rappelles quand j'ai dit : « Je ne crois pas que toutes les femmes sont opprimées dans mon pays ? » Eh bien ! le pays auquel je faisais référence, c'était Israël, car c'est ici que je vis et les femmes sont bien traitées. En réalité, la loi protège les femmes en Israël. Cependant, cela ne veut pas dire que je renie mes racines en tant que Palestinienne. Comme je l'ai mentionné, je suis une Palestinienne-Arabe qui vit en Israël, donc on peut me qualifier d'« Israélienne palestinienne », par exemple. Et pourtant, certain(e)s Palestinien(ne)s trouveraient que c'est une honte de parler d'eux-mêmes en tant qu'« Israéliens ».

> Mais c'est à ce pays qu'on appartient, c'est ici qu'on a
> grandi et qu'on a des souvenirs qui ont forgé notre
> vraie identité, je crois.

J'ai songé à Mahmoud : il aurait sans doute été choqué de lire ça. Moi, c'était la première fois que j'entendais une Palestinienne parler de son « identité israélienne ». Visiblement, Amira n'avait pas fini de m'étonner. J'ai poursuivi ma lecture :

> Bien entendu, même si j'affirme ceci, ça n'implique pas que je ne sois pas une vraie Palestinienne, mais tu sais, la situation est un peu compliquée ici… Et je crois que de façon inconsciente, je me sens un peu Palestinienne et un peu Israélienne, plutôt que simplement Palestinienne. Tu sais, je ne suis pas certaine qu'une personne qui ne l'a pas vécue puisse comprendre ce que cela signifie vraiment.

Amira signait sa lettre avec les mots « *Take care, and good luck* », puis « *Love, Peace* ». Son message m'a intriguée. À la pause, quand Riman est allée faire le plein, je l'ai donc relancée : « Très intéressant, chère Amira. Tu pourrais me donner quelques exemples pour illustrer ton propos ? J'aimerais m'assurer de bien comprendre ce que tu veux dire, lorsque tu affirmes que tu te sens "un peu Palestinienne" et "un peu Israélienne" » ? Très vite, elle m'a envoyé un autre courriel. Elle me parlait d'elle, de son enfance et de sa vie marquées par la coexistence entre Palestiniens et Israéliens à Jérusalem.

Depuis que je suis enfant, je suis ouverte à la communauté israélienne, si je puis dire. Mon père travaille au YMCA depuis 1993. Pour cette raison, j'ai été en mesure de faire des découvertes avec lui ; des choses qu'il m'a montrées, des gens qu'il m'a présentés, et certains étaient des Juifs israéliens, et ainsi, j'ai eu la chance de rencontrer de gentils Israéliens depuis que je suis toute petite. Par exemple, quand j'étais en première année scolaire, j'ai suivi des cours de natation au YMCA et mon premier enseignant de natation était un Juif israélien ; après, il y a eu un changement d'enseignants. De plus, quand j'étais enfant, j'ai eu la chance de participer à des fêtes de Noël avec des enfants chrétiens et juifs israéliens. Je crois que cela – rencontrer des gens issus de la communauté israélienne – a joué un rôle déterminant dans le développement de ma personnalité. Oui, je crois que cela a éveillé mon intérêt pour la coexistence et la diversité en général. En plus, depuis que je suis enfant, j'ai beaucoup, beaucoup de souvenirs en Israël : des vacances à Acre, Jaffa, dans la Galilée, à Ber Sheva, dans le nord du pays… Du bon temps passé dans des cafés avec des proches dans la rue Jaffa. Bien entendu, je réalise que ces villes étaient, à l'origine, des villes palestiniennes – c'est un fait que je ne peux nier –, mais Israël y a créé une nouvelle vie... Aussi, aller faire du shopping avec des cousins dans Jérusalem-Ouest, passer des moments agréables avec des amis et des proches dans les parcs nationaux et les restaurants d'Israël, et au fond, toutes les activités et les souvenirs que l'on développe à l'égard du lieu auquel on appartient.

Bien entendu, je suis consciente des conflits qui perdurent entre les communautés, mais j'essaie toujours de voir l'aspect lumineux des choses et d'en extraire le côté positif. Et cela, je ne voudrais pas oublier de le mentionner, c'est grâce à ma mère et à mon père, qui m'ont fait découvrir le monde depuis que je suis toute petite. Cela m'a aidée à devenir une personne plus ouverte à l'égard des autres cultures. Maintenant, en ce qui concerne la Cisjordanie, je n'ai pratiquement aucun souvenir de cette région, à l'exception d'un seul, quand j'avais neuf ans et que nous avons séjourné dans un hôtel à Jéricho. Mais ça reste vague. Toutefois, je commence à construire de nouveaux souvenirs avec les Palestiniens de la Cisjordanie depuis que j'étudie là-bas.

Et pourtant, au départ, cela n'a pas été facile de m'adapter à la Cisjordanie. J'ai commencé à ressentir un conflit intérieur, parce que même si je suis supposément une Palestinienne, je ne peux pas me sentir chez moi en Cisjordanie. C'est une situation un peu bizarre, je le sais, car il y a seulement des Palestiniens qui vivent dans cette région. Il n'y a pas un seul Juif. En réalité, cela m'a semblé étrange et inhabituel de ne pas voir un seul Juif marcher dans la rue ou de ne pas entendre quelqu'un parler l'hébreu. Je me souviens qu'un jour, dans le bus qui me ramenait vers la maison depuis Bethléem, j'ai vu un homme qui portait des vêtements noirs et blancs, et j'ai pensé erronément qu'il était juif. C'est ironique, je sais. À ce moment précis, j'ai réalisé que peu importe où se trouvent mes vraies racines, le lieu que je devrais appeler « chez moi », c'est celui où j'ai grandi et où j'ai le plus de souvenirs. Heureusement, cette période est derrière moi, *Alhamdulillah*. Aujourd'hui, je suis très bien adaptée à l'Université de Bethléem et je suis fière de mon héritage palestinien. J'aime les gens de la Cisjordanie, ce sont vraiment les gens les plus aimables qui soient. Plus j'apprends de choses à leur sujet, et plus je les apprécie. En somme, pour résumer mon propos, je suis une jeune femme palestinienne qui a une foule de bons et de mauvais souvenirs à propos d'Israël.

Elle terminait son message en me remerciant de lui permettre de s'exprimer sur des questions qui lui étaient si chères. Puis, elle me souhaitait « Paix et unité ».

J'ai pensé à Sayed Kashua, écrivain et journaliste israélien arabe bien connu pour ses éditoriaux satiriques en hébreu dans le journal *Haaretz* et pour ses romans (*Les arabes dansent aussi*, 2002 ; *Et il y eut un matin*, 2006 ; *La deuxième personne*, 2010). Il était né dans une famille musulmane à Tira, une ville adjacente à la Green Line. Au cours de sa jeunesse, il avait été admis dans un établissement d'enseignement prestigieux, l'*Israel Arts and Science Academy*, et il avait ensuite poursuivi ses études en sociologie et en philosophie à l'Université hébraïque de Jérusalem. Kashua illustrait un cas de figure exemplaire, celui de l'Arabe adapté au contexte israélien et qui aborde dans ses écrits la situation difficile des Arabes qui vivent en Israël. Mais avec le temps, la « situation » lui était devenue insupportable : en 2014, il avait déclaré ouvertement dans le journal français *Libération* qu'il quittait Israël pour aller habiter avec sa famille en Illinois, aux États-Unis. Selon lui, une majorité d'Israéliens ne reconnaissaient pas à l'Arabe le droit de vivre dans ce pays. Son propos rejoignait celui qu'avait développé David Grossman dans son premier roman, *Le sourire de l'agneau* (1995), où il faisait dire à son protagoniste Ouri au sujet des Arabes : « Au fond, nous les avons ensevelis sous notre mépris ». Vingt ans plus tard, l'exemple de Kashua révélait que les choses ne semblaient pas avoir beaucoup changé.

———

Dans sa lettre, Amira démontrait clairement que la situation des Arabes israéliens demeurait complexe et que la division entre Palestiniens et Israéliens n'était pas tranchée. Et pourtant, cette jeune femme semblait très optimiste à l'égard de la position des Arabes israéliens et de son propre avenir. « Mais pour combien de temps ? », me suis-je alors demandé. Un jour, serait-elle acculée au même constat que Sayed Kashua ? Quitterait-elle Jérusalem pour aller s'installer aux États-Unis ?

UN FAR WEST EN CISJORDANIE

Pour la première fois, j'avais l'impression de traverser un film. J'étais en train d'exaucer un vieux fantasme : celui de l'enfant stigmatisé par l'écran géant au ciné-parc, tandis qu'il était confortablement installé sur la banquette arrière de la voiture en compagnie de ses parents. Souvenir d'un autre temps, celui du cinéma en plein air. Mais aujourd'hui, en terre de Palestine, c'est la réalité qui défilait devant nous ; ou plutôt, c'est nous qui progressions en elle. Nous avancions lentement, la voiture de notre guide défilait dans le sillage des autres, presque toutes de vieilles bagnoles en mauvais état. Nous n'avions aucune envie de faire partie du scénario qui se déroulait ici au quotidien afin de rassasier nos désirs d'enfants, pas même en adoptant le rôle de figurants. Nous étions de simples voyageurs, nous ne faisions que passer.

Il n'y avait pas de western américain. Nul sosie de John Wayne, Clint Eastwood, Henry Fonda, Burt Lancaster ou Charles Bronson qui affronterait son rival dans un bled perdu au milieu du désert. Pas de saloon avec une porte d'entrée à double battant d'où seraient éjectés, à quelques reprises, les truands qui auraient tenté de se mesurer à un vénérable cow-boy. Aucune fille langoureuse, vêtue d'une longue jupe à crinolines lui découvrant les jambes, ne descendrait l'escalier de l'établissement pour venir rencontrer ses admirateurs. Il manquait aussi ce personnage-clef de tout bon western : le shérif. Et pourtant, la loi du plus fort régnait ici, cela ne faisait aucun doute. L'« *In-between Zone* », c'était le far west de la Cisjordanie.

Quelques années auparavant, durant le congé de Pâques, je m'étais rendue en Galilée depuis Jérusalem. J'avais pris le volant et parcouru plusieurs territoires de la Palestine. Je me rappelle avoir traversé le désert en éprouvant une certaine ivresse. Sous le soleil de plomb, il faisait 34 °C et l'air conditionné fonctionnait à plein rendement, la voiture de location fonçait à l'horizon. Je conduisais à une bonne vitesse, mais les autres automobilistes me dépassaient de façon prodigieuse. C'était un peu surréel. À ce moment, j'ai compris que le paysage, avec ses routes « américaines » et ses conducteurs fous, composait un vaste décor doté d'une trame civilisée et d'un arrière-plan sauvage. Qu'avait-on voulu recréer ici, sur les routes qui traversaient le pays et les territoires, sinon une allusion au Far West américain ? Conduire dans ces contrées, c'était beaucoup plus palpitant que circuler sur les routes américaines. Tout en étant aussi belles, lisses et parfaites, celles-ci sillonnaient vallées et désert. En prime, la distance à parcourir pour se rendre d'une destination à l'autre était si brève ! Il fallait conduire pendant trois heures afin de parcourir le pays du nord au sud, et une heure trente pour le sillonner d'est en ouest. La durée des trajets donnait une idée claire de la taille de l'État hébreu. Mais c'était la première fois que je venais ici, ma conception de ce que pouvait être un far west oriental demeurait élémentaire.

———

À une heure de route vers le nord de Jérusalem, en direction de Ramallah, nous nous sommes retrouvés dans un espace limitrophe. Au poste de contrôle, de grands panneaux rouges en trois langues avertissaient les automobilistes du danger potentiel. Comme c'était la coutume partout en Israël, les langues étaient affichées dans l'ordre suivant : hébreu, arabe, anglais. Sur le panneau en anglais, on pouvait lire :

> *This Road leads To Area « A »*
> *Under The Palestinian Authority*
> *The Entrance for Israeli*
> *Citizens is Forbidden,*
> *Dangerous To Your Lives*
> *And Is Against The Israeli Law*

D'autres panneaux affichaient des indications en hébreu et en arabe. Ceux-là, indéchiffrables pour les Occidentaux, étaient exclusivement destinés aux populations locales.

Les frontières de la zone « A » étaient floues. D'ailleurs, on ne savait pas exactement quels étaient les territoires qu'elle séparait. Dès qu'on y pénétrait, une impression nous gagnait : nous nous trouvions au milieu de nulle part, sous des firmaments incertains.

Après avoir traversé le poste de contrôle, nous nous sommes enfoncés dans la zone « A ». Autour de nous, des vendeurs ambulants tentaient d'écouler leurs marchandises aux automobilistes de passage. Tapis, coussins, couettes, couvertures, barquettes de fruits et de légumes (oranges, mangues, raisins, fraises, pommes de terre) étaient étalés en bordure du chemin. Sur le terre-plein qui le surplombait, de vieilles voitures qui avaient rendu l'âme s'accumulaient. La plupart étaient sales, garées dans le désordre. Entre ces bagnoles et la route, des amoncellements de grosses pierres jonchées de déchets enlaidissaient les lieux. Dès que nous avons pénétré dans cette zone, le ciel est devenu gris. Était-ce un mauvais présage ? Pendant un bon moment, nous avons longé le mur sur lequel on avait dessiné plusieurs images et slogans. À proximité, il y avait un camp de réfugiés, sans doute était-ce de là que provenaient bon nombre de vendeurs. Puis, la route se poursuivait à travers baraquements, immeubles décrépits et taudis : une accumulation de fausses ruines, bordées de rares palmiers, qui façonnaient un environnement sinistre.

J'ai pensé : « Tout de même, c'est encore un chaos civilisé. Nous ne sommes pas au milieu d'un champ de tir ou d'un terrain d'affrontements ». Depuis le soir du Palfest à Jérusalem-Est, en mai 2016, où j'avais appris que le festival des écrivains se poursuivait le lendemain à Gaza, je m'étais dit : « La prochaine fois que je reviendrai au Proche-Orient, j'irai à Gaza ». Et à Gaza, il y avait souvent des affrontements armés. Malgré les difficultés, la laideur du conflit et le danger, cette pensée m'avait effleuré l'esprit. Depuis, je n'avais pu m'en débarrasser. Elle revenait de temps à autre, comme pour me rappeler qu'il faudrait que j'y aille, comme si on m'y attendait.

Pour le moment, je pénétrais dans ce secteur inter-médiaire. D'entrée de jeu, j'ai remarqué qu'il manquait la pancarte usuelle, celle que l'on aperçoit immédiate-ment quand on arrive dans un nouveau territoire, vil-lage ou pays : « Bienvenue dans l'*In-between Zone* ». Mais comment aurait-on pu souhaiter la bienvenue aux visiteurs qui s'aventuraient dans cette zone innommable où perduraient au quotidien les effets d'une catastrophe humanitaire ? Surtout, il ne fallait pas concevoir l'« *In-between Zone* » comme une « zone de l'entre-deux ». Dans cette région, il n'y avait pas de division précise entre deux territoires distincts. Par conséquent, il n'y avait pas d'« entre-deux ». À bas les conceptions binaires, donc. Il existait trois régions nommées respectivement « A », « B » et « C ». Pour l'essentiel, cependant, les repères géographiques étaient passablement brouillés. Ainsi, on ne pouvait pas non plus traduire « In-between Zone » par « zone de l'entre-trois ».

Une fois que l'on avait franchi le poste de contrôle israé-lien, il fallait traverser la zone « A » pour se rendre à Ramal-lah. Ce n'était pas un *no man's land*, car l'espace entier était habité. On aurait dit une sorte d'enclave érigée au bord d'un précipice humanitaire. Comme l'a fait remarquer notre guide, nous étions « quelque part entre Ramallah et Beth-léem ». Moi, j'avais plutôt l'impression que nous n'étions nulle part entre ces deux villes. La nuance entre « *In-between* » et « *between* » changeait tout, elle installait un doute. Nous avions l'impression d'errer dans un territoire insaisissable. Et puis, cette expression était compréhensible dans toutes les langues, le voyageur international saisissait bien le degré d'inachèvement qu'elle sous-entendait. En somme, il pouvait en déduire que ce flou annonçait, au minimum, la déconstruction de ses repères habituels.

CE QUI M'A D'ABORD SURPRISE, C'EST L'ÉTAT DES LIEUX : des deux côtés de la route, des édifices à logements quelconques abritaient des commerces à bas prix au rez-de-chaussée. En bordure, des monceaux de déchets enlaidissaient le terrain. À elle seule, cette route incarnait un véritable far west, davantage que les belles routes du territoire israélien. Car il n'y avait aucune règle de circulation, aucune surveillance policière ni agent de la paix pour assurer la sécurité civile. Pire encore, les rares feux de circulation ne fonctionnaient pas. Il n'y avait aucune autorité légale dans ce territoire ! J'ai pensé : « Voici une sorte de non-ville, l'antithèse de la *polis* chez les Grecs ». J'y voyais la déconstruction la plus complète de la *koinonia*, terme désignant, selon Aristote, une communauté formée d'animaux politiques qui étaient réunis par un choix de vie commune. Oui, c'était tout le contraire ici. Les individus qui vivaient dans un tel état de siège n'avaient pas accès aux droits et libertés associés à cette expression. Et puis, la communauté de la zone « A » avait été réunie de force, la cohabitation entre individus ne reposait pas sur un choix de vie. En un sens, ce contexte donnait raison à Socrate : à son heure, celui-ci n'avait-il pas choisi de demeurer à Athènes, signe de son attachement à la ville, même s'il estimait que ses lois étaient injustes? Et pourquoi songeais-je à Socrate à cet instant précis ? Une seule réponse me semblait plausible : sans doute le philosophe servait-il de repère, alors que j'étais totalement dépossédée de mes ancrages géographiques et culturels.

———

J'ai songé : « Nous sommes donc plongés dans un far west en Cisjordanie, à une époque où les westerns ont perdu la cote à Hollywood depuis un bon demi-siècle ».

Au carrefour principal, les feux de circulation avaient rendu l'âme. « C'est dingue, complètement dingue », me suis-je dit. Un flot de voitures circulait à toute vitesse. Depuis la voie inverse, les chauffeurs faisaient demi-tour sans avertissement. Ils fonçaient sur les voitures, ils fonçaient sur nous. Tous les automobilistes s'avançaient sans respecter l'arrêt d'usage. Fait surprenant, certains passants souhaitaient aussi traverser cette grande artère. Pour y parvenir, ils devaient s'avancer sans protection au milieu des tas de ferraille en mouvement, arrivant dans tous les sens parmi les envolées de poussière et les monticules de détritus. À ma droite, une mère musulmane entraînait son fils d'environ cinq ans au milieu de la circulation automobile en le tenant fermement par la main. J'étais stupéfiée.

— Il n'y a pas d'autre moyen de traverser la rue, m'a expliqué notre guide.

Riman conduisait lentement. Elle nous a raconté qu'un an auparavant, elle avançait au milieu de ce grand carrefour lorsqu'un chauffeur provenant de la voie opposée avait fait demi-tour. À toute vitesse, il avait foncé sur elle. Il avait heurté sa voiture, causant un accident mineur.

— Heureusement, expliquait Riman, personne n'a été blessé. Je suis chanceuse, car j'ai de bonnes assurances, j'ai été remboursée pour les dommages. Ce n'était pas le cas du jeune Israélien qui s'est rué sur moi.

Elle a marqué une pause, avant de poursuivre :

— On se débrouille, mais la situation reste précaire. En l'absence d'autorité établie, il est pratiquement impossible de faire valoir ses droits lorsqu'un accident se produit dans un endroit comme celui-ci. Et puis, vous savez, les feux de signalisation ne fonctionnent plus depuis deux ou trois ans.

Je l'ai regardée, horrifiée.

— Quoi ? Et pourquoi ne sont-ils pas remplacés ? ai-je demandé.

Si ma question était prévisible, la réponse avait de quoi déconcerter :

— Les Israéliens ne font rien. Ce sont eux qui contrôlent cette zone et ils s'en fichent.

Il est vrai que les conditions de vie étaient franchement dangereuses. Comment ne pas être apeuré, sinon terrorisé, à la vue d'un tel chaos ? La réalité qui défilait devant nous, ce n'était pas la misère des populations sans-abri, celles des victimes de guerre ou de génocides sur le « champ de bataille ». Mais pour tous ceux qui provenaient d'ailleurs, il était impensable de vivre dans cet endroit. J'ai partagé ma pensée avec Riman, et celle-ci m'a détrompée.

— Si un habitant de l'extérieur de la zone « A » épouse quelqu'un qui y réside, il doit obligatoirement y vivre. Le couple ne peut habiter que dans cette zone trouble. Ces habitants ne détiennent pas le statut de résidents en Israël. Ils disposent seulement d'une carte verte, la *Green Card*. Cela signifie qu'ils n'ont pas de mobilité. D'ailleurs, l'accès

aux principaux lieux de culte de l'Islam, dont la mosquée
(« *masjid* ») *Al Aqsa*, située dans la vieille ville de Jérusalem,
leur est interdit.

En quelques minutes, cela faisait beaucoup de choses
à absorber. D'un air incrédule, j'ai regardé Riman à nouveau. Très vite, j'ai réalisé que ce semblant de ville n'avait
ni corps ni ossature, qu'il était dévoré par l'absence d'autorité. En même temps, ce territoire était factice. Construit
de toutes pièces, il comprenait de nombreuses failles qui
accentuaient la confusion, le désordre et l'anarchie environnante. La crainte m'a gagnée. Avec elle, l'impression
troublante de commencer à disparaître s'est imposée,
comme lorsqu'on s'achemine vers l'évanouissement.

———

Et pourtant, cette première visite dans l'*In-between Zone*
n'était pas une mauvaise surprise. J'avais voulu savoir
comment ça se passait ici et mon désir était satisfait. J'étais
maintenant plongée au cœur de la dure réalité des Palestiniens de la zone « A », ceux qui n'intéressaient personne,
tout simplement parce que le monde ignorait leur existence. Ainsi, ils échappaient à l'incessant vacarme des
médias. Inutile, je crois, de préciser que cette zone grise
ne présentait aucun attrait touristique. Personne, pas
même les curieux, n'y aurait vu un intérêt quelconque.
De tous les défenseurs de la cause palestinienne que je
connaissais, combien auraient osé s'aventurer jusqu'ici ?
Fort peu, c'était certain. En observant l'environnement, je
me suis dit : « Chose certaine, il n'est pas possible de penser, de réfléchir, de créer dans l'*In-between Zone* ». Ça me

paraissait insensé. À l'horizon, nul signe n'annonçait un avenir meilleur durant les prochaines années.

Soudain, j'ai eu l'impression d'être une anti-touriste. Rester dans la voiture, observer l'extérieur depuis cette enveloppe protectrice, cela ne me convenait guère. Pas plus que les chaînes hôtelières réservées aux touristes américains, air conditionné et coca-cola inclus. Cela, sans compter les visites programmées où l'on circule en troupeau et où l'on se retrouve abâtardi par l'atmosphère générale, l'uniformité découlant du style vestimentaire si prévisible : chapeaux, chemises pastel, bermudas et appareils photo accrochés dans le cou. À quoi bon ce genre de promenades touristiques en compagnie d'esprits ramollis qui cherchent à se gaver d'un semblant d'exotisme ? Ceux-là, ils ne cherchent qu'à recréer leurs repères habituels pour se sentir toujours « chez eux », où qu'ils soient, et à rapporter quelques souvenirs dont ils font l'étalage ensuite auprès de leur entourage.

À un moment, donc, j'ai ouvert la portière du véhicule et je suis sortie. Je voulais m'extraire de la coquille protectrice, respirer l'air vicié. Je voulais rencontrer le paysage qui s'offrait à ma vue. Je savais toutefois que cet environnement annulait le sens du terme « paysage », qu'il le déplaçait vers l'artificiel, la laideur, l'immondice. J'ai voulu photographier une station d'essence où plusieurs conducteurs allaient ravitailler leur voiture. Il m'a fallu enjamber un nouvel amoncellement de déchets où mes pieds ont failli trébucher. Je me suis arrêtée : le vent transportait les ordures, on aurait dit UNE NEIGE DE DÉCHETS QUI TOMBAIT À L'HORIZONTALE.

CET AUTRE WALL STREET

Il fallait que je le voie, ce mur, depuis son autre face, en Palestine. Cela faisait un bon moment que je ressentais cette exigence intérieure. Avec le temps, elle s'était imposée avec force, pour enfin se transformer en urgence. Pour y parvenir, on devait se rendre à Bethléem. Là, on pouvait voir le mur mieux qu'ailleurs. Mais il fallait traverser l'*In-between Zone* en sens inverse. Déjà, la surprise était moins grande, mais le suspense se prolongeait. Des deux côtés de la route, des débris jonchaient le sol. Autour de la voiture, feuilles de journaux, sacs de plastique et emballages de nourriture virevoltaient. Trois garçons circulaient à vélo et se faufilaient entre les voitures ; c'étaient de simples adolescents en train de s'amuser comme ils le pouvaient.

Nous sommes arrivés au coucher du soleil. Des enseignes sur lesquelles étaient inscrits les mots « WALL MUSEUM » suivis d'une flèche indiquaient la présence d'activités touristiques. À cette heure, pourtant, les touristes avaient disparu et le musée était fermé. Ça me convenait parfaitement.

— Dorénavant, peu de gens viennent ici, a dit Riman.

Nous sommes descendus de la voiture. Nous avons posé le pied sur le terrain en dénivellation, les cailloux volaient sous nos pas. J'ai aperçu une autre enseigne bleue sur laquelle scintillaient, en lettres blanches, les mots WALL STREET. Dans un geste ironique, quelqu'un avait posé ici une copie de cette plaque de la célèbre rue du Financial District de New York. Néanmoins, il s'en dégageait une drôle d'impression. Il suffisait de regarder autour de nous, de lever les yeux vers cette muraille gigantesque, pour constater l'étrangeté du lieu. Celle-ci m'était inconnue, elle m'apparaissait telle une anomalie de l'Histoire.

Nous avons fait quelques pas. Nous nous sommes rapprochés de la structure de béton, avons déambulé sur l'étroit chemin adjacent. En longeant cette immense muraille surplombée d'un mirador, je regardais les nombreux dessins et graffitis qui en ornaient la paroi intérieure. Il y en avait plusieurs couches, de sorte qu'ils formaient parfois un gros barbouillage aux mots illisibles. Encore un palimpseste, mais celui-ci était plus déroutant que bien d'autres. Par contrastes, certains slogans apparaissaient clairement : « Je t'aime, Palestine », « *We are here to stay* », « *War is not healthy for children and other living* [...] ». Les mots « tolérance », « solidarité », « *peace* » et « *love* » avaien t échoué ici, dépourvus de leur substance. Un sentiment d'esseulement humain se dégageait de cette fresque colorée. J'ai songé : « Ces multiples graphies ne résisteront pas au passage du temps. Le sang versé disparaîtra aussi, malgré l'absence de pluie ». Je n'ai pas touché la construction grise, je n'ai pas même tenté de l'affleurer.

Une voiture roulait dans notre direction. Le chauffeur semblait pressé. Il a klaxonné, nous a fait des signes de la main afin que nous libérions la route. Nous nous sommes rangés sur le côté sans discuter. Quelques instants plus tard, une voiture de taxi est apparue. À coups de klaxon, le chauffeur a foncé dans notre direction. Nous nous sommes empressés de dégager la route, car nous tenions à nos vies. Même sur ce chemin étroit, les voitures circulaient à toute vitesse. La scène paraissait un peu surréelle, car l'endroit était quasiment désert. « Il n'y a aucune raison de klaxonner ici », me suis-je dit. Et pourtant, ça continuait. Une troisième voiture s'est dirigée vers nous en beuglant. Comme dans un mauvais film, l'histoire n'avait pas encore commencé et le scénario se répétait déjà. C'était irritant, à la fin. Je me suis exclamée :

— Mais pourquoi diable est-ce qu'ils klaxonnent comme ça ? Il n'y a pas d'achalandage. Il n'y a même pas de route ! Ce n'est qu'une petite rue menant à un cul-de-sac.

Riman m'a souri en silence. J'ai compris que c'était une attitude répandue : où que l'on se trouve au Proche-Orient, les chauffeurs conduisent à toute vitesse. À ce moment-là, mes pensées ont tourné sur elles-mêmes, elles se sont modelées au non-paysage : « Une fois arrivés au bout de cette rue, ils ne peuvent aller nulle part. Ils doivent arrêter leur voiture. Cette rue n'a même pas de coin : elle est strictement linéaire, avec un unique point d'arrivée. On dirait un poing fermé ».

Notre guide m'a expliqué que certaines personnes vivaient là, au fond du cul-de-sac, à l'extrême pointe du mur. Certains propriétaires de longue date avaient reçu l'autorisation officielle de rester. La majorité, elle, n'avait pas eu cette chance. Les résidents s'étaient fait exproprier, leurs maisons avaient été démolies. J'ai pensé : « C'est dans cette rue nommée Wall Street que tout se termine. Le temps ne s'écoule plus. Et il ne s'écoulera plus durant un bon moment – jusqu'au prochain affrontement, jusqu'au prochain conflit ».

Au fond, ces chauffeurs qui conduisaient à toute vitesse, ils avançaient à rebours. Oui, c'était cela : ils accéléraient à contretemps. Ils étaient pressés d'avancer, sachant qu'ils ne pouvaient remonter le cours de l'Histoire récente, depuis la construction du mur. Ainsi, ils exprimaient LEUR COLÈRE FACE À L'ABSENCE DE DESTIN QU'ON LEUR AVAIT IMPOSÉE.

———

On voyait le mur à contre-jour, il était difficile de le photographier. C'était prévisible, après quelques instants, j'ai pensé au mur de Berlin. Pour tout Occidental de ma génération, c'était un point de référence incontournable de la fin du XXe siècle. Durant ma jeunesse, j'avais été témoin de sa destruction. J'avais assisté à sa démolition, qui avait été captée en direct par des milliers de caméras vidéo avant d'être diffusée en boucle dans les bulletins de nouvelles à la télévision. Walter Benjamin, lui, ne l'avait jamais vu, car il avait été érigé dans sa ville de prédilection quelques années après sa propre mort. Mais le mur de Berlin était d'une taille bien inférieure à la muraille qui se trouvait devant nous. Bien entendu, il n'y avait rien de commun entre les deux constructions. Entre la guerre froide et le conflit israélo-palestinien, il y avait peu de similitudes sauf, peut-être, une origine commune : la Seconde Guerre mondiale.

J'ai pensé à *L'Étranger* de Camus. Au soleil qui fait chanceler, ouvrant soudain la perspective de la mort. Malgré l'heure tardive, je reconnaissais ce soleil de plomb, la source du crime de Meursault. Mais avec lui, c'est en pleine guerre d'Algérie que nous étions renvoyés. Je songeais aux guerres de *mon pauvre siècle*, en somme. Au fond, cette appellation était-elle vraiment appropriée pour désigner le XXe siècle, celui que tant d'historiens avaient qualifié de « siècle de violences et de génocides » ? Dans quelques décennies, ne constaterions-nous pas que le XXIe siècle serait encore plus mauvais ? Les historiens n'affirmeraient-ils pas que la simple existence de ce mur de l'Apartheid, sa construction dans les territoires, en était l'un des signes annonciateurs ? Je devenais pessimiste. À côté de moi, mon compagnon me tenait la main. Lui aussi, il était plongé dans la tristesse de l'instant.

Ensuite, j'ai pensé : « Ce mur, on en a une vision, on s'en fait une idée selon l'angle d'où on le regarde ». Et en quelques instants, on pouvait l'observer de plusieurs façons. En déambulant jusqu'au mirador, par exemple, nous avons vu un segment du mur sortir de l'ombre. Était-ce le segment ouest ? Ou le segment est ? Je ne savais plus. Quoi qu'il en soit, il m'est apparu énorme sous le soleil rayonnant. À l'arrière-plan, le ciel bleuté faisait contraste avec son allure austère.

Je ne pouvais m'empêcher de penser encore à un autre mur, le Kotel, c'est-à-dire le Mur des Lamentations dans la vieille ville de Jérusalem. Celui-là, c'était exactement l'opposé de ce mur de l'Apartheid. Au fond, tous deux portaient une immense charge historique et symbolique. À un point précis, ils se croisaient dans l'imaginaire des masses : les pieux qui faisaient leurs prières devant le Kotel contestaient la présence de ce mur de séparation entre Israël et la Palestine, tout comme ils protestaient contre l'existence de l'État hébreu. À leurs yeux, ce pays était une pure invention des hommes, il s'érigeait en porte-à-faux avec la volonté divine.

———

De tous les angles sous lequel on regardait le mur, il n'y avait pas de points de fuite. Les fines ouvertures circulaires que l'on avait pratiquées dans la partie supérieure de la structure, sous l'extrémité de chaque grosse stèle de béton qui le composait, servaient à en déplacer les différentes parties. Au mieux, elles étaient un semblant de métaphore, telles de petites meurtrières agencées dans l'ordre qui rappellent l'alignement des armées.

Aux alentours de la muraille se profilait un territoire funeste. À n'en pas douter, il était difficile d'y habiter. Quelque chose, ici, se trouvait anéanti. Chaque regard qui se dirigeait vers le mur perdait immédiatement sa contenance, car il retrouvait une inquiétude primordiale. En le regardant, nous avions le sentiment de n'être plus rien : ni voyageurs, ni chercheurs ni étrangers. Nous faisions face au vide de sens dans cet espace-précipice qui annonçait peut-être la fin d'une civilisation. Quel degré d'humanité nous habitait encore ? Une chose était claire, l'ardeur de mon voyage s'arrêtait ici. Oui, il y avait une fin, *annihayah*, un point de non-retour.

Une mort que nous devions affronter en longeant cette séparation artificielle. D'ailleurs, combien de morts son érection avait-elle engendrées, du côté palestinien ? Mais peut-être que ce décompte navrant s'était amorcé bien avant la construction du mur ? Pour répondre à cette question, peut-être fallait-il considérer l'ensemble des morts causées par la simple possibilité que ce mur existât ? Dans ce cas, il s'agissait d'ajouter l'ensemble des pertes que l'on avait cumulées du côté palestinien depuis la signature des accords d'Oslo en 1993 et ceux de Taba en 2001. En même temps, une réalité inéluctable perdurait : sa construction avait mis un terme aux attentats qui se produisaient de manière très fréquente en Israël. Oui, ce mur avait aussi permis de sauver un nombre important de vies. Pour cette raison, son existence était légitime en tant que solution temporaire à un problème urgent. La difficulté, c'est que ce problème urgent avait pris de nouvelles propensions, c'était devenu un problème global.

À travers les questions impossibles qui me hantaient, le mur se révélait dans sa dureté, dans sa simplicité aussi. Il nous enserrait dans un espace clos qui s'érigeait au-delà de la géographie. Malgré le vaste territoire que l'on apercevait de l'autre côté, nous avions la nette impression de nous retrouver dans un monde défait, replié sur lui-même. Il faut dire que ce territoire peuplé d'oliviers millénaires était ceint, quelques kilomètres plus loin, par l'autre portion du mur. Devant nous se déployait un panorama verrouillé.

Nous assistions, démunis, à ce qu'il signifiait : c'était une véritable impasse de l'humanité.

———

L'heure était calme. Elle s'ouvrait sur le vide et nous étions en suspens. Il n'y avait presque personne, aucun événement à raconter. Rien de tapageur surtout : aucune présence militaire, intervention agressive des citoyens ou dérive parmi les touristes. Nous étions laissés à nous-mêmes devant cet innommable désespoir. C'était l'antithèse d'un instant de grâce.

Je n'ai pas vu de sang. Je n'ai pas observé d'altercations ou de tensions manifestes entre Palestiniens et Israéliens. Et pour cause, il n'y avait aucun Israélien ici. À la tombée du jour, j'ai croisé de rares habitants de Bethléem qui marchaient autour du mur – deux ou trois hommes, des individus de grande taille et à la forte carrure vêtus d'un jeans et d'un T-shirt. J'ai pensé : « Cette absence de tension, c'est LA FIN DU SPECTACLE QUE DONNENT À VOIR LES MÉDIAS OCCIDENTAUX QUI DÉPEIGNENT LE CONFLIT ISRAÉLO-PALESTINIEN. On ne parle jamais de ce calme autour du mur. Cette absence de tension, c'était aussi une forme d'aspérité concrète. Oui, on aurait dit que les lieux aspiraient la moelle du vivant, qu'ils détruisaient le chant de l'humanité. Il n'y avait pas de rires, de larmes ou de cris ; pas de tirs non plus. Rien qu'une absence infinie.

Dans mon estomac, j'ai senti un vacillement, comme si mon âme était en train de chavirer. Puis, en présence de ce vide qui s'érigeait en moi, mes muscles se sont contractés. Ce lieu était un véritable point de chute où se cristallisaient de nombreuses défaites : les multiples échecs des Nations Unies et de la communauté internationale, des grandes autorités mondiales et des hommes œuvrant à promouvoir la paix entre les « nations ». Oui, il incarnait la faillite des idéologies contemporaines, l'échec de la Raison si chère à Kant, celui du projet des Lumières, y compris celui de la *Haskalah*, les Lumières juives.

Il y avait ici quelque chose de profondément triste, comme la mort du poème. Ce n'était pas exactement la mort de la poésie ou celle d'un poème en particulier. Non, j'avais plutôt l'impression d'assister à la mort du *lider*, du chant. Il ne s'agissait pas de l'impossibilité d'écrire de la poésie après Auschwitz ou de celle de témoigner par l'élégie. Je songeais plutôt à une réalité élémentaire : par nature, le poème est vivant, mais insaisissable. En ce lieu, pour la première fois, j'assistais à sa mort. Je découvrais, médusée, un espace où il n'y avait plus de métaphore possible, où l'univers du langage s'était effondré.

Alors, j'ai compris : il me fallait écrire, rendre compte de cette vision du mur et de ce qui l'entourait. Il me fallait témoigner des nombreuses fractures de la terre du Proche-Orient, des sillages et chemins qu'elle avait creusés en moi.

———

Le temps filait, mais il semblait arrêté. Moi et mon compagnon, nous étions devenus presque muets. Riman respectait ce silence, elle l'appuyait par sa présence discrète. J'ai songé : « Nous voici devant le mur. Nous voici devant l'abîme de notre temps. Or, cet abîme est profondément enraciné dans les entrailles de la Terre », ai-je songé.

Images de la construction grise. Regards et graphies dans l'espace fermé. La doublure lumineuse du soleil couchant se reflétait sur le mur, elle le montrait sous des faces distinctes. À contre-jour, il était surplombé de la cadence des nuages qui faisaient barrière à l'astre lumineux. On aurait dit que l'étendue était segmentée entre le jour et la nuit. Le jour : ciel ensoleillé avec nuages. La nuit : le mur du sommet à la base, du ciel jusqu'au sol. Dans l'espace ombragé qui s'étendait sur plus de sept cents kilomètres, j'imaginais l'Hadès. Oui, c'était bien l'Hadès, le royaume des morts. C'était l'enfer, en quelque sorte, qu'on avait transplanté ici, parmi les vivants. Et puis, Artémis, malgré son amour des espaces transitoires, semblait avoir disparu. Avait-elle été prise au piège ?

Plus je regardais le béton, plus j'étais saisie d'une impression : le mur était planté dans le ciel. Oui, il semblait davantage ancré dans l'espace aérien qu'il n'était enraciné dans le sol. Était-ce mon esprit qui chavirait un peu ? Peut-être… Depuis le début de mon parcours en Palestine, un renversement de perspectives s'était produit. Je subissais maintenant le regard franc du soleil d'Orient depuis son autre face. Je le souffrais, aussi. Mes anciennes certitudes, elles, s'étaient transformées en doutes.

C'est ainsi que le mur m'est apparu comme le prolongement de cette terre fragmentée qui avait été transformée en pays neuf plus d'un demi-siècle auparavant. Au-delà de la division des territoires, des motifs de sécurité ayant exigé sa construction, cette vaste muraille engendrait une division magistrale : le découpage du ciel.

La querelle des hommes s'était répandue dans l'au-delà, elle atteignait maintenant Allah et Yahvé. Les hommes, refusant de régler leurs conflits, avaient permis à ceux-ci de les atteindre, de les diviser dans cet avenir intouchable et inaccessible. Mais Allah et Yahvé, comme les divinités grecques, c'étaient de pures créations de l'esprit humain. Ces noms étaient-ils porteurs d'une transcendance réelle ? Quoi qu'il en soit, cette querelle était sur le point d'instaurer une concurrence entre les écritures rassemblées sous deux formes différentes : le Coran et la Bible. Un jour, il faudrait lire ces ouvrages côte à côte, non pour les comparer ou les traduire, mais pour les lire comme des romans.

Mais il y avait plus. Ce mur planté dans le ciel ne faisait pas qu'instaurer une division dans le royaume des divinités. « CE MUR DIVISE LE TEMPS DE L'EXIL », ai-je pensé. Il instaurait un point de chute semblable pour les juifs et les musulmans, alors que les deux peuples n'ont ni la même histoire ni le même rapport à l'exil. Or, s'il y a une dimension de l'existence sur laquelle les hommes n'ont pas de prise, c'est bien le temps. C'est pour ça qu'ils se donnent l'illusion de contrôler le territoire, qu'ils s'exercent à le dompter de force. « En instaurant ce mur », ai-je pensé, « les hommes ont voulu clore la temporalité de l'exil. Car, naturellement, ce mur est un aboutissement ultime de la transformation de l'alliance d'Abraham avec Dieu en contrat ». N'était-ce pas un immense sacrilège ? La vaste muraille procurait donc aux hommes une illusion imparable : celle de sceller le présent. Ceux-ci manquaient de vision, ils prêchaient par l'urgence et réagissaient dans l'instantané. Autant ce mur avait été nécessaire pour faire cesser les violences, autant une solution au conflit était indispensable. Or le projet de paix et de coexistence entre Israéliens et Palestiniens n'était pas pour demain. Et pendant ce temps, la terre était laissée à elle-même, sans protection, sauf, peut-être, celle que lui procurait le regard vigilant de certaines divinités. Cette terre souffrante, qui savait si elle n'allait pas se venger un jour ?

« Il faudrait remonter le cours du temps », ai-je pensé. « Oui, il faudrait s'extraire de la fixité maudite qu'avait introduite cette "barrière de sécurité", redéployer le Verbe dans un futur débarrassé de ses tourments ». Pour y parvenir, peut-être faudrait-il inventer un autre chemin, dans un ciel étoilé où ne frapperait plus cet astre lumineux qui risquait de se transformer bientôt en soleil de cendres. En attendant, aurions-nous la sagesse d'en accueillir quelques ruines afin de les transformer en récolte ?

À BETHLÉEM

Après la visite du mur, nous étions plongés dans le silence. Oui, après avoir visité le site où se jouait l'un des grands drames de l'humanité, la parole nous avait quittés. Voir le revers du mur, c'était complètement différent d'en voir l'endroit. Tous les fils, les nœuds et les coutures, les disparités, les cassures et les raccords que l'on y cachait avaient été exposés à notre vue.

Le jour tirait à sa fin quand nous avons entrepris une longue marche dans Bethléem. Nous avons changé d'environnement et avons pénétré dans le domaine du religieux catholique dans toute sa splendeur. L'église de la Nativité, il fallait bien y faire une visite puisqu'elle s'imposait sur notre chemin. La simple vision de cette église qui avait été construite au IVe siècle sur le site présumé de naissance de Jésus de Nazareth et qui était l'une des plus vieilles du monde me causait une impression de lourdeur. En général, je dois l'avouer, ce genre de visite dans les hauts lieux catholiques m'était pénible. Le poids de la religion, le fanatisme, l'idolâtrie et, surtout, les guerres qui en découlaient depuis des siècles, tout cela m'accablait au plus haut point. L'étrange proximité entre ce lieu de culte fondateur du christianisme et le mur de sécurité qui séparait Israël de la Palestine ne faisait qu'aggraver ce sentiment. Était-ce un mauvais tour de l'Histoire ? Cette proximité des lieux était bien connue. Mais tant que l'on n'avait pas effectué ce trajet, du mur à l'église de la Nativité, on ne pouvait avoir qu'une idée très partielle du contexte et de l'effet écrasant qu'il produisait.

Nous avons emprunté l'artère principale, la rue Manger, qui serpentait au cœur de la ville. Celle-ci était étroite et encombrée d'étals remplis de marchandises diverses. Pendant une bonne demi-heure, nous nous sommes baladés dans cette rue commerçante à fort achalandage. Enfin, il était possible de déambuler, tout simplement. En présence de Rimat, nous étions peu sollicités. La plupart des femmes que nous croisions étaient voilées ; plusieurs portaient de jolis escarpins ou des talons aiguilles pour se promener sur les trottoirs accidentés du centre-ville.

Il y avait beaucoup de jeunes à Bethléem. De jeunes hommes, surtout, arpentaient la rue, fumaient une cigarette, circulaient entre différents commerces. La majorité d'entre eux ne fréquentaient pas l'université. Sans formation, dépourvus de diplômes, ils étaient condamnés à de petits boulots qui ne leur rapportaient guère. À quoi pouvaient-ils bien passer leur temps ? Oui, que faisaient-ils de leur jeunesse ? J'ai appris sans surprise que plusieurs étaient des hackers professionnels. Ils passaient leurs journées à faire du piratage informatique en tentant de percer des comptes personnels ou d'entreprises. Ils envoyaient le genre de message auquel nous sommes dorénavant habitués : « *Your account is compromised, please reset your password* ». Triste passe-temps d'une jeunesse désœuvrée, en somme. Il devait leur procurer la satisfaction de commettre un acte illégal, de détourner le « système » et ainsi, d'échapper au sort des Palestiniens « victimes d'Israël » et condamnés au règne du plus fort. Ils consacraient leurs énergies pour déstabiliser les riches, pour les arnaquer. Les riches, c'étaient d'abord les Américains, les alliés de l'ennemi. Et c'est en s'abreuvant de cette illusion, sans doute, que la révolte de l'adolescence était vécue. Mais au fond, on pouvait se demander : après combien d'heures réussissaient-ils à percer un seul code ? Combien de journées fallait-il, en moyenne, pour pirater une simple carte de crédit ?

Plusieurs commerces étaient logés sous une façade à arches. Sur le toit, il y avait des plantes qu'on avait disposées un peu partout. Les commerçants installaient leurs marchandises jusque dans la rue : chapeaux, foulards, sacs à main, lunettes de soleil et vêtements divers étaient présentés comme dans une braderie permanente. Ça ressemblait beaucoup au *souk* de Jérusalem, mais c'était un marché à ciel ouvert. À l'exception d'un centre communautaire et d'une boutique de souvenirs identifiés en anglais, les enseignes des commerces présentaient un affichage en arabe. Impossible de les lire, donc, si l'on ne comprenait pas la langue. Au fur et à mesure que nous arpentions la rue Manger, les commerces se faisaient de plus en plus rares. Au final, nous avons longé une grille en fer encerclant un champ d'oliviers. Le ciel, lumineux, était parsemé de quelques nuages.

———

PLAISIR DE BIBLIOPHILES. À l'angle des rues Bab Zqak et Paul VI, une surprise nous attendait : une petite librairie à ciel ouvert. De nombreux ouvrages étaient disposés sur des étals que l'on avait placés au sol, recouverts d'une grosse toile en jute grise. Le kiosque ainsi constitué était recouvert d'un toit en tissu rouge et bleu aux motifs orientaux attrayants. Autour, il y avait plusieurs jeunes affichant une bonne humeur : des garçons, des filles d'environ seize à vingt ans qui aimaient la littérature. Une atmosphère de gaieté se dégageait de leur petit groupe. De nombreux passants s'arrêtaient pour regarder les livres et pour en acheter. Quelle belle initiative ! Je me suis dit : « TANT QU'IL Y AURA DES LIVRES, IL Y AURA DE LA RICHESSE ET DE L'HUMANITÉ ». Je me suis approchée du kiosque. Parmi les ouvrages disponibles, il y avait une majorité de titres en arabe et quelques ouvrages d'Agatha Christie traduits vers l'anglais. J'ai demandé à Riman de me présenter au bibliophile. Elle s'est adressée au petit groupe en arabe et un grand jeune homme s'est avancé. Elle m'a présentée : « Voici une écrivaine du Canada. Elle aimerait échanger quelques mots ». Je lui ai demandé quel était son nom. « Majed », m'a-t-il répondu. Je l'ai félicité de son initiative : « C'est formidable ! Les livres, c'est tellement important ». Il m'a souri. Je lui ai demandé s'il écrivait. Un peu gêné, il m'a répondu : « Oh, non !

Mais je lis beaucoup ». Je lui ai demandé si je pouvais prendre quelques photos et il a acquiescé. Après, je lui ai dit : « Tu devrais écrire, tu sais. Chacun a une histoire à raconter. Je suis certaine que tu en as une, et même plusieurs ». Il m'a regardée, l'air un peu surpris. Nous nous sommes salués et j'ai poursuivi ma route en compagnie de mon compagnon et de Riman.

Nous sommes ensuite allés manger du *knafeh*, cette délicieuse pâtisserie arabe faite de *kataïfs*, cheveux d'anges enduits de beurre et de crème à base de fromage. Nous avons discuté de « la situation » du point de vue de la Cisjordanie. Sans doute les choses n'étaient-elles pas nommées ainsi, en langue arabe, mais nous parlions de la même réalité : l'état dans lequel les Palestiniens vivaient, la guerre, les groupes terroristes qui prenaient d'assaut les villes sans protéger les citoyens, l'occupation des territoires, la condition existentielle qui en résultait. J'ai dit à Riman que j'espérais de tout cœur qu'un État palestinien voit le jour. Puis, je lui ai demandé :

— C'est à cela qu'aspirent les jeunes Palestiniens, n'est-ce pas : la création de leur propre État ?

Sa réponse m'a étonnée.

— De nos jours, ce que souhaitent d'abord les jeunes Palestiniens, c'est obtenir une *Green Card* plus facilement. Avoir accès à une plus grande mobilité, ça comblerait leurs espoirs.

Pour ces jeunes, la création d'un État palestinien n'était donc pas la priorité. Ils voulaient se déplacer, explorer, vivre, être libres. Ils en avaient marre de se battre, de voir les gens mourir. Au fond, ils avaient raison de vouloir se rebeller contre l'état de siège permanent qui leur était imposé, contre le fait d'être sous la juridiction militaire d'Israël. Bien entendu, on pouvait discourir, argumenter, faire de l'histoire, peser le pour et le contre, il n'en demeure pas moins que dans la réalité, cela se passait autrement.

Au crépuscule, nous sommes revenus tranquillement. Nous avions encore faim, nous avons donc avalé un falafel sur le pouce. En rebroussant chemin vers le marché, nous avons croisé une vieille marchande de légumes. Assise dans la rue, elle vendait des herbes fraîches et des tomates. Son visage ridé exprimait la beauté des gens simples. Ceux qui ont beaucoup vécu sans avoir eu la chance d'avoir accès à l'éducation et aux autres avancées importantes que le monde moderne offrait aujourd'hui. J'ai voulu garder son image, la ramener avec moi. Je me suis acheminée dans sa direction et je lui ai dit bonjour. Quand je lui ai demandé si je pouvais la photographier, Riman a traduit mes paroles en arabe. Elle a répondu, stupéfaite : « Moi ? Vous voulez me prendre en photo ? » Elle ne semblait pas comprendre que l'on puisse s'intéresser à elle. Je crois qu'elle était flattée. Elle nous a fait un petit signe de coquetterie, puis elle a regardé vers l'appareil photo. Elle s'est ensuite tournée vers une botte de persil qu'elle a tenue de ses deux mains comme si c'était un bouquet de fleurs. Un sourire timide a découvert sa bouche édentée. Cette femme incarnait le visage de la paix, de la jovialité et de la chaleur humaine. Sans doute est-ce pour cette raison qu'elle m'a semblé magnifique. À l'instar de Léonie de Bazelaire, voyageuse du XIXe siècle, j'aurais pu affirmer : « Il me reste de cette visite à Bethléem un doux, joyeux et charmant souvenir, embaumé comme le champ de Booz qui s'étend à côté[36] ».

En remontant dans la voiture de Riman, les slogans griffonnés sur le mur de séparation me sont revenus à l'esprit. À mon tour, j'ai pensé : PALESTINE, JE T'AIME. PALESTINE, MON AMOUR.

---

36 Léonie de Bazelaire, *Chevauchée en Palestine*, Tours, Alfred Mame et fils éditeurs, 1889, p. 216.

LE RÉCIT D'AMIRA

Après mon séjour en Palestine, j'ai reçu des nouvelles d'Amira. Elle m'a fait parvenir une lettre troublante qui faisait preuve de bon sens, de délicatesse et d'humanité. Moi qui étais allée voir le mur à Bethléem, j'en étais revenue bouleversée. En temps de guerre ou de conflit, les amis ne sont-ils pas ce que l'on a de plus précieux ? Au terme de mon périple à Jérusalem, Amira m'avait trouvée. Elle s'était adressée à moi, nous avions discuté. Aujourd'hui, en m'envoyant une longue lettre, elle me tendait la main. Elle m'écrivait à propos d'un épisode déterminant de sa vie qui avait façonné sa personnalité, annonçait-elle. Ça commençait par une drôle de synchronicité, car elle me parlait du mur de séparation, des changements bouleversants qu'il avait entraînés dans sa vie. Curieusement, elle me faisait part des bienfaits qui en avaient résulté :

> Chère amie écrivaine,
>
> Tu m'as demandé comment se déroulait ma vie ici, à Jérusalem-Est, en tant que Palestinienne. Voici un épisode que j'aimerais partager avec toi.

Il concerne un moment de rupture important qui s'est produit dans ma vie et qui a engendré des choses imprévues.

En 2003, quand le mur est apparu, tout a changé. J'ai dû quitter mon ancienne école et renoncer à mes amis pour fréquenter un nouvel établissement d'enseignement. De manière inattendue, cette situation m'a apporté des ouvertures lumineuses.

Avant que cela ne survienne, j'ignorais que je pouvais traverser ce genre d'expérience. Comme tu le sais, je suis née à Jérusalem et j'ai été éduquée à Beit Hanina. C'est un quartier palestinien situé au nord de Jérusalem-Est ; c'est aussi le foyer de plusieurs Américains palestiniens avec lesquels j'ai eu la chance de me lier d'amitié. Avec eux, j'ai appris l'anglais. Quand j'étais plus jeune, Jérusalem n'était pas séparée ; Beit Hanina ne l'était pas non plus. Il y avait une seule ville, mais cela n'a pas duré longtemps. Dans ma ville natale, j'ai fréquenté une école élémentaire palestinienne. J'ai étudié là-bas durant mes trois premières années, jusqu'à ce qu'en 2003, ils décident de construire le mur de séparation et de scinder mon quartier en deux parties distinctes : l'ancienne (*Beit Hanina al-Balad*) et la nouvelle (*Beit Hanina al-Jadida*, c'est-à-dire *Beit Hanina Hadashah* en hébreu). Mon école était dans l'ancienne partie, qui est maintenant en territoire palestinien. En d'autres termes, cela signifiait que les gens qui y habitent et qui ont une carte d'identité verte (une carte palestinienne) ne pouvaient plus entrer dans l'État d'« Israël » comme ils le veulent. Ils devaient traverser le poste de contrôle avec un document d'autorisation nommé Tasreeh en arabe, c'est-à-dire eshur en hébreu ou, dans les pires cas, escalader le mur à l'aide d'une corde. Malgré les blessures que cela pouvait causer, comme se casser une jambe, certains le faisaient rien que pour voir la lumière. Par chance, notre quartier s'est retrouvé à l'intérieur de la Green Line. Par conséquent, nous n'avons pas eu à vivre ce genre de choses.

Dans ces circonstances, j'ai dû quitter mon école et mes amis pour fréquenter une nouvelle école située à l'intérieur de la Green Line, c'est-à-dire à l'intérieur d'Israël. Depuis, je vois les choses ainsi : on ne sait jamais ce qui est vraiment bon pour nous. IL Y A TOUJOURS UN FAISCEAU LUMINEUX DANS LES TÉNÈBRES. Je crois que c'était l'intention de Dieu. Alors, j'ai déménagé dans ma nouvelle école à *Sheikh Jarrah*, au centre de Jérusalem. Contrairement à mon ancienne école, où je pouvais me rendre à pied, j'ai commencé à m'y rendre en bus. Dès que je suis arrivée dans cet établissement, plusieurs portes se sont ouvertes pour moi. J'ai obtenu de bonnes notes, comme c'était le cas auparavant. Mon nom et ma photo ont été affichés sur le tableau d'honneur de l'école pendant plusieurs semestres. J'étais talentueuse, et je le suis toujours ; j'ai un talent particulier, c'est le dessin. J'ai participé à des concours de dessin où j'ai représenté mon école. J'avais l'habitude de dessiner des images simples que je remettais à mon enseignante ; je dessinais pour elle et pour l'école. À partir de là, ma popularité et ma situation à l'école ont commencé à s'améliorer de manière significative. À 12 ans, j'ai eu la chance de recevoir un don du ministère de l'Éducation palestinien, afin de me rendre en Grèce pour participer à un camp d'été pendant trois semaines.

Visiter la Grèce et voyager à l'extérieur du Proche-Orient pour la première fois, c'était une étape importante dans ma vie. Pour moi, c'était une faveur extraordinaire que le destin m'apportait et je ne l'oublierai jamais. Sans exagérer, je dirais que mon parcours en Grèce et le camp grec ont été la meilleure expérience que j'aie vécue. Jusqu'à ce jour, elle a eu et elle continue d'avoir une influence positive sur ma vie. En réalité, cette expérience m'a permis de développer ma personnalité ; elle a éveillé mon sens de l'élégance et influencé mes goûts. Rencontrer des gens issus de différents milieux et de divers pays, cela était très bien pour que je devienne plus instruite. Au camp, j'ai rencontré des campeurs qui provenaient de plusieurs pays : de la Grèce, bien entendu, mais aussi de l'Allemagne, de la Roumanie, de la Russie, de la Turquie, du Liban, du Soudan, de l'Éthiopie. Il y avait aussi un groupe de garçons et de filles issus de plusieurs villes de la Cisjordanie qui ont voyagé avec moi depuis la Palestine. Et il y avait une fille nommée Shayma, qui était de Jérusalem, comme moi.

C'était un camp multinational. Comme il comprenait des gens issus de tant de pays, je communiquais avec la majorité d'entre eux en anglais, ce qui m'a permis d'améliorer mes habiletés dans cette langue. Par ailleurs, c'était un privilège de voir de mes propres yeux l'histoire d'une civilisation imposante et de plonger au cœur des merveilles de la Grèce antique, avec ses divinités de l'Olympe. Les musées historiques étaient extraordinaires. Le simple fait d'être sur place, d'observer les traces et les souvenirs d'une culture si prospère, cela m'a transportée dans un autre monde. Oui, cela m'a atteint profondément ; quand je regarde un film comme *Alexandre le Grand*, par exemple, je deviens spontanément émue. Cette expérience n'aurait pas été possible sans l'aide de Dieu ni celle de l'école *Al-Rawda al-Hadeetha* et du ministère de l'Éducation palestinien.

J'ai terminé l'école primaire à *Al-Rawda*. Plus tard, quand j'ai reçu mon diplôme de l'école secondaire, j'ai dû choisir le collège ou l'université que je fréquenterais ensuite. Pour moi, c'était déroutant : je devais choisir d'étudier dans une université israélienne ou dans une université arabe/palestinienne. Au début, j'ai tenté de poser ma candidature à une bourse d'études à l'Université hébraïque de Jérusalem pour une année préparatoire au collège. J'aimais beaucoup cette université, surtout le campus du mont Scopus. Mais cela n'a pas fonctionné, alors j'ai changé d'avis. Pour étudier dans la plupart des universités en Israël, on doit passer un examen psychométrique au préalable, auquel s'ajoute parfois une année préparatoire au collège. Ce n'était pas ce que je souhaitais. Entrer au collège ou à l'université directement après l'école secondaire, c'était une option beaucoup plus facile. Alors, j'ai finalement choisi d'étudier l'anglais à l'Université de Bethléem en Cisjordanie.

Dès que j'ai fait ce choix, j'ai réalisé que je devrais supporter l'épreuve du long trajet et surtout, celle des postes de contrôle. Sachant que Bethléem est située dans une zone dirigée par les autorités palestiniennes, les gens qui veulent la quitter pour se rendre à Jérusalem ou ailleurs dans le territoire israélien doivent d'abord traverser les postes de contrôle. Si une personne détient une carte d'identité israélienne, elle pourra passer plus facilement qu'une personne qui détient une carte d'identité verte (palestinienne) et un document d'autorisation. Bien entendu, elles ne peuvent jamais entrer légalement en Israël sans ce document officiel. Elles peuvent inspecter plus attentivement une personne avec une carte verte, ce qui est plus long. Cette procédure gaspille notre précieux temps et elle nous épuise. Les Israéliens savent probablement que nous ne possédons rien qui menace leur sécurité ; ils sont trop protecteurs. Qu'on s'y habitue ou non, ce sera toujours pénible pour nous, et ça restera une situation casse-pieds.

Quand on est un Palestinien avec une carte d'identité bleue (une carte israélienne) et que l'on habite en Israël, on est considéré la plupart du temps comme un citoyen arabe. On nous perçoit rarement comme un Palestinien. À la rigueur, ils nous qualifient plutôt d'« Arabes israéliens ». Quand on est un Arabe israélien et non un Juif, on est considéré comme une minorité. Or, comme c'est le cas partout dans le monde, une minorité demeure une minorité, quelles que soient les tentatives de l'État pour agir de façon démocratique. Quelque part, il doit y avoir une discrimination qui soit perceptible. Par exemple, ici en Israël, les Juifs et les Arabes ont des autobus différents. De plus, les quartiers arabes ne sont pas aussi propres et soignés que les territoires israéliens.

En réalité, certains d'entre eux sont misérables et décrépits. Par ailleurs, en cas d'urgence, ils ont tendance à fournir de l'aide plus rapidement à un citoyen juif qu'à un citoyen arabe. Mais pour être équitable avec Israël, je dois affirmer qu'ils ne sont pas toujours en train de nous maltraiter ; parfois, ils sont même très bien. Cela dépend du contexte général.

Comme dans n'importe quel sujet dans la vie, il y a du bon et il y a du mauvais. En Israël, il y a à la fois de bons et de mauvais citoyens. On trouve que certains d'entre eux sont vraiment honnêtes et très démocratiques, tandis que d'autres sont exactement l'opposé.

Je ne laisse rien de tout cela me déprimer. La plupart d'entre nous, les Palestiniens, agissent ainsi. J'essaie de voir le côté lumineux dans toute chose et de rester positive. Et tout comme la présence du mur m'a amenée à un meilleur endroit – bien entendu, cela ne signifie pas que le mur ait été une bonne chose et qu'il ne le sera jamais –, je crois qu'une porte qui se referme peut parfois s'ouvrir sur de meilleures possibilités.

Merci, chère écrivaine, de m'offrir la possibilité d'écrire au sujet des choses importantes de ma vie.

Avec gratitude,
Amira

Quand j'ai terminé de lire la lettre d'Amira, des larmes perlaient au coin de mes yeux. Le témoignage de cette jeune Palestinienne m'a émue profondément. Surtout, j'étais touchée par le fait qu'elle partage cet épisode marquant de son parcours avec moi, une étrangère, une inconnue. Par sa sagesse et sa lucidité, elle m'a fait penser au magnifique poème de Mahmoud Darwich, *La terre nous est étroite*, dans lequel l'auteur interroge : « Où irons-nous, après l'ultime frontière ? Où partent les oiseaux, après le dernier Ciel ? Où s'endorment les plantes, après le dernier vent[37] ? »

---

[37] Mahmoud Darwich, « La terre nous est étroite », *La terre nous est étroite et autres poèmes*, p. 215.

TERRE ÉROTISÉE

J'ai entendu sangloter la terre du Proche-Orient. De tous les côtés, c'est une terre saignée à vif.

C'est une terre brisée, fragmentée et asséchée par la brûlure du soleil. Un domaine aux flancs lacérés par les roquettes de l'assaillant. Un sol éventré par les explosions de toutes sortes, et où les sentiments d'amour et de haine sont intimement liés. « Je peux rester sur mon balcon et dire à mes enfants : juste là je fus bombardé pour la première fois. Et là-bas, juste à droite, juste derrière ces arbres, je reçus mon premier baiser[38] », écrivait le poète Yehuda Amichaï.

C'est une terre érotisée davantage qu'une terre érotique, où les blessures anciennes sont incessamment ravivées. Et pourtant, je peux y respirer à pleins poumons, m'y promener et courir en liberté. Artémis ne s'adonnait-elle pas, ici, aux plaisirs de la chasse, à ceux de la découverte ? C'est un terroir sensuel, aux goûts et aux saveurs de mer, de soleil, de sable, d'acacias, de citronniers et de pierres blanches. Une terre à la stratigraphie complexe, avec son histoire millénaire, ses nombreuses couches d'occupation,

---

38   Voir : http://www.espritsnomades.com/sitelitterature/amihai/amihai.
html [consulté le 4 février 2017].

ses volées de créatures, son mélange de langues, ses nombreuses écritures. En d'autres termes, ce domaine stimule l'esprit, ravive le corps et suscite l'ivresse.

Et pourtant, depuis le dernier siècle, on s'efforce de sectionner la terre du Proche-Orient. On l'étire, on la transforme, on la segmente, on la colonise. À force de trop la labourer, on l'épuise aussi. On provoque une réaction des armées, des clans organisés semant la terreur, des individus friands de vengeance. On force la réponse des dieux. Seules les langues, sans cesse en mouvement, semblent échapper à ce sectionnement. Mais serait-ce une illusion ? Il ne faudrait pas l'oublier : dans ce pays ayant pour capitale la Babel des langues, on a implanté une langue nationale. De nos jours, la multiplication des barricades suscite le découragement. Qui peut se déplacer sans heurt, en toute liberté ? Je crois qu'Etgar Keret parlait d'un cerf-volant. Et moi, c'est au papillon que je songeais, cet être gracile qui avait la capacité de voler au-dessus de la muraille coiffée de barbelés. Il est le seul être animé qui peut accomplir cette action. Or, il le fait avec élégance, au point où il s'en dégage une beauté troublante. Oui, ce papillon est sans doute le seul être vivant qui peut traverser les frontières sans risquer de se brûler les ailes. Mais pour combien de temps ?

———

Mes réflexions allaient bon train. Elles se succédaient à un rythme accéléré, pendant que la terre du Proche-Orient s'ancrait davantage en moi. Elles s'enchaînaient ainsi :

« Cette terre possède un corps érodé. Mais surtout, un corps érotisé par la somme de ses blessures. Qu'est-ce que la somme de ses blessures ? La liste était longue : auscultations, découpages, exhumations, transplantations, drainages, excavations, amputations, greffes, implantations qu'elle subissait depuis longtemps. À travers les nombreuses opérations dont elle faisait l'objet, l'Histoire se poursuivait en se répétant ; les cycles de destruction se perpétuaient. La dévastation était grande. Elle semblait destinée à se prolonger jusqu'à la fin des temps. Oui, depuis des siècles, cette terre était le siège de graves tourments ».

Depuis quelque temps, j'avais un mauvais présage : un jour, cette terre allait répondre. Elle se rebellerait contre le peuple qui y avait fondé un pays, contre les secousses et les maux qu'on lui avait infligés. L'envergure de cette réaction serait proportionnelle à l'ampleur des dommages provoqués. Afin de contrer cette situation, il ne suffisait pas de racler la terre ou de la labourer, ni de l'engraisser ou de l'astreindre à un régime sévère. Le prix à payer serait peut-être celui du pays lui-même, ou de ce qu'il en resterait, dans la mémoire de celles et ceux qui lui survivraient. Ce sera aussi, sans doute, le prix d'une mer. Et peut-être celui d'une langue. Pour le moment, la réponse à ses tourments relevait d'un mystère.

———

Force était de le constater : le Proche-Orient n'était pas une terre de justice, mais une terre de réclamations et de contradictions. La liste de ses attributs défilait dans mon esprit :

Terre de collines, de vallonnements et d'aspérités
Terre de joie et d'abîmes, terre de tourments

Terre bénie, terre déchirée

Terre de sacrilèges

Terre de constructions et de lambeaux

Terre de secousses et d'effractions

Terre de sang et de cris

Terre de deuils et de renoncements

Terre de meurtrissures

Terre abondante et nourrissante

Terre d'écritures et de prophètes

Terre blessée, violentée

Terre-sépulcre

Terre-Mère

Prisonnière de son histoire ancienne, enfermée à l'intérieur de ses murailles, elle était enserrée dans un présent qui s'écaille, dans un futur qui s'effrite déjà.

J'ai pensé : « Quel avenir lumineux pourrait-on inventer à la Palestine ? Et à Israël ? Dans ce pays où la terre ne cessait de se fragmenter, était-ce même une illusion que d'y réfléchir ? Où diable allait-on planter l'arbre du futur ? Dans quel terreau allait-on déposer ses racines ? À quelle source l'abreuverait-on ? »

Et nous, les écrivains, les artistes, les intellectuels, nous, les membres de la communauté internationale, que pouvions-nous faire ? Parfois, dans certains rêves, Israël m'apparaissait tel un immense tombeau orné de couronnes de fleurs, encerclé d'arbres majestueux : oliviers, citronniers, manguiers.

Oui, cette question me tourmentait : qui viendrait calmer l'immense tourment de la terre du Proche-Orient ?

Épilogue

AU MARCHÉ SARONA

De retour à Montréal, en juin 2016, j'allais poursuivre ce récit, dire que ce mur planté au ciel et qui s'étend jusqu'au sol n'allait pas mettre un terme pour de bon à la sauvagerie des hommes. J'allais affirmer qu'il n'était qu'une barricade fixe, limitée dans son pouvoir d'empêcher les assaillants de propager la violence. Car il s'agissait bien de l'inverse d'un chemin de traverse. J'allais dire que ce mur n'est qu'une construction humaine, une excroissance résiduelle de cette terre ancestrale, une implantation toute récente et artificielle qui appauvrit le sol. J'allais m'exprimer ainsi, lorsque j'ai appris que la violence avait frappé à nouveau, supprimant de la carte terrestre quelques vies humaines, en blessant grièvement des dizaines d'autres. Oui, le malheur continue de s'abattre au Proche-Orient ; une attaque vient de se produire à Tel Aviv ! La ville a été le siège d'un attentat terroriste survenu au marché Sarona. Il y a quelques jours, je me suis promenée aux alentours de ce marché. Dans les archives que j'ai visitées, j'ai découvert les documents personnels de certains écrivains, puis, j'ai observé la danse des langues, enfin, j'ai écouté la musique des archives.

Brusquement, le jour a été éventré d'un accès de noirceur. L'élan intérieur qui motivait mon propos s'est cassé. Le soleil d'Orient m'est apparu telle une incarnation maudite, tel le spectre lumineux qui annonce le triomphe de la violence.

À nouveau, j'ai songé à l'espace autour du mur, à Bethléem. Mon ardeur a fait place au trouble, mon estomac s'est resserré. De retour chez moi, au bas de cette minuscule montagne d'Amérique où une métropole avait poussé, la distance géographique qui me séparait de ce nouveau désastre, de même que la température estivale, ne m'apaisait pas. Tout mon être se trouvait captif du hors sens qui avait émergé. Il était aspiré vers cette béance qui venait de se rouvrir dans la terreur et dans le sang. Le lendemain, je me suis réveillée à l'aube. Il me semblait que la nuit venait de retomber sur le Proche-Orient, tel un rideau fermé qui obscurcit une pièce. Le temps s'était fracturé, une parcelle de vie grouillante qui animait le marché Sarona avait été avalée par les ténèbres. Des civils étaient morts dans la plus grande infamie. Depuis l'autre côté de la guerre, encore une fois, je constatais que la violence m'était familière, qu'elle ne cessait de se rapprocher de moi. Je réalisais, découragée, que mon environnement paisible camouflait la portée du drame récent, qu'il lui enlevait consistance et gravité. Oui, dans le calme de la ville où je me trouvais alors, Montréal, les gens se confondaient, ils formaient une masse à laquelle je n'appartenais pas. La gorge serrée, je me posais une question : l'oracle avait-il tenté d'avertir les victimes ?

ÉPILOGUE

À cet instant, les voix du *khresterion* sont revenues :

« Relève-toi, petite sauvageonne, et poursuis ta route. Cette montagne qui te protège, toute Française qu'elle soit, est un subterfuge.

Tu as voulu arpenter la terre d'Orient malgré les dangers qui guettent ses flancs et ses artères : soit.

Et maintenant, dans les faits, tu es retournée chez toi, dans cet Occident qui t'a vue naître. Et pourtant, tu le sais, une partie de toi-même est restée là-bas.

La fracture qui gît au sol, l'action meurtrière qui divise les hommes ont laissé des traces sur ton parcours. Tes mains ont été dépourvues de leur arc, puis retournées. Dans tes paumes ouvertes, on a déposé une multitude de décombres. Ton dos s'est raidi. On a éprouvé ton instinct de chasse, tes pouvoirs de scriptographe. Il te faut maintenant avancer avec ces poussières, les mains pleines, dans le sillage de la lumière blanche.

Pleure les morts, petite sauvageonne, chante leur nom, souffle-leur quelques mots ».

Les voix m'ont calmée. Pendant ce temps, la matinée s'est prolongée, elle s'est poursuivie à contretemps. Au sommet de la montagne, un épais brouillard m'empêchait de distinguer toute silhouette, tout signe annonciateur du destin. Je n'entrevoyais plus qu'une possibilité : la fusion d'Ouranos et de Pontos, du ciel et de la mer. Ne fallait-il pas extraire la terre du Proche-Orient de son enclave ? Ne fallait-il pas la retirer du globe terrestre afin qu'elle ne soit plus exposée aux ardeurs du soleil plombant, à celle des hommes furieux au point de devenir meurtriers ?

ARTÉMIS IV

Les hommes se trompent. Ils croient qu'ils parviendront un jour à « faire la paix » au Proche-Orient comme ils l'entendent. Ils pensent qu'à force de négociations politiques bien menées, ils réussiront à contourner le drame sans heurts, en érigeant de nouvelles frontières. Certains estiment qu'il faudrait ériger un État palestinien, ou encore un grand État où Israéliens et Palestiniens cohabiteraient dans la quiétude. C'est ainsi, dit-on, que l'on viendra à bout du conflit israélo-palestinien. Les hommes se croient au centre du monde, au cœur des décisions qui influeront sur l'avenir d'une partie de l'humanité. Ils manquent d'humilité. Ils entretiennent ainsi un leurre qui les replonge sans cesse dans la voûte caverneuse qui les ramène – et les maintient – dans leur condition d'aveugles.

C'est avec une grande tristesse que je l'affirme aujourd'hui : les hommes n'ont pas eu suffisamment confiance en leur territoire primordial, le Livre. Ils ont oublié ce que les Saintes Écritures leur avaient appris : la terre est dans la sollicitude de Dieu. Ils devaient pourtant travailler la terre et la servir, laavod *et* haadama, *dans un empressement dû au service sacré. Car cette terre doit être protégée d'une exploitation forcenée. Comme l'a écrit un contemporain, « Elle n'appartient pas à l'espèce de l'*Adura, *locataire* *et non-propriétaire du sol[39] ». Or, cette exigence n'a pas été respectée. De nos jours, elle l'est de moins en moins. Au point où l'on fait violence non seulement à l'ennemi, mais à la terre. Serait-ce cela, le Déluge de notre temps ?*

Or la terre, elle, se souvient.

Elle se souvient des batailles ancestrales, des corps tombés, du sang versé.

Du temps ébranlé, dans sa charpente même, par les cris.

Parmi les nombreux prophètes, Isaïe n'affirmait-il pas : « Car je vais créer de nouveaux cieux/Et une nouvelle terre ; On ne se rappellera plus les choses passées/ Elles ne reviendront plus à l'esprit » (Isaïe, 67 : 17) ?

Pour éradiquer la violence, il faudrait d'abord que la terre cesse d'être malmenée. Oui, il faudrait que l'on renonce à la fragmenter. Ainsi, peut-être, éviterons-nous qu'elle se retourne, un jour, contre ceux qui s'en réclament un droit de propriété.

Il faudrait la dérider, un pli après l'autre, avec la patience des artisanes.

---

39   Erri de Lucca, Noyau d'olive, traduit de l'italien par Danièle Valin, Paris, Gallimard, coll. « Arcades », 2003, p. 41.

REMERCIEMENTS

Cet ouvrage est le résultat de six séjours que j'ai effectués à Jérusalem et au Proche-Orient sur une période de dix ans, de 2006 à 2016. Il doit beaucoup à plusieurs personnes. En premier lieu, j'aimerais exprimer ma reconnaissance à mon éditrice, Linda Leith, pour son intérêt et sa confiance. Quelques chapitres reprennent, en tout ou en partie, des interviews réalisés avec des écrivains et artistes qui ont paru dans ma chronique « Lettres d'Israël » publiée dans le magazine en ligne *Salon .II.* de 2012 à 2013. De plus, une première version du chapitre « À l'extérieur des murs. Le fardeau d'une écrivaine israélienne » a été publiée en anglais dans le blogue du *Hadassah-Brandeis Institute* de l'Université Brandeis en décembre 2016.

Au cours de ce périple intellectuel, de nombreux écrivains, artistes, intellectuels et responsables d'organisations culturelles à Jérusalem et au Proche-Orient m'ont accordé des entretiens : qu'ils soient remerciés. Je pense entre autres à Sivan Beskin, Arnon Goldfinger, David Grossman, Sabine Huynh, Francine Kaufmann, Etgar Keret, Ruby Namdar, Lilach Netanel, Ilaï Rowner, Moshe Sakal, Zeruya Shalev, A. B. Yehoshua, Riman Barakat, Mahmoud Mana et Kevork Hintlian. Merci également à

Emmanuelle et Hannah et à Simon. Une pensée spéciale pour Ameera Q. Dwek. J'aimerais souligner aussi la contribution du personnel du *Halbert Centre for Canadian Studies* de l'Université hébraïque de Jérusalem, dont Nachman Ben-Yehuda, son directeur, celui de l'Institut français de Jérusalem Romain Gary, ainsi que l'équipe du *Jerusalem International Writers' Festival* de 2012 et 2016. Merci à Sarah Israeli, enseignante à l'Institut Rothberg de l'Université hébraïque de Jérusalem.

En filigrane, les conversations que j'ai entretenues avec certains spécialistes du féminisme, de l'histoire juive américaine, des humanités juives en Europe et du rôle des médias à Jérusalem et au Proche-Orient m'ont permis d'approfondir ma réflexion. Je salue Sylvia Fishman et Shulamit Barzilai du *Hadassah–Brandeis Institute*, Jonathan Sarna du *Department of Near Eastern and Judaic Studies* de l'Université Brandeis et Ethan Bronner, ancien chef du bureau du *New York Times* à Jérusalem. Mes salutations vont également à Gérard Rabinovitch, philosophe et directeur de l'Institut européen Emmanuel Lévinas à Paris. Si nos discussions ont enrichi mon travail, il va de soi que mes propos n'engagent que moi-même et qu'ils ne reflètent pas nécessairement celui de mes différents interlocuteurs.

Rober Racine et Emmanuel Kattan, lecteurs aguerris, m'ont fait des commentaires judicieux dans les dernières étapes de ma rédaction. J'aimerais leur exprimer ma sincère reconnaissance.

Par ailleurs, je remercie profondément Pierre Anctil, mon mari, grâce à qui j'ai découvert Jérusalem et le Proche-Orient. Depuis le début de la rédaction de cet ouvrage, il m'a accompagnée d'une manière exemplaire dans cette aventure passionnante. Dans certains chapitres, sa présence discrète rend compte de la trajectoire que nous avons accomplie ensemble.

Je remercie les titulaires des droits des ouvrages cités dans ce livre de m'avoir donné l'autorisation d'en reproduire certains extraits.

Enfin, je remercie le Conseil des arts du Canada pour l'octroi d'une bourse en création littéraire qui m'a permis de me consacrer à la rédaction de cet essai.

TABLE DES MATIÈRES
(22 CONTRE-CHANTS)